乐易跨界论道

含弘光大
易道科学诠释

周昌乐 著

厦门大学出版社
国家一级出版社
全国百佳图书出版单位

图书在版编目（CIP）数据

含弘光大：易道科学诠释 / 周昌乐著. -- 厦门：厦门大学出版社，2024.8
（乐易跨界论道）
ISBN 978-7-5615-9265-6

Ⅰ．①含… Ⅱ．①周… Ⅲ．①《周易》-研究 Ⅳ．①B221.5

中国国家版本馆CIP数据核字（2024）第017288号

责任编辑	薛鹏志　林　灿
美术编辑	李嘉彬
技术编辑	朱　楷

出版发行　厦门大学出版社
社　　址　厦门市软件园二期望海路 39 号
邮政编码　361008
总　　机　0592-2181111　0592-2181406（传真）
营销中心　0592-2184458　0592-2181365
网　　址　http://www.xmupress.com
邮　　箱　xmup@xmupress.com
印　　刷　厦门集大印刷有限公司

开本　720 mm×1 000 mm　1/16
印张　18.75
插页　1
字数　300 千字
版次　2024 年 8 月第 1 版
印次　2024 年 8 月第 1 次印刷
定价　64.00 元

本书如有印装质量问题请直接寄承印厂调换

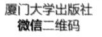

题 记

为天地立心，
为生民立命，
为往圣继绝学，
为万世开太平。

——（宋）张载

前 言

书写好了,就像迎来了一位可爱的新生儿,自然要起个能够寄托作者深意的书名。但我经常发现,要给自己精心撰写的著作起个恰如其分的书名,是一种非常困难的事情,往往是费尽心思也难以如愿。这部著作的书名叫《含弘光大:易道科学诠释》,其中又有什么讲究呢?请读者听我慢慢道来。

在中华民族伟大复兴的新时代,弘扬中华优秀传统文化,深入探求中华优秀传统文化的创造性转化和创新性发展的基本原理,是科研工作者的重要职责。中华优秀传统文化思想的一个源头便是列为五经之首的《周易》。如何针对《周易》开展创造性转化和创新性发展的研究,是一项非常重要又紧迫的工作。

《周易》的宗旨强调天人合一。天有天道,人有人道,而起沟通桥梁作用的便是地道。所以《周易·说卦》说:"昔者圣人之作《易》也,将以顺性命之理,是以立天之道曰阴与阳,立地之道曰柔与刚,立人之道曰仁与义。"[①]天道乃阴阳之根,静而不动,即所谓"寂然不动",但却可以推动事物生化,所谓"感而遂通"。而在这其中,便有"动静有常,刚柔断矣",这刚柔相济者,即为地道。

所以《周易·系辞》说"一阴一阳之谓道",是天道;"继之者善,成之者性也",是地道。然后"显诸仁,藏诸用",是为人道。天道隐秘,难以言表。

---

① 为行文方便,书中凡引用通行本《周易》原文,仅以卦名和篇名指明出处,不标页码。引用文献请参考(魏)王弼注,(唐)孔颖达:《周易正义》,北京:北京大学出版社,1999年。

含弘光大:易道科学诠释

但要发扬光大,唯靠地道,铺张以陈。何谓地道?即为坤道。坤道的要旨就在"含弘光大"这四个字上。坤卦《象传》说:"含弘光大,品物咸亨。"坤卦《文言》说:"含万物而化光。"坤卦六三《象传》说:"'含章可贞',以时发也;'或从王事',知光大也。"讲的都是坤道之旨。

毫无疑问,《易传》是对《易经》要旨的阐释,而《易传》的要旨便是"退藏于密,含弘光大"。退藏于密,是藏诸用;含弘光大,是显诸仁。圣人以此洗心,遵循易道不息,故能于无思无为、寂然不动之中,感而遂通。因此把握神几之妙,达仁智纠缠之境,方可不疾而速,不行而至,成就盛德大业!

从更加广义的视角看,中华传统文化的精华,也是到了需要再次"含弘光大"的时候,以迎接一个伟大时代的到来。中华传统文化之根,就在《周易》这部古老的经典之中。所以从当代科学立场来诠释易道思想,书名取为《含弘光大》,也正是有所深刻寓意,不能不先讲述明白。

当代科学理论与传统人文学说代表人类两大思想体系。尽管整个社会对科学理性推崇备至,但普通人的生活却仍然更多受到传统人文思想的影响。以易道为核心的中华传统人文思想体系已经很难面对科学的挑战,这使得民众面对未来复杂的社会难以适应。因此,如何将传统中华易道文化思想与当代西方科学理性精神相融合,就成为中华传统文化走向未来世界的关键所在。

即使对西方科学而言,传统中国易道文化思想本身也有着极其重要价值。普里戈金曾为《从混沌到有序:人与自然的新对话》中译本写有一篇序,他在该序中指出:"中国的思想对于那些想扩大西方科学的范围和意义的哲学家和科学家来说,始终是个启迪的源泉。"(普里戈金,2005:1)就目前而言,大多数人简单地将中国传统文化与西方当代科学分割开来。唯有极少数的学者,那些具有智慧、思想成熟的人才会从事将两者相互融合一体的事业。应该肯定地说,将科学思想成果融入中华优秀文化之中并加以发扬光大,是一件十分有意义的伟大事业,当然这也是一项非常艰巨的任务。《含弘光大:易道科学诠释》这部图书的撰写,可以看作是一种

前言

尝试。

《含弘光大：易道科学诠释》一书共分七章，大体上分为五个部分。我们就每个部分的内容及其逻辑关系先做简要介绍，希望读者一开始就了解其中的大略主旨，以便有选择地阅读自己感兴趣的内容。

第一章圣道易学，构成全书前导部分的内容。希望了解圣道易学的思想源流和发展历程的读者，首先需要阅读第一章的内容。当然，这一部分的内容大多来自对以往相关著述的梳理。所以限于作者学识有限，难免有所不周、疏忽和错误，请读者多加批评指正，以便再版时改正，更好地弘扬圣道易学的精华思想。

第二章科学立场，构成全书第二部分的内容，作为易道科学诠释的依据。通过梳理易道圣学的核心思想，建立起与波普尔三个世界理论的桥梁，从而引出科学诠释易道思想的方法论依据。然后分别从天道、人道和世道三个世界角度扼要介绍了与之相关的量子理论、心脑机制和模因学说。最后根据易道整体思想阐发的需要，系统介绍了整体科学思想，特别是混沌科学的主要思想内容，作为易道科学诠释的核心根据。

第三章至第五章构成第三部分的内容。主要是从科学人文角度，对《周易》进行系统阐释，用以指导当代人类社会全球化发展的基本准则。我们知道，在《周易》中，《易传》是对《易经》进行阐释发挥而形成的典籍，蕴含着丰富的天道观、人道观和世道观。如何去其糟粕，存其精华，然后加以发扬光大，就成为非常重要的一件工作。因此，这部分内容共分为三章，分别对应《周易》天道观、人道观和世道观的当代科学性阐释。

第六章文化和合，构成第四部分的内容。主要从全球文化发展角度，依据易道天下文明观念，对世界文化融合发展给出了系统性的分析，并就中西文化整合途径与策略给出了具体的建议。首先我们对文化生态系统的现象与规律进行了系统分析，然后针对未来中西方两种文化形态的整合可能性、演进方向以及可能获得全球一体化文化系统前景，进行有建设性的论述。最后对人类未来共同遵循的文化价值做梳理归纳，强调仁爱精神是人类社会的核心价值。

第七章天下文明,构成第五部分的内容。首先我们对全球化带来对文化融合的冲击以及面临的一些困境进行了系统分析。然后主要是将易道圣学精神拓展到圣学文化思想体系的层面,希望对构筑未来全球化崭新文明体系有所贡献。根据人类命运共同体的思想理念,全球文化融合是未来社会的必由之路。因此如何将易道圣学中优秀的文化基因融入未来全球化新文明思想体系之中,成为指导未来人类生活的核心要素,对于中华文明的伟大复兴,也是一项非常紧迫的任务。

另外,本书还有一个附录部分,名之为"乐易修养"。这部分内容专门为民众依据易道精神开展日常修养活动提供指南,给出了三个方面人生修养内容。第一是乐易读书方略,介绍了如何阅读安身立命之书。第二是乐易治心方案,介绍具体的一种八卦轮替的治心途径。第三是乐易养生方法,为民众提供乐易科学养生的原则。

如果读者希望快速了解本书的思想内容要旨,可以首先阅读如下的《科学解易吟》,全书的宗旨都体现在其中。《科学解易吟》诗句为:

> 无思无为自然寂,恍惚空性能量场。
> 几道莫测动之微,阴阳变化神无方。
> 动静涨落无停息,量子泡沫似涌澎。
> 尺度极微现惊涛,隧道效应过岸岗。
> 成务开物易无体,宇宙暴胀时空张。
> 冷却自有物质成,引力作用星云敞。
> 世界整体非局域,恒星轮回共来往。
> 地坤元素齐该备,原始细胞横空昶。
> 弥纶理简准天地,感通孕育基因酿。
> 复制分裂出错鲜,遗传突变情态常。
> 生命繁复自涌现,物竞天择众生相。
> 生态恒变小生境,有性繁殖多式样。
> 乾男坤女气交感,人杰灵秀最胜强。

前言

基因十万铸就身,神经百亿结成网。
形生神发仁智出,继善成性日用茫。
智用化作认知库,仁能筑成情感仓。
养心寡欲静为法,安身健体动守章。
阴消静翕动也辟,阳息动直静亦专。
斋戒神明仁体显,洗心退听智用藏。
默成德行信义存,原始返终死生忘。
安土敦仁有爱能,乐天知命无忧象。
法制用刚能治世,民主怀柔可兴邦。
闲邪养正圣功著,德博润化齐家旺。
明罚敕法慎用刑,群治解弊立纪纲。
建章立制施仁政,经纶全球顺民望。
财成施禄均贫富,治历明时公平乡。
至诚议德申令行,劳民劝相世和祥。
容民畜众凭正义,文明化成传颂扬。
穷困切莫违通达,安存当须思危亡。
道济天下无过失,曲成万物不遗响。
跨越人天自相似,混沌边缘生机忙。
生生不息归太极,圣人见微能知彰。

当然上述诗歌的语言比较简练抽象,不易明白其中的内涵和所以然。为了全面了解这首诗歌中的思想精髓,还需要通读全书,两相参照,才能取得更加理想的效果。

本书作为对易道圣学要义的引申诠释,主要是通过引入科学思想来丰富其内涵的。书中多有科学思想成就的融会贯通,包括量子科学中量子相干性、量子纠缠性、量子隧道效应、量子生命奥秘以及宇宙大爆炸理论等,生命科学中的生命起源学说、遗传进化学说、生命自组织理论、生态学思想等,脑科学中的神经网络、认知与情感概念,甚至文化传播的模因学说,以及非线性科学的混沌与分形概念等。可见当代科学成就与圣道易学精神完全可以相互融洽,并无矛盾冲突。

我非常赞同人类命运共同体的理念,在人类交往越来越密切的当今社会,不同国家、不同种族、不同民族理应和谐相处,共同为全人类的福祉做出贡献。特别是在当今人类全球化发展进程中遭遇了种种难以化解的困境,西方人文主义文化已经无法引领人类全球文明融合化发展进程。因此,引领全球文明融合发展进程的历史使命,无疑就落到了中华易道圣学文化的复兴之上了。

从历史发展周期性来看,中华易道圣学文化似乎具有500年为一周期的兴衰律。周文王、周公父子在公元前1000年形成《周易》经部,公元前500年的孔子(公元前551—前479年)对《周易》的义理阐释,这样大约过了500年,《易传》成书定型。到了唐初孔颖达(574—648年),大约是公元6世纪写成《周易正义》。又过了500年,到了公元11世纪,周敦颐(1017—1073年)著《太极图说》和《周子通书》,易道圣学中兴。差不多又500年之后,湛若水(1466—1560年)形成了比较成熟的性理合一思想体系,差不多就是16世纪。

现如今距离湛若水的时代又过去了500年,我们迎来了21世纪。按照中华易道圣学文化的500年兴衰周期,眼下正处于复兴周期的起点。况且更加值得强调的是,站在当今全球文明融合的新时代,主宰了世界文明发展500年的西方人文主义文化处于衰退之际,正需要一种更加包容性的主导文化来推动全球文明发展全新的征程。因此,可以说中华易道圣学文化复兴,适逢其时。

在此科学昌明时代,这部《含弘光大:易道科学诠释》的面世,无论如何都是一件具有划时代意义的事情。但愿读者读了本书后,都能够切实践行易道圣学精神,含弘光大人类共同价值观,不但赢得属于自己的美好幸福生活,而且可以为人类文明更加美好的未来做出应有的贡献。

目 录

第一章 圣道易学 ··· 001
第一节 周易形成渊源 ······································· 001
一、华夏文化肇始 ··· 002
二、易卦测日活动 ··· 004
三、易道思想兴起 ··· 008
第二节 易传体系建立 ······································· 010
一、先秦易传形成 ··· 010
二、圣道学说分化 ··· 014
三、汉唐易学传承 ··· 016
第三节 性理易学发展 ······································· 019
一、北宋易道中兴 ··· 019
二、两宋性理集成 ··· 023
三、明代心学阐发 ··· 025

第二章 科学立场 ··· 030
第一节 易道三个世界 ······································· 030
一、乾坤蕴涵分析 ··· 031
二、易道分三合一 ··· 032
三、关联三个世界 ··· 035
第二节 核心科学原理 ······································· 039
一、量子理论简述 ··· 039
二、心脑机制简述 ··· 044

三、模因学说简述 …………………………………… 048
　第三节　整体科学思想 ……………………………… 054
　　一、整体科学概论 …………………………………… 054
　　二、混沌科学简述 …………………………………… 057
　　三、物理科学统合 …………………………………… 063

第三章　天道运化 ……………………………………… 067
　第一节　易道无为无思 ……………………………… 067
　　一、易道向实而虚 …………………………………… 067
　　二、阴阳互补纠缠 …………………………………… 070
　　三、真空感而遂通 …………………………………… 074
　第二节　神化阴阳不测 ……………………………… 079
　　一、阴阳不测之神 …………………………………… 079
　　二、神化变通之妙 …………………………………… 082
　　三、整体演化之道 …………………………………… 085
　第三节　万物情状比类 ……………………………… 088
　　一、自相似性原理 …………………………………… 089
　　二、几微变化规律 …………………………………… 092
　　三、一体两面思想 …………………………………… 096

第四章　人道修养 ……………………………………… 102
　第一节　易道洗心宗旨 ……………………………… 102
　　一、洗心藏密指归 …………………………………… 102
　　二、精义入神措施 …………………………………… 105
　　三、穷神知化境界 …………………………………… 109
　第二节　乾坤简易方法 ……………………………… 113
　　一、仁智双运法则 …………………………………… 113
　　二、动静互涵策略 …………………………………… 116
　　三、人道修治要点 …………………………………… 121
　第三节　修身明德途径 ……………………………… 124

一、明德进退有据 …… 124
二、复性天行随时 …… 128
三、至诚畜德志行 …… 133

第五章 世道治理 …… 137
第一节 刚柔相济淑世 …… 137
一、治理天下要旨 …… 137
二、乾坤合德原则 …… 139
三、齐家化俗基础 …… 143

第二节 用刚安邦济群 …… 147
一、建章立制中正 …… 147
二、慎用折狱致刑 …… 152
三、治群解弊纲纪 …… 156

第三节 怀柔修身亲民 …… 159
一、养义怀德爱民 …… 160
二、安邦政通人和 …… 164
三、教化文明天下 …… 169

第六章 文化和合 …… 173
第一节 文化生态系统 …… 173
一、文化变动不居 …… 174
二、文化适应发展 …… 177
三、文化多元融合 …… 180

第二节 中西文化整合 …… 184
一、中西文化比较 …… 184
二、西方文化衰落 …… 189
三、中华文化复兴 …… 194

第三节 共同文化价值 …… 197
一、文化价值根基 …… 197
二、心性天赋平等 …… 202

三、培养仁爱精神 …………………………………………… 207

第七章　天下文明 ……………………………………………… 210
　第一节　人类发展大势 …………………………………………… 210
　　一、当代历史进程 …………………………………………… 210
　　二、全球面临挑战 …………………………………………… 213
　　三、民族主义困扰 …………………………………………… 218
　第二节　道济天下精神 …………………………………………… 221
　　一、从易理观天下 …………………………………………… 221
　　二、以天下为己任 …………………………………………… 224
　　三、弘圣道谋未来 …………………………………………… 227
　第三节　化成全球文明 …………………………………………… 229
　　一、文化同化力量 …………………………………………… 230
　　二、易道生生不息 …………………………………………… 232
　　三、引领世界潮流 …………………………………………… 235

附　录　乐易修养 ……………………………………………… 239
　一、乐易读书方略 …………………………………………… 239
　二、乐易治心方案 …………………………………………… 249
　三、乐易养生方法 …………………………………………… 261

参考文献 ………………………………………………………… 273

后　记 …………………………………………………………… 282

第一章 圣道易学

《周易》是中国现存最古老的一部经典书籍,列为六经之首。"变易"与"卦象"的思想,与华夏农耕文明有着紧密联系,最早源自华夏先民的测日活动。经过漫长的岁月,后来形成的《周易》的经部,为周文王、周公父子所著。原本《易经》作为卜筮之书而广为流传,但自孔子观其德义开始,到《易传》的形成与传承,开启了义理阐释,并奠定了基本易道思想体系。作为对孔子易学传统的继承,经过魏晋王弼和韩康伯,到了初唐孔颖达的正义注疏,便形成了儒家义理学派,这是易学的主流。宋元明清,以孔孟思想为核心的圣道中兴,同时也形成性理易学,成就了儒家易学的成熟体系。我们把如此形成的易学研究成就,称之为圣道易学。第一章对圣道易学形成的大略过程做一番梳理,为科学诠释易道思想确立基本的范围。

第一节 周易形成渊源

我们常称中国人为炎黄子孙、华夏民族。炎黄比较好理解,就是炎帝神农氏和黄帝轩辕氏。那么何为华夏呢?其实华、夏两字均为地名。按照钱穆在《中国文化导论》中的考证(钱穆,1994:26),"华"指古华山,今为嵩山。比如现今河南省新密市尚有古华城,就在嵩山东麓伏羲山(今名伏龙山)脚下、溱洧河畔。"夏"指夏水,今为汉水(自安康至丹江口段的丹水古称沧浪水)。所以早期华夏族主要分布在嵩山山脉西南直到汉水北岸一带。夏代先民就在这一带活动生息,夏王朝的第一座都城阳城就位于嵩山地区,而上溯到伏羲、黄帝、尧舜等的故事也在这一带流传。

一、华夏文化肇始

华夏族后来向西到了渭水流域，这便是周人活动的核心区域，有了新命名的泰华山（即今华山）。向北伸展到了汾水流域，有了夏王朝第二座都城安邑（夏墟之地，今山西省运城市夏县），成为夏人活动的核心区域。由此可见，华夏民族主要是指延续黄帝氏族（黄帝之孙颛顼率领的高阳氏部落）的夏人和周人，而不同于商人。所以钱穆指出："周人姬姓，与黄帝同一氏族，夏、周两朝，似应同为华夏系之主要部分。商人偏起东方，或应属之东夷，与黄帝、夏、周诸部，初不同宗，但夏人势力逐渐东伸，已与商族势力接触，而文化上亦得调和。随后商人势力西伸，代夏为中国共主，文化上之调和益密。"（钱穆，1994：29）

华夏文化历史悠久，相对独立发展。华夏文明属于农耕文明，依赖于水利，因此华夏文化发祥之地往往都在水系交错形成的三角洲之地（两水环抱之内），古文称为"汭"的地方。华夏文化的起源便在渭汭、泾汭、洛汭，都是指水系交错之地，分别是黄河与渭水、泾水和洛水相交形成的三角洲平原。比如（尧舜）唐虞文化主要在山西汾涑支流，夏文化在河南的伊洛支流，周文化在陕西之泾渭支流。这些地区形成的三角洲平原都相对封闭，有高山叠岭为其天然屏障，因此华夏文化一开始就有了内敛的倾向。

相对于夏、周的农耕文明，作为东夷的商人反倒有海商文明的倾向，所以商人后来演变为"商人"（专指从商人员），应该是有缘由的。因此，站在华夏农耕文明的角度来看，无论是从政治制度，还是文化系统的形成，以华夏民族为主体的第一个大统一王朝就是西周王朝。西周王朝首次采用封建分封制度（"王天下"模式），并奠定了礼乐治理的文化传统。"王天下"就是世界政府的一种形式，所谓"普天之下，莫非王土"。

众所周知，周人的始祖后稷，以善事农耕闻名。甲骨文的"周"字，就是田地中有谷物的象形字。周人龙兴之地周原，特别适合发展农业，从而便有了与殷商抗衡的经济基础。因此到了文王、武王之际，周人推翻殷商统治，入主中原建立维系了八百年的周王朝。更为重要的是，在文化典章制度更替方面，在周初建立的礼乐文明，成为延续三千多年中华传统农耕文明的直接源头。

推动华夏文化系统化发展的第一人便是周公(姬旦),死于公元前1105年,被后世称为元圣。周公一生勤勉,作《无逸》曰:"呜呼!君子所其无逸!"(孔安国,1999:429)作为政治家,周公制定了礼乐制度,并作《立政》,提出的敬天、明德和保民,构成了华夏文化思想体系的核心内容。据《尚书正义》记载,周公的政治主张可以归纳为:(1)敬天,(2)敬祖,(3)尊王命,(4)承继先王遗教,(5)怜小民,(6)慎行政,(7)无逸,(8)教化民众勤勉与惠爱,(9)作新民,(10)慎刑罚(孔安国,1999)。周公还是《周易》爻辞的撰写者。

梁漱溟在《中国文化要义》中指出:"中国数千年风教文化之所由形成,周孔之力最大。举周公来代表他以前那些人物,举孔子来代表他以后那些人物,故说'周孔教化'。周公及其所代表者,多半贡献在具体创造上,如礼乐制度之制作等。孔子则似是于昔贤制作,大有所悟,从而推阐其理以教人。道理之创发,自是更根本之贡献,启迪后人于无穷。所以在后两千年的影响上说,孔子又大于周公。"(梁漱溟,1987:102)应该说,周公形成的礼乐制度及其文化思想,后经孔子的发展成为古代华夏文化的第一个思想体系,即周孔礼俗文化思想体系,影响至今。

可见华夏农耕文明的形成确实是后来中华文化思想体系的直接源头。这种文化有三个基本构成部分,即知天道(敬天)、致中和(明德)和躬亲民(保民),强调恪守中道,以天下大同为终极目标。所以梁漱溟认为:"由唐虞以迄于周,中间二千余年,皆封建之时代。而所谓宗法亦于此时最备,其圣人宗法社会之圣人也,其制度典籍宗法社会之制度典籍也。"(梁漱溟,1987:10)

在留存至今的所有典籍之中最能代表中华文明的经典之书,那就非《周易》莫属了。如果从伏羲制八卦算起,那么对中华五千年文明的形成发展,易象文化可以说是最为持久、广大、深远。即使从中华三千多年有文字记载的文明算起,《周易》也是最为古老的典籍。而《周易》一书的形成便与我们华夏农耕文明的形成发展密切相关。

正因为如此,中国古代社会,历代易学家、思想家、学问家撰写有关《周易》阐释之书不计其数,贯穿了整个中华文明发展的各个时期,而且经久不衰。据不完全统计,自古以来累计的易学著作多达近七千种,存世的也有三千多种。应该说,《周易》对中华核心文化思想观念的形成发展,产生了无与伦比的深刻影响,并渗透到日常生活的方方面面。

二、易卦测日活动

农耕文明社会以农业为本,自然非常重视影响植物生长的天时地利以及四时节气变化规律。因此华夏人很早就开展测日活动,以了解四季更迭变化规律。作为华夏文化第一位集大成者,周公不仅是一位伟大的政治家、思想家,也是一位亲历测日活动的天文学家。在人类历史上,周公对天文观察做出了重要贡献,给出了冬至与夏至十分精确的测量数据。

法国天文学家皮埃尔·西蒙·拉普拉斯(1749—1827年)在《宇宙体系论》一书中提到对天文学有价值的最早观测就是周公做出的。拉普拉斯指出,周公给出的观测主要是针对太阳中天时圭影的长度,从而精确地区分冬至与夏至两天黄赤交角的度数,结果与万有引力理论所推出的结论非常符合(拉普拉斯,2012)。这里所谓"圭影"(详解参见后面对"卦"字的分析)是指日照之下立杆投下的影子。

可见不管是农耕文明,还是易经的形成,都跟天文测量密切相关。其实"易"字的起源就是源自于对太阳四季圭影分布的记录。根据文字考证,"易"字的写法中甲骨文中如下所示:

展开来的意思就是对测日活动的记录,如图1-1所示(商宏宽,2016:5)。

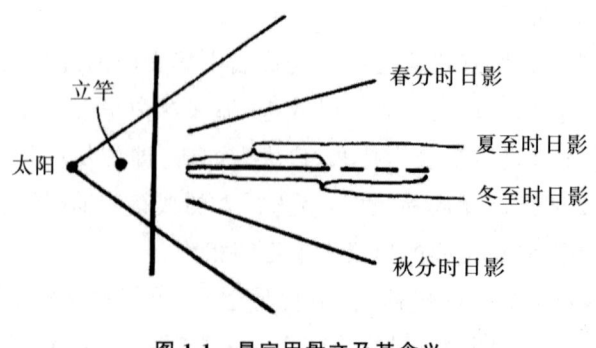

图1-1 易字甲骨文及其含义

注意在图 1-1 中间部分冬至与夏至日影的区分,强调日中投影随时节而变化,是一种朴素时中思想的来源,正是周公通过测日活动给出的重要观测成果。显然,作为农耕文明礼乐体系的奠基人,周公做出这样的天文学贡献,也是必然结果。只是对于作为天文学家的周公,国人已经鲜为人知了。国人记住的周公都是会解梦的周公,不亦悲乎!当然,这与周公后来将测日活动的卦象引入到揣测天意的卜筮也有关系。

其实,不仅仅是华夏文明与科学擦肩而过,周公也是华夏文明与共和制度擦肩而过的关键人物。"人民共和思想,发源于中国先王,但制度滥觞,却始于希腊、罗马'民废王'。中国周朝也出现过类似机会,周公执政,本可以像梭伦那样,以和平演变实现其民本主义理想,可他退却了,退到了'家天下'——民本主义的底线上,还权于王"。(刘刚,2014:50)

周公确实是导致华夏文明远离外向自然规律探寻而形成内向伦理道德礼俗文化的关键人物。早在周公之前,华夏民族也有广泛开展面向自然规律探寻的测日活动,并在不断的测日活动的观察中,赋予了"易"字丰富的含义。正如商宏宽先生总结的那样:"总之,从测太阳影子变化,进而发现太阳黑子称为'金鸟',构成对鸟的崇拜,所以'易'常写成飞鸟形状。""'易'与'蜴'古通用,蜥蜴俗称'变色龙',它可以随环境之变化而改变颜色,故也寓意变易之意。"(商宏宽,2016:5)

另外,"易"还写成上"日"下"勿",其意为日下万物的生长变化规律。"易"又写成上"日"下"月",代表阴阳消息之变化。阳爻为"息",阴爻为"消",用消息来描述天地、风雷、山泽和水火八种环境要素的变化规律,就形成了八卦。

值得强调指出,最早八卦的形成也与测日活动有关。事实上,"卦"字就是由"圭"和"卜"构成。"圭"为土圭,《周礼·地官司徒·大司徒》:"以土圭之法测土深,正日景(影),以求地中。日南则景短多暑,日北则景长多寒,日东则景夕多风,日西则景朝多阴。"(郑玄,1999:250—251)所以"圭"有"深土地中"的意思,即"土"下之"土"。"卜"是象形字,代表测日影所竖立的竿(也称"表"),所谓"立竿见影",有测日之意。商宏宽先生据此指出:"所以'卦'字起源于立竿见影的测日活动,而'易'字则是对测日影变化的形象化表达,以此了解时变。故'易'有随时而变化的意思。"(商宏宽,2016:4)

那么，先民们是如何通过设"卦"来进行测日活动的呢？商宏宽先生给出的图 1-2 就是先民们设卦进行测日活动的图示，结果形成了两个"五"字形。《周易·系辞》说："天数五，地数五。"说不定就是指测日活动这两个"五"字。如果将两个"五"字字形叠加，就可以形成一种八角星图案，如图 1-3 所示。商宏宽先生认为此八角星乃是原始的八卦图，并说明："伏羲所画的八卦，并非《易经》所画的三爻八卦。《尸子》说：'伏羲始画八卦，别八节而化天下。'首先说明八卦是一个图形，其次是这个图形分出了八个节气。……所以这个八卦一定是一种能表示四时八节的图形——八角星图案就是最原始的八卦图。"（商宏宽，2016：27）

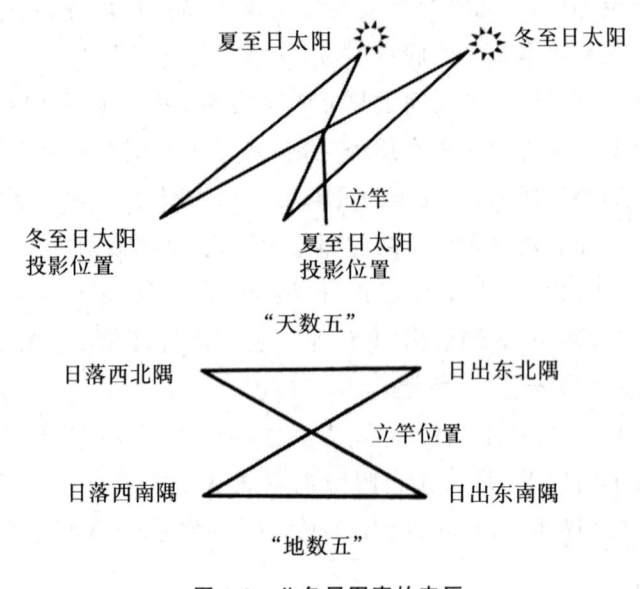

图 1-2　八角星图案的来历

图 1-3　两个"五"字构成八角星符号

《周易·系辞》说："古者包牺氏之王天下也,仰则观象于天,俯则观法于地,观鸟兽之文与地之宜,近取诸身,远取诸物,于是始作八卦,以通神明之德,以类万物之情。"观象于天归纳出一个"天数五",观法于地归纳出一个"地数五",两相叠加便"始作八卦",因此包羲氏制作出八卦图也就好理解了。

实际上,八角星符号可以看作是由一横一竖的两个甲骨文"五"字构成,图1-3所示。所以早期的八卦图跟现存的可能大不一样。伏羲所画的八卦图,很有可能就是八角星符号。如图1-4所示,这样的八角星符号大量出现在早期文化遗存之中。比如河北武安发现距今8000多年的磁山文化遗存中就曾发现刻有四面八方的形状符号,"由此推论,八角星符号以及图案,应当与古人测日活动有密切联系"。(商宏宽,2016:26)

图1-4　八角星符号

有了测日活动形成代表"卦象"的八卦图和代表"变易"规律的"易"字,进一步探寻其中背后"不易"(不变)之"易道",就成为顺理成章的事情。这样慢慢就形成了易道最为基本的"太极"观念,并直接影响后来有关《易经》基本思想体系的形成与发展。

通过对测日活动获得的八角星图案这个原始八卦图的深入思考,人们自然希望能够找到其相对不变的中心点,结果就形成了太极的概念。对此"太极"概念的形成,商宏宽先生有比较详细的说明:"从整个天体看,这个八卦图的中心点应该在哪里呢?对北半球的居民来说,就是北极星,就是天一神位,也称太极。古人很早就认识到周天的星辰都是围绕着北极旋转,从濮阳西水坡的古天文图就已经有了龙、虎、鹿(龟)、凤诸星宿拱卫太极的认识,所以八角星纹的原始八卦在天上的中心就是太极。"(商宏

宽,2016:27)

由此可见,"卦"是测日手段,获得不同的测量结果就是"卦象"。"易"则是观察测日得出的"变化"("变易"之本义)。所以所谓设卦(测日活动),其目的就是以求变化之规律,而变化之中所不变者就是"太极"。所以八卦首先应该是立竿见影测日得到的八种"卦象"情况,"易"则是测日归纳出来的总体结论"变化"。在这其中,不易的"太极",体现随时而守中道的"时中"观,正是易道思想的核心。因此,不管是"太极""变易"还是"卦象"这些基本概念的形成,远古的时候,都跟华夏民族的测日活动有关。

三、易道思想兴起

有了上述有关测日活动所获得的认识,就比较容易理解易道思想的原初含义。《周易·系辞》说:"是故易有太极,是生两仪。两仪生四象,四象生八卦。八卦定吉凶,吉凶生大业。是故法象莫大乎天地,变通莫大乎四时,悬象著明莫大乎日月,崇高莫大乎富贵。"显然,根据上述测日活动所得到的结果,对于这段描述也就可以有这样的理解:变化规律中有不变之太极;两仪当指天数之"五"(阳)和地数之"五"(阴),反映日月"悬象"之投影;四象应指"变通"之四时(春、夏、秋、冬),而八卦则指八个节气(立春与春分,立夏与夏至,立秋与秋分,立冬与冬至)。显然八卦节气的变化对农耕活动产生"吉凶"影响,从而影响"富贵"之"大业"。后来两汉兴起的卦气学,将卦象与节气关联起来,看来是有古老渊源的。

总之,"卦"强调的是立杆测日的活动本身,"卦象"强调的是立杆测日的投影结果,"易"强调的是立杆测日的变化规律,即所谓"变易"。而"太极"就是指变易之中那个"不易"的法则。但要强调的是,后来概括出来抽象的"易"之变化,乃是遵天道自然之变化,是为根本之道,故为易道,并用太极来代表这个终极变化的不易之道。

至于从测日活动到占卜是如何转换的,现有研究还不能形成完整的线索链条。但在《周礼·春官·大卜》中就有记载说:"掌三《易》之法,一曰《连山》,二曰《归藏》,三曰《周易》。其经卦皆八,其别皆六十有四。"(郑玄,1999:637-638)据传这里的《连山》为夏易,《归藏》为商易,《周易》就是留存至今的《易经》。看样子到了周初,《周易》的卦象体系已经定型了。

《周易·系辞》说:"《易》之兴也,其当殷之末世,周之盛德邪?当文王与纣之事邪?"估计有所根据,不是随性而发。所以一般认为,《周易》经部为周文王姬昌所创制,建立了后天卦序并给出了卦辞。周文王之子周公姬旦为《易经》六十四卦的三百八十四爻添加了爻辞。比如朱熹在《周易本义》中就指出:"周,代名也;易,书名也。其卦本伏羲所画,有交易、变易之义,故谓之易。其辞则文王、周公所系,故系之周。"(萧汉明,2003:79)当代学者李学勤经过考证也认为:"经文的形成很可能在周初,不会晚于西周中叶。"(李学勤,1992:14)李学勤的这一论断还是可靠的。

于是从周初开始,《周易》作为一部卜筮之书,开启了最初大约五百年的流传。所以朱熹在《周易本义》中认为《周易》本为卜筮之书大致是不错的。正是这五百年大兴卜筮之风,只关注人事的吉凶悔吝,葬送了早期华夏民族探测自然规律的科学精神,致使后来华夏文明无法产生科学。正如梁漱溟在《中国文化要义》中所说的:"一旦把精神移用到人事上,中国人便不再向物进攻,亦更无从而攻得入了。"(梁漱溟,1987:280)后来更是走进了周孔礼俗教化之路,科学精神日趋湮没。于是"中国人始终走不上科学道路,便见其长处不在此"。(梁漱溟,1987:7)

即使这样,《周易》依然包含了许多天道法则以指导人事运用的见识和智慧,不可一概以迷信对待,而加以全盘否定。特别是《周易》不仅仅为卜筮之书,从前面《周易》与测日活动的渊源关系来看,《周易》与天道变化规律密切关联。不仅如此,测日活动的目的自然是为农业生产服务,因此《周易》又与人们生产生活的自然规律的论述有关。

我们今天看待《周易》需要清醒认识到,《周易》经部除了强调天道变化之外,更多的是强调天道对人道的指导作用,可以用于提高人们的内心修养。所以《礼记·经解》说:"洁静精微,《易》教也。……洁静精微而不贼,则深于《易》者也。"(郑玄,1999:1368)说的就是《周易》可以使人们的内心洁静以达精微,从而提高修养而正心(不贼)。对此,朱伯崑在《易学哲学史》中解释说:"是说《周易》可使人心地化静,心思精密,做事不害正道,即提高人的思想境界。"(朱伯崑,2005(卷一):36)

如果要对《周易》的主要思想观做一种比较全面的归纳,可以引用朱伯崑在《易学哲学史》中的总结。朱伯崑认为《周易》有如下三种思想观念："其一，认为天道和人事具有一致性。……其二，认为人的生活遭遇可以转化。……其三，认为人事之吉凶，对人有劝诫之意。"（朱伯崑，2005（卷一）：20-21）所以"周易被认为是讲天人之道即世界根本原理的学问，被认为是讲事物变易法则的学问，被认为是讲人生修养的典籍，都是从这三点中推衍出来的"。（朱伯崑，2005（卷一）：23）

在《周易·系辞》中记载有孔子的话说："圣人立象以尽意，设卦以尽情伪，系辞焉以尽其言，变而通之以尽利，鼓之舞之以尽神。"就是要"假物之象以喻人事"。因此，除了人事，《周易》经部中自然包括了对"假物之象"的天道规律的朴素认识，并经后人的不断阐释，形成了全面天道法则论述的《易传》思想体系。

第二节　易传体系建立

到了春秋时期，孔子不主张占卜，而强调"观其德义"，转而注重易理思想的阐发。关于这一点，在帛书《周易》的《要》篇中有明确说明："夫子老而好《易》，居则在席，行则在橐。"并指出：（夫子）认为《周易》"有古之遗言焉。予非安其用，而乐其辞。"而且提到"后世之士疑丘者，或以《易》乎？"子贡问他："夫子亦信其筮乎？"孔子讲自己与卜筮者不同："我观其德义耳""吾与史巫同途而殊归。"（韩中民，1998）与史巫同样运用《周易》经部其辞（同途），但归旨则不同（殊归），孔子强调的是"观其德义"而不是"信其卜筮"（其用）。

一、先秦易传形成

孔子后学，正是在孔子"观其德义"思想的影响下，为阐释《周易》而陆续形成多种易传类文论，有些收录到今传版《易传》中，成为《周易》"十翼"。据司马迁在《史记·孔子世家》所言："孔子晚而喜《易》，序《彖》《系》《象》《说卦》《文言》。读《易》，韦编三绝。曰：'假我数年，若是，我于《易》则彬彬矣。'"（司马迁，1985：227）这里的"彬彬"就是无过无不及之意，取中道之义。

《论语·述而》中孔子自己也说:"加我数年,五十以学《易》,可以无大过矣。"(何晏,1999:91)对于这段孔子的自述,如何解释成为一桩学术公案。我们认为可以解释为:加我数年,自五十岁开始学《易》,可以无大过矣。这是孔子七十多岁的话,是说自己五十岁开始学易有点晚,如果能够再多研究数年(加我数年),那么就可以无大过了,就可以形成更加完善的解易论述。这也跟帛书《要》篇中孔子担心"后世之士疑丘者,或以《易》乎"相呼应。据此,可以推断《易传》最早版本的思想来源来自孔子是可信的。

至于历史上《易传》出现的篇什名目,也非固定不变。除了今传本的《易传》包括《彖传》《象传》《文言》《系辞》《说卦》《序卦》和《杂卦》之外,其他传本似乎都有不同的篇目。比如对于汲冢竹书《易传》,杜预在《春秋经传集解》后序自述中指出:"别有《阴阳书》,而无《彖传》《象传》《文言》《系辞》,疑于时仲尼造之于鲁,尚未播之远国也。"(李学勤,1992:184)可见今传本《易传》诸篇也非同时之作,而是不同时期陆续积累而来。

帛书《周易》经传的出土,显然又给我们的学术讨论提供更加丰富的材料。从帛书《周易》看,除了有着与今传本不同卦序排列的经文外,还有《二三子》《系辞》《衷》《要》《缪和》和《昭力》,没有《彖传》和《象传》,也没有单独成篇的《文言》《说卦》《序卦》和《杂卦》,但却有类似而异样的内容,主要集中在《衷》篇里。特别是《二三子》《衷》和《要》等诸篇易传类文论,让我们看到更多有关孔子对《周易》阐释内容。

即使是今传本,不同时期也有不同内容。比如今传本《说卦》《序卦》《杂卦》,为汉宣帝时河内女子发老屋时才出现,然后得以流传。而汉代主要传《易》的田何一系,却都不传这三篇内容,甚至在汉初,学者也可以撰写自己《易传》。比如在《汉书·儒林传第五十八》有记载说:"汉兴,田何以齐田徙杜陵,号杜田生。授东武王同子中、洛阳周王孙、丁宽、齐服生,皆著《易传》数篇。"(班固,1985:697)

所以不管是今传本《易传》还是考古发现的《易传》,我以为有一点可以肯定,凡是出现"子曰"部分的内容,一定是辑录孔子本人的论述。因此可以这么说,包括经传的《周易》一书发端于文王父子而成熟于孔子。正因为如此,故世人也称《周易》为三圣之书(文王、周公和孔子),并列五经之首,成为儒家经典。

《易传》的形成,标志着以孔子思想为核心的圣学体系建立。特别是有关天道法则的论述,弥补了儒家本体论的根本不足,成为区分圣道学派与其他儒家学派的根本标志,也为后来宋明理学的建立奠定了天道理论的基础。正如朱伯崑所言:"就儒家系统的哲学说,《四书》所讲的内容,使用的术语和范畴,偏重于政治、道德问题,对自然观和宇宙观的论述比较贫乏。从《易传》开始,方为儒家哲学提供了一个较为全面但尚很粗糙的体系。汉朝以后,这一体系逐渐得到完善,到宋明时期发展到高峰。"(朱伯崑,2005(卷一):40)

如图 1-5 所示,首先孔子删定六经,形成了圣学思想的源头性文献。然后经过孔门共同收集、著述和整理,又形成了记载孔子与弟子之间言行的《论语》,以及散落在《礼记》中《仲尼燕居》《孔子闲居》《哀公问》《儒行》《檀弓》《中庸》《表记》《坊记》《缁衣》《乐记》《学记》《大学》等,构成圣学思想体系的主要篇章。在这其中,《仲尼燕居》《孔子闲居》,《哀公问》三篇应该属于孔门早期著作,《中庸》《表记》《坊记》《缁衣》为孔子之孙子思所作,《乐记》为孔子再传弟子公孙尼子所作,《学记》《大学》应该为孔子再传弟子乐正子所作(王锷,2007)。

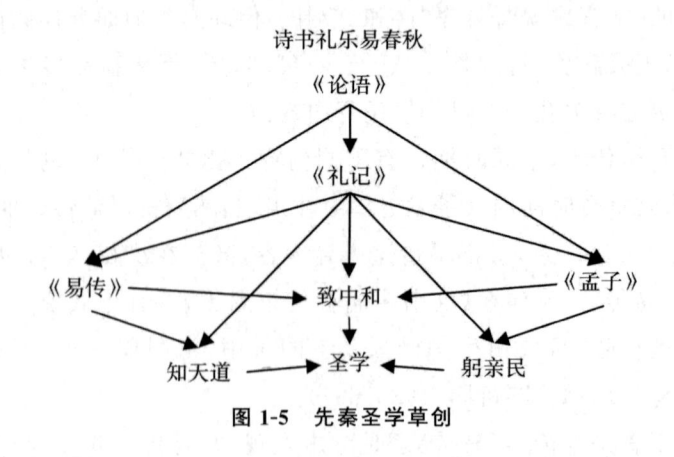

图 1-5 先秦圣学草创

需要强调指出的是,《论语》《中庸》《表记》《坊记》《缁衣》《乐记》都与《易》学有关。比如清代考据学家崔述指出:"艮卦《象传》次'君子以思不出其位',本乎《论语》'曾子曰:君子思不出其位'。此必曾子以后之人所为。"(朱伯崑,2005卷四:329)注意,这句话在《中庸》中也有类似话语出现。可见《论语》后的曾子、子思及《易传》的作者,很有可能属于同一思想传承系统。

高亨也指出:"儒家子思一派亦长于《易》学,故《表记》《坊记》《缁衣》引《易》之处独多。"(高亨,1983)而李学勤根据金德建先生的研究成果又指出:"《中庸》与《易传》思想相通。"(李学勤,1992:78)他又说:"由此我们看到,公孙尼子的乐论受到《易》学的影响浸润,他的理论又通过诗、乐之学的传流而播布于后世。"(李学勤,1992:90)据此可以见到易学思想在圣学体系中的重要性。

圣学体系的核心是中道思想,而《易传》,特别是其中《彖传》部分就是对圣学中道思想做了发展。比如有关《彖传》的思想内容,朱伯崑认为有以下明显的特点:"其一,时中说。《彖传》解释筮法的一条重要原则为'时中'。认为一卦六爻,二五爻居于上下卦之中位,一般情况下,中爻往往为吉,故以'中'或'中正'为事物的最佳状态(这是强调中道或中庸)。……关于时,认为六爻的吉凶因所处的条件不同,因时而变,所以把因时而行视为美德。"(朱伯崑,2005卷一:46)

"时中"概念最早出现于《中庸》,《彖传》如此强调中位和因时,显然是传承了孔子以来的中庸思想和《中庸》的"时中"观。不同的是《彖传》将"时""中"关联了起来,强调因时而行的中道作为基本的行为准则。这是强调动态发展的中庸之道,是一种进步。从动态发展的观点看作事物的变化规律并加以把握,是《易传》的一大特色和优势。

除了强调动态中道思想外,《易传》更为重要的思想就是系统论述了圣学的天道观,并依据天道变化来指导人事。比如朱伯崑就认为:"从《彖传》《象传》对卦义、卦爻辞的解释看,《周易》已不只是占筮用的典籍,而且成了依据天道变化,处理生活得失,治理天下国家和进行道德修养的指南。"(朱伯崑,2005卷一:74)

关于以天道指导人事,在《周易·系辞》中就有大量说明。比如举例说:"圣人以此洗心,退藏于密。吉凶与民同患。"这里"以此"就是遵循"易道"(天道),而"洗心"就是"修身养性","退藏于密"意谓藏易道于内心。因此,这段话的意思就是授天道而内藏于心,然后与民同进退。《易传》这种天道指导人事的思想具体要点包括：(1)明天道：一阴一阳之谓道；(2)知变化：刚柔相推而生变化；(3)济世道：知周乎万物而道济天下。所以我们说，《易传》构成了圣学思想体系不可或缺的重要组成部分。

二、圣道学说分化

孔门之后，圣道学说分为两大分支。一是从孔子经商瞿子木到子弓所传《易传》传统的派系。《史记·仲尼弟子列传第七》给出的传《易》道统是："商瞿，鲁人，字子木。少孔子二十九岁。孔子传《易》于瞿，瞿传楚人馯臂子弘（师古云：《汉书》及荀卿子皆云字子弓，此作弘，盖误也。应劭云子弓是子夏门人），弘传江东人矫子庸疵（《汉书》作"庇"），疵传燕人周子家竖，竖传淳于人光子乘羽，羽传齐人田子庄何，何传东武人王子中同，同传淄川人杨何，何元朔中以治《易》为汉中大夫。"（司马迁，1985：253）

对于这段传易道统记录，《汉书·儒林传第五十八》也有类似的记载："自鲁商瞿子木受《易》孔子，以授鲁桥庇子庸。子庸授江东馯臂子弓，子弓授燕周丑子家，子家授东武孙虞子乘，子乘授齐田何子装。及秦禁学，《易》为筮卜之书，独不禁。故传受者不绝也。汉兴，田何以齐田徙杜陵，号杜田生。授东武王同子中、洛阳周王孙、丁宽、齐服生，皆著《易传》数篇。同授淄川杨何，子叔元，元光中征为太中大夫。齐即墨成至城阳相，广川孟但为太子门大夫。鲁周霸、莒衡胡、临淄主父偃，皆以《易》至大官。要言《易》者，本之田何。"（班固，1985：697）

尽管上述班固与司马迁两人的记录略有出入，但都肯定子弓是孔子传易道统中重要的一环。如果按照司马迁的记载，可知很早就有楚人馯臂子弘（一作子弓）传习《周易》。而且就是这位子弓（楚人馯臂子弘），是荀子最为推崇的圣贤。

我们知道，荀子（公元前313年—前238年），名况，字卿，战国末期赵国人。关于荀子私淑子弓易学道统，郭沫若就有说明："荀子是先秦诸子中最后一位大师，他不仅集了儒家的大成，而且可以说是集了百家的大成。……他只恭维孔子和子弓，但直接的师承是怎么样，我们却不大明了。照年代说来，他可能只是子弓的私淑弟子。"（郭沫若，1996：218-219）他又说："荀子本是善言《易》的人，特别在这宇宙观方面更明显地表现着

由子弓而来的道统。"(郭沫若,1996:220)

按照荀子的说法,子弓易学道统乃圣道正脉。在《荀子·非十二子》中说:"今夫仁人也,将何务哉?上则法舜、禹之制,下则法仲尼、子弓之义,以务息十二子之说。如是则天下之害除,仁人之事毕,圣王之迹著矣。"(王先谦,1988:138)《荀子·儒效》又说:"通则一天下,穷则独立贵名。天不能死,地不能埋,桀、跖之世不能污,非大儒莫之能立,仲尼、子弓是也。"(王先谦,1988:97)可见荀子推崇仲尼、子弓是有道理的。

正因为如此,在荀子给出的思想体系中,除了提出"故明于天人之分,则可谓至人矣","官人守天而自为守道也"以及"其在我者也"等的天道思想之外,荀子对人性也有自己的看法,这就是与孟子性善论完全相左的"性恶论",并在心性修养方面强调解蔽除恶的清明之境。

荀子认为只有明白"危微之几",才能成为"明君子",也就是"至人"。在《荀子·解蔽》篇中荀子指出:"夫微者,至人也。至人也,何强,何忍,何危?故浊明外景,清明内景,圣人纵其欲,兼其情,而制焉者理矣。夫何强,何忍,何危?故仁者之行道也,无为也;圣人之行道也,无强也。仁者之思也恭,圣者之思也乐。此治心之道也。"(王先谦,1988:403-404)一切都是无为而治,一切都是顺其自然,只有这样,才有"仁者之思也恭,圣者之思也乐"。这就是所谓"治心之道"。

先秦圣学派生出来的另一派别就是子思到孟子一派。如果说子思的思想跟《易》学还有内在的联系,但到了孟子那里,完全脱离了《易》传统,强调"尽心知性以知天",稍微偏于心性而忽视天道。不过,孟子建立在性善论基础上的心性学说和仁政学说,无疑对于丰富圣学体系的完整性起到了重要作用。当然,只有将《易传》强调"穷理尽性以至于命"加以兼容,孟子的学说才能归入圣学中正之道。

先秦圣学体系由知天道、致中和与躬亲民三个部分有机统一而构成。圣学的天道论主要源自圣道易学,代表圣学贵遵天道的思想倾向。圣学的致中和源自中庸之道,强调天道与心性的合一,所谓"天命之谓性",与《周易·系辞》所说的"一阴一阳之谓道,继之者善,成之者性也"相互衔接。圣学的躬亲民源自孔子的仁爱之说,并经孟子发展为仁政之说,这是圣学的落脚处。最后强调,体现圣学这三个部分的纲要性论述,就在《大学》开篇的经文之中,强调从格物致知的知天道,到诚意、正心、修身的致中和,以及再到齐家、治国、平天下的躬亲民。

先秦圣学(或称儒家圣道学派)与墨家及其他儒家学派的最大区别,就在于是否贵遵天道。在《礼记·哀公问》中鲁哀公问孔子:"敢问君子何贵乎天道也?"孔子对曰:"贵其不已,如日月东西相从而不已也,是天道也;不闭其久,是天道也;无为而物成,是天道也;已成而明,是天道也。"(郑玄,1999:1380)从中可以看到,天道乃是事物发生发展的根本法则,这也是孔子述《易》的原因。

先秦圣学与道家学派的最大差别在于是否关注淑世亲民。圣学强调积极入世以爱人,而道家倾向消极避世抑人情。西周社会的保民重民思想是圣学强调"亲民"的原因,"仁政"的淑世学说就是强调民本、仁爱以治天下。从孔子的"仁爱"到孟子"仁政",再到大学"亲民",就是圣学一脉相承躬亲民思想的体现。至于先秦其他诸子学派,从思想体系的完整性上讲,相较于圣学体系,更是微不足道。

先秦圣学源自六经,乃为中华文明思想的源头。《庄子·杂篇·天下》说:"以天为宗,以德为本,以道为门,兆于变化,谓之圣人。"又说:"其在于《诗》、《书》、《礼》、《乐》者,邹鲁之士、缙绅先生多能明之。《诗》以道志,《书》以道事,《礼》以道行,《乐》以道和,《易》以道阴阳,《春秋》以道名分。其数散于天下而设于中国者,百家之学时或称而道之。"后来因为"天下大乱,贤圣不明,道德不一",所以才导致"道术将为天下裂",形成了众多门派(郭庆藩,1981:1066-1069)。而作为六经嫡传正脉,就是先圣孔子建立的圣学之道统,所谓"邹鲁之士、缙绅先生多能明之"。所以中华文化思想渊源的正统,非圣学思想体系莫属。

三、汉唐易学传承

易学到了两汉,传易的学派起码有两大学系。一派就是田何系,道统比较明确,《史记》和《汉书》都有记录。这位田何,本为战国齐王族田氏后裔,汉初的汉高祖刘邦采纳娄敬的建议,把关东(函谷关以东)的大族迁往关内,田何因由齐迁秦,家在杜陵。田何一生专治《易》,并以讲《易》授徒为事。汉惠帝时,田何年老家贫,守道不仕。值得注意的是,西汉立为博士的今文易学,如"施氏学""孟氏学""梁丘学""京氏学"等,都出于他的传授。

另一派就是由荀子下传的易学派系,姑且就称为楚地系,传承谱系大致是孔子传商瞿,商瞿传子弓,子弓经由几代到了荀子,荀子又传浮丘伯,浮丘伯传缪和等人(吕昌、吴孟、庄但、张射、李平、昭力)。楚地系所传之《易》,就是马王堆汉墓发现的帛书《周易》经传。与田何系下传易学多半沿袭占卜象数不同,楚地传易一系的最大特点就是更为忠诚地继承了孔子"观其德义而不占"的思想传统。

我们知道,孔子最早提出对于《易经》只是观其德义而不占(强调一下,这在帛书《要》篇中有详细记录),《荀子·大略》也提出"善为易者不占也"(王先谦,1988:507)。有意思的是,缪和所传录帛书《系辞》的内容,单单就少了关于"占筮之法"的那一章内容,即今传本《系辞上》第八章。我想这不是偶然的,正是代表从孔子到荀子这一易派学系的传易态度。

两汉易学研究的贡献大概主要体现在《乾凿度》之中了。朱伯崑认为:"《乾凿度》,从易学史上看,可以说是汉易的'系辞传',即汉代易学通论。"(朱伯崑,2005卷一:178)并将《乾凿度》对易学的贡献归纳为:(1)建立了更加完善的太极天道解释理论,(2)建立了阴阳八卦关系的九宫说,(3)建立了八卦方位说。不过两汉谶纬之术兴起是儒学的流弊,有违圣道易学之旨,是无知天道,不遵格物之所致。谶纬之兴,其罪始于董仲舒,有背孔孟圣学之传统,圣学也就衰败了。

西汉末年,扬雄对谶纬之流进行了批判,并发展了《易传》的天道理论,提出太玄概念,强调三性之"和",是一位承上启下的天道学者。东汉王充作《论衡》,提出"元气"说,后来被张载所继承发展,成为宋代道学中天道理论的重要组成部分。两汉虽然有王充与扬雄对天道学说有所发挥,但毕竟难以抵挡两汉谶纬之术的流弊。

到了魏晋时代,情形为之一变。魏朝的青年才俊王弼,引老庄思想为《周易》作注,创立了解读《易经》的义理学派,著有《周易注》和《周易略例》,确定的取象比类话语方式是解读《周易》的关键。虽然王弼将《易》学研究引入到玄学歧路,违背圣道易学的宗旨,但客观上对易理解读做出了不可磨灭的贡献。

王弼的贡献主要有：(1)贬黜象数，通过触类通象、合义取征的取象比类来引申《周易》义理。(2)将玄学思想引入《易》学，给出了天地万物缘起"皆以无为本"的观点，从而明确太极实为万物发生发展的根本法则。(3)渗透"虚静为本"的玄学思想，把"太极"看成是易道的最高法则和万物运动变化的最后根据。

王弼之后有"晋代玄学派的易学家韩康伯又将'一阴一阳'解释为'无阴无阳'，将'道'解释为虚无实体，取消了阴阳的对立"（朱伯崑，2005 卷一：43），将易道进一步推向玄学化。这种将太极虚无化倒是迎合了佛教的主张，使得圣道易学走向了衰落。

易学的玄学化，特别是佛教思想的引入和风靡确实是圣道易学衰落的重要原因。由于佛教不讲天道，加之又有超越先秦圣道心性论的佛性学，因此对圣道易学的冲击最为严重，致使魏晋时期士人沉淫佛道太久，圣道易学难兴。幸有唐初孔颖达作《周易正义》予以挽救，圣道易学不至于湮灭。

孔颖达领衔撰五经义疏，于汉魏诸家《周易》之注，独取王弼之注，为之作疏，此即《五经正义》中的《周易正义》。孔颖达正本清源强调指出："夫易者，象也。爻者，效也。圣人有以仰观俯察，象天地而育群品；云行雨施，效四时以生万物。……故王者动必则天地之道，不使一物失其性；行必协阴阳之道，不使一物受其害。故能弥纶宇宙，酬酢神明。"（孔颖达，2009：1）可谓圣道宗旨明确。

特别是针对佛道两家虚无化倾向，突出强调立足于实有和简易的立场。孔颖达指出："盖'易'之三义（简易、变易、不易），唯在于有。"（孔颖达，2009：4）又强调指出："'易则易知，简则易从。'此言其'简易'之法则也。"（孔颖达，2009：4）易知者，可理解者；易从者，符合自然规律者也。"易简"就是"易"所刻画的规律是符合自然的简洁论述。因此按照义理淑世，就是强调要符合自然法则来淑世。

所以孔颖达强调指出："圣人作《易》本以教人，欲以法天之用，不法天之体，故名'乾'，不名天也。天以健为用者，运行不息，应化无穷。此天之自然之理，故圣人当法此自然之象而施人事。"（孔颖达，2009：9）用法则而非成天体，说的好，这便是取象比类之法，这也是知天道然后躬亲民的原则:只是遵循自然法则,而不是成为自然之物体;是用一物之象来比一类之物用,取其相似之理而已。

总而言之,孔颖达认为:"是知易理备包有无,而易象唯在于有者,盖以圣人作《易》,本以垂教,教之所备,本备于有。故《系辞》云'形而上者谓之道',道即无也;'形而下者谓之器',器即有也。故以无言之,存乎道体;以有言之,存乎器用;以变化言之,存乎其神;以生成言之,存乎其易;以真言之,存乎其性;以邪言之,存乎其情;以气言之,存乎阴阳;以质言之,存乎爻象;以教言之,存乎精义;以人言之,存乎景行。此等是也。且易者象也,物无不可象也。"(孔颖达,2009:5)

确实,孔子述《易》的本意就是为了"垂教",是通过知天道以定淑世的原则,采用的方法就是取象比类法,有此卦则象此义。所以孔子述《易》的重点便在《象传》,每说一卦,必有一"象曰",明言君子当如何、如何。从这个意义上讲,除了后来周敦颐发展出来的"太极学说"强调天道本身的论述外,圣学旨意大抵都是在《大学》纲领下展开,是知天道为了躬亲民。更全面的是:知天道然后致中和,致中和然后躬亲民,落脚点便是在淑世上。这样便回到了圣道易学的正轨之上了。

第三节 性理易学发展

入宋以来直到清代,圣道易学发展形成了一种全新义理阐发的性理易学。性理两字,顾名思义,性即心性,理即天理,需要通过文字或图像的描述方能显示。图书、象数和义理可以看作是解释卦象及其蕴意的三种不同途径。因此无论象数派、义理派、图书派,凡是涉及易道性理的思想阐发,都算在性理易学范围之内。

一、北宋易道中兴

宋代圣道易学的中兴,源于周敦颐等人倡导易道之学。《宋元学案·濂溪学案》有黄百家谨案云:"孔、孟而后,汉儒止有传经之学,性道微言之绝久矣。元公崛起,二程嗣之,又复横渠诸大儒辈出,圣学大昌。"(黄宗羲、全祖望,1986:482)这里的"元公"就是指周敦颐濂溪先生(1017—1073

年)。黄百家这段描述的意思是说,以孔孟思想为核心的圣学之道,入秦之后,就湮没断绝了,只是到了有宋周敦颐的出现,才又重新得以复兴。而"元公崛起,二程嗣之,又复横渠诸大儒辈出",正是指北宋五位道学家:周敦颐、邵雍、张载、程颢和程颐。其所开创的道学风气实是圣学中兴的肇始,也是宋明性理之学的开创者。

圣学经典《周易》,被晚唐五代的内丹道用来阐释世界本原、万事万物变化规律以及心性修炼的依据。北宋道学家正是在此基础上将内丹的天道思想与禅宗的心性思想引入圣道体系,进一步发展了圣道易学的思想体系。正因为如此,北宋道学家开创的性理易学实现了儒释道三教的全新融合,完成了一种新型的圣道易学阐释体系。

从根本宗旨看,北宋道学家的易学阐发,都是圣道易学的延续与中兴。因为道学家特别强调格物致知之学,所以直接上承《大学》格致精神而发展为道学。这其中的功劳,当首推周敦颐,然后是张载、程颢、程颐三人。他们各自提出了"太极""气""理"的本体论,在易道阐释的基础上,进一步完善发展了圣学天道理论。

学术思想的创新发展在于不能局限于古人思想之中,所以两宋圣道易学的可贵之处便在于发挥和引申,自创一套全新的思想体系。朱伯崑对宋代易学评价道:"宋易的特点之一,是将《周易》的原理高度哲理化。其易学哲学标志着古代易学哲学发展的高峰,而且成为宋明哲学的主要内容。"(朱伯崑,2005 卷二:9-10)

大致说来,作为理学派开山鼻祖的周敦颐立其纲要,定其宗旨。作为气学学派先驱的张载在天道阐述方面,对周敦颐的道论思想扩而充之,加以详论。象数学派的邵雍却偏向于心性思想的阐发,可以看作是宋明心学的源头。

首先周敦颐是宋明性理之学的创始人,其著作有《太极图说》和《周子通书》。周敦颐的《太极图说》汲取道士陈抟图书派学说是肯定无疑的,因为他在《读英真君丹诀》诗中有:"始观丹诀信希夷,盖得阴阳造化几。子自母生能改主,精神合后更知微。"(詹石窗,2001:237)注意,这里希夷就是指陈抟。

易学图书派可分象数图书派和义理图书派。周敦颐的"太极图"属于义理图书派,其源自陈抟的"无极图",而"无极图"则源自河上公的"先天太极图(太极先天之图)"。太极图与无极图两者之间的差别主要是对图中各个部分的注解说明的不同以及五行与太极的关联弧的多寡之上。与太极图不同的是,无极图的使用是逆上而行(自底向上解释的),而太极图是顺下而行(自顶向下解释)。就这一点而言,周敦颐对太极图的思想阐述更多是来源于先天太极图,而不是无极图。

周敦颐在《周子通书》中对于易道的阐释更为具体,主要是结合《中庸》的思想,将诚、神、几等圣学核心思想加以融会贯通,建立了圣学全新的本体哲学体系。周敦颐提出:"诚者,圣人之本。"(周敦颐,2000:31)强调诚来自太极之源,立于乾道变化。诚者,天道也,通达人道之性,成性之为圣。

阴阳所合之道也是心性之源,所谓"成之者性也",而这个所成之性,又是仁与智的合一。因此易道治心的根本途径无非就是"显诸仁,藏诸用"并行而施。"显诸仁"要靠"藏诸用"来把握动微之几,两相结合则"盛德大业至矣哉"。盛德者,厚德载物;大业者,自强不息。两相结合就是乾智坤仁合其德者。

周敦颐正是继承这样圣道易学的思想,并加以发扬光大。就成性思想而言,其主旨就是"中正仁义而主静"。周敦颐的主静之说不是要人守静,而是强调君子慎动,通过"动而无动"来避免离几之邪动,从而入乎圣道。至于如何达成圣人之诚,在《周子通书》中多有借助《周易》的卦象及其蕴意来加以阐发。

张载的易学著作有《张子正蒙》和《横渠易说》。《横渠易说》主要对《周易》经传中条目有选择性地加以阐发,其中多有涉及易道思想的利用和发挥。《张子正蒙》则类似于《周子通书》,是通过对先秦圣学经典加以综合性阐发,构建了一个圣学思想哲学体系。

张载认为:"太虚无形,气之本体,其聚其散,变化之客形尔。至静无感,性之渊源,有识有知,物交之客感尔。客感客形与无感无形,惟尽性者一之。"(张载,2000:86-87)气乃能量之谓,聚散不同,乃能量之表现形式不同变化使然。气聚而为有形之物,气散而为无形之波。无形至静无惑,有形有识有知。

张载的本体哲学建立在太虚之气之上,认为气之生即是易道。但作为根本之道的气,具有一体两面的特点,因此符合一阴一阳之谓道的易道思想。阴阳之和,到了张载这里就是太和。张载认为真正起到支配作用的便是太和之道,而阴阳变化之法则便是神化之运用。他指出:"神,天德;化,天道。德其体,道其用,一于气而已。"(张载,2000:114)这里的"一于气"就是"太虚之气"。

总之,对比周敦颐本体概念,我们可以得出太虚相当于无极、太和相当于太极(诚)、神化相当于神几。在张载这里,太虚为本体,太和为法则,是为道之性;神化为道之应。张载着眼于太和之道性的理论阐发。就具体的万象而言,张载认为有气方有象,观其象而理其辞。同样,张载也强调援天道以应人事的观点,认为易即天道而归于人事。

邵雍著有《皇极经世》、《观物内外篇》和《先天图》。在这些著作中,邵雍给出了包括先天八卦次序图和先天六十四卦次序图的先天之学。他在《观物外篇》中说:"先天之学,心法也。故图皆自中起,万化万事生乎心也。图虽无文,吾终日言,而未尝离乎是。盖天地万物之理尽在其中矣。"(邵雍,1990:332)又说"心为太极,人心当如止水则定,定则静,静则明。先天学,主乎诚,至诚可以通神明,不诚则不可以得道。"(邵雍,1990:425)这些无疑都是强调心为本体的心学之滥觞。

从太极之心展开为六十四卦,是先天之道。反过来,通过六十四卦的先天图序的修为,则可以成就反观天道的成就,此乃心法的本义。正如朱伯崑所言:"总起来说,邵雍认为其先天图,及其变化的法则处于心的法则,此种观点实际上是将象学的法则归之于人心的产物。"(朱伯崑,2005卷二:182)

从易传心法思想的角度看,邵雍形成的先天心法体系,其要旨是从太极之心演绎出先天六十四卦,用以垂教,乃君子修养之准则。反向而动,则是根据六十四卦先天图序来修行,复归太极之心。也就是说天地之心乃太极之道,演绎出六十四卦序的示教,学者以此为准绳修行,返本求源,领悟太极之道,这就是先天心法之要旨。因此,邵雍的心法思想,可以看作是象山心学的源头,也是宋明心学的源头。

从上述三位北宋道学先驱的易学思想梳理中不难看到,他们都是从易道发端,通过各自提出了"太极""气""理""心""性"的本体论,完善发展了圣道易学理论来复兴圣道易学。于是圣道易学体系更加完备。

二、两宋性理集成

继承了周敦颐的思想,程颢(世称明道先生)也推崇圣道易学宗旨,并强调性理合一之说。于是只要明识内在至诚之仁性,便可以明悟天理或天道了。如此,程颢便将圣道易学发展到了一个新的高度。湛若水高足唐一庵对其评价说:"明道之学,嫡衍周派,一天人,合内外,主于敬而行之以恕,明于庶物而察于人伦,务于穷神知化而能开物成务,就其民生日用而非浅陋固滞,不求感而物应,未施信而民从,筮仕十疏,足以占王道之端倪。"(黄宗羲、全祖望,1986:579-580)从唐一庵对程颢学说的评介中不难看出,程颢的学说明显沿袭了圣道易学之思想。

除了程颢,就圣道易学的继承发展而言,其胞弟程颐虽然在性理见识上差异较大,但同样也是北宋易学中义理学派的代表人物。程颐所著的《程氏易传》,是其圣道易学思想的代表作,也是程颐唯一的哲学著作,着重世道修治方面的阐发。《程氏易传》是程颐晚年在涪陵写成的。《程氏易传》虽然只写了一年,但是他对《周易》的研究,则是穷尽了毕生的精力。程颐早年就受《易》学于周敦颐,张载对其易学水平的评价很高。

根据朱伯崑先生的归纳,《程氏易传》对易道思想的阐释主旨主要包括如下三个要点:(1)易随时以取义,(2)随时变易以从道,(3)易周尽万物之理。在易道义理方面,《程氏易传》则强调的主要观念则有五个方面:(1)道与万物体用一如,显微无间;(2)阴阳者即是道;(3)动静无端,阴阳无始;(4)往来屈伸只是理;(5)性即是理。可见程颐的易道学说也是从天道直入人道,所贵在天理。

北宋程颢与程颐(世称二程)所承继发扬了的圣道易学思想,后又经龟山杨时、豫章罗从彦、延平李侗至朱熹终于集其大成,世称程朱理学。作为二程理学继承者与集大成者,朱熹对于圣道易学的发展更是做出了伟大贡献。除了《五经语类》中专门收录有关《周易》的阐释语录外,朱熹还著有《太极图说解》《通书解说》《周易本义》,都从《易传》到道学这一路发展而来。当然,最能体现朱熹自己对《周易》一书的看法,还在《周易本义》一书。

朱熹认为《周易》是卜筮之书,作《周易本义》就是要还《周易》的本来面目。表面上他是在调合程颐义理派易学与邵雍象数派易学的矛盾,实质上他是从后者的角度出发批判前者。因此从这一立场上讲,朱熹也是象数派易学大师。《周易本义》释卦爻辞,无一不是从筮占的角度入手。现行《周易本义》卷首尚有河图、洛书、伏羲八卦次序图、伏羲八卦方位图、伏羲六十四卦方位图、文王八卦次序图、文王八卦方位图、卦变图等图,更反映象数易学的实质。朱熹在《周易本义》中提出了自己关于宇宙演变的假设。

不过,就圣道易学的性理道统思想而言,到了朱熹那里出现偏向天理一边的倾向。因此,朱熹倡导的心性修持途径也比较强调居敬存养、穷理致知和力行集义之法。对此,在《宋元学案》"晦翁学案"中,记录有明末刘蕺山比较中肯的评价:"自周子有主静立极之说,传之二程,其后罗、李二先生专教人默坐澄心,看喜怒哀乐之未发时作何气象。朱子初从延平游,固尝服膺其说。已而又参以程子主敬之说,静字为稍偏,不复理会。"(黄宗羲、全祖望,1986:1508)说的就是朱熹心性修持途径有所偏颇,倾向于尽理、持敬、力行一路,而忽视了主静默识之法。可见其相对于周敦颐主静而言,更加倡导穷尽天理的重要。

除了程朱理学之外,宋明性理之学比较有影响的学派就是心学学派。心学学派首先是陆杨心学,这里的陆氏是指陆九渊,是为宋明心学奠基人;杨氏是指杨简,是陆九渊的弟子。从圣道易学的角度看,虽然程颢、陆九渊都有论述心性谈易的语录,但系统地以心性说易的第一人就是杨简,成为心性易学发微的代表。

杨简著有《杨氏易传》,认为易学为心学的理论表现,既不重视象数,也不重视自然法象之妙,而以易之道为道心之表现,以易理为心性之学,在易学史上别具一格。既然心为本体,论生生之谓易也就是生生之谓心了,所谓易之道即人之心。于是这个心易也就充塞宇宙万物,在《周易》的表现上就是卦爻名殊而道一,而在《易传》的主旨上就是天人本一,就是天人本心。实际上,圣道心性乃是仁性,"仁"字古代又写为上"身"下"心",其本义就是身心一体,以心为基础。所以杨简用一心来统合圣道易学并无不妥,显然天地所育群品,都离不开仁心来显象。

实际上,《易传》中"洗心藏密"的治心思想,与从《中庸》到孟子的心性学结合,产生宋代陆杨心学也是圣道理论发展的必然结果。所以性理学派中陆杨心学,以心为易,以内心修养方法及其达成的精神境界来解释《周易》的卦爻体系,也就顺理成章了,并为后来明代心学勃兴打下了坚实的基础。

南宋的性理之学,除了强调知天道的程朱理学和强调致中和的陆杨心学,还有强调躬亲民的功利之学。功利之学的倡导者有永嘉叶适和永康陈亮。应该说,叶适和陈亮功利实用学派,也可以看作清初实学的先声。叶适著有《习学记言序目》,对《周易》也有论述。《习学记言序目》含有《周易》(一)至(四),阐述事物变化之规律和君子进德修业之原理,对《周易》做了较为详细的评述。

总体而言,两宋性理之学发达促使圣道易学发展趋于完善。若就各个学派单独而言,其构建的圣道易学各有所偏颇。程朱理学偏于天理而疏于心性之学,陆杨心学偏于心性而疏于天道,叶陈实学则偏于世道而偏离性理更远。圣学强调知天道、致中和、躬亲民,三个环节相互依存,缺一不可,方为至善。

三、明代心学阐发

入明以后,心学分为两大学派,即陈湛性理学派和阳明良知学派。这里的陈氏是指陈献章,湛氏是指湛若水(世称甘泉先生),阳明是指王守仁(世称阳明先生)。应该说,湛若水承接陈献章,而王守仁则遥承陆杨。阳明心学不讲易道,其良知之学更多源自孟子到陆杨的传统,有所偏颇。王门弟子季本著有《易学四同》,但其所论无出杨简其右,不足为论。王阳明另一位弟子王畿易道思想的主要要点有:(1)论易君子谋,(2)易为心易,(3)先天统后天。显然,就至善圣道的发展而言,也没有实质性的贡献。

作为对朱熹理学的反动,阳明心学刚好相反,出现偏向心性一边的倾向。阳明心学放弃了圣学易道传统,转而遵循孟子心性宗旨,强调动(智行)与静(仁性)无间合一之法。阳明认为唯有临事修持,真达"勿忘勿助"之境,便可得恒照之心而致良知。但在具体心性修持途径上,阳明心法的措施不多,无非就是回归到日常修行之中。由于阳明心法过于推崇心性良知,所以在其后学的发展中,渐渐陷入了逃禅的颓废之中。正如梁启超在《中国近三百年学术史》所说的:"王学在万历、天启间,几已与禅宗打成一片。"(梁启超,2006:45)

唯有陈湛性理学派强调天理与心性合一之论,乃为圣学正脉。陈献章,也称白沙先生,他在明代先于王阳明倡导心学。陈献章由宗朱熹理学转而宗象山心学,因此能够起到调和两家学说的作用。白沙以"静中养出端倪"为宗旨,构成以诚心安仁、学宗自然、所贵虚静、归于自得和笃实践履等五个方面为内容的思想体系。

理为天道,性理合一就是悟天道而致中和,于是心便由道而发,得自在之境。如果说,邵雍的先天易学是归于心法,讲的是由心法产生先天之图,那么陈献章的心学则刚好相反,把《周易》作为内心修养的依靠,是由《周易》来成就心法。为此,陈献章将两者结合,用先天之图的卦序来做出内心修养的演进步骤,从而形成《周易》治心的具体途径。

湛若水继承陈献章的圣道思想并将其进一步加以深化,形成了以随处体认天理为主导的心学体系,是为纯正圣道传承。至于湛若水圣道易学的主要思想,大致包括三个要点:(1)心之体即是易体,(2)人心与天地万物同体,(3)论体用一原。可见湛若水的易学观点更加符合性理合一之论,弥补了两宋不同学派各有偏颇的倾向,确为圣道中正之论。

除了孔孟正统,湛若水特别重视周濂溪、程明道和李延平圣道思想的传承。在《雍语》中,当葛涧问宋儒得失时,湛若水就明确指出:"其周濂溪、程明道乎!微二子,道其支离矣。舍二子,吾何学矣?"(湛若水,2014:113)特别是程明道的思想,对湛若水心学思想的形成起到至关重要的影响。他在《叙遵道录》中说:"夫遵道何为者也?遵明道也。明道兄弟之学,孔孟之正脉也。合内外、彻上下而一之者也。"(湛若水,2014:749)在《雍语》中,当施宗道问李侗(延平)之学时,湛若水也特别推崇:"李子之于道,其深矣。观其气质之变,非涵养之深者,能之乎?"(湛若水,2014:113)

甘泉心学的圣道宗旨,就是着眼于"中",归结到"心",复"性"之道就是"勿忘勿助"之随处体认天理。因此,湛若水主张性理合一的天道观。这种性理合一的思想,源自于湛若水对易道阴阳的理解。他在《新语》中说："阴阳合一者道,仁智合一者德,内外合一者心,动静合一者神。"(湛若水,2014:96)因此,达成圣境强调"虚灵默识",以期"廓然感通",从而引出"随处体认天理"的主张。

甘泉与阳明,学问思想都主张心学,只是在心物对待上观点相左。体现在对格物致知的看法上不尽相同,并或面谈或书信,开展了长期争论。阳明主张心即理,用心性良知消解了物理,强调致良知而成圣人;甘泉则强调性理合一(心之体即是易体、人心与天地万物同体,并强调体用一原),但能随静随动体认天理,顺其自然,便可成就圣人之境。因此,从圣道纯正思想的继承发展主线看,湛若水建立起来的性理思想体系,较之王阳明建立良知思想体系更加纯粹中正,鲜有禅、佛思想的浸染。

其实,湛若水自己也认为圣学传承的道统源自文王、孔颜、思孟、周程、白沙,而他自己又是承袭了白沙的道统。关于这一点,在其晚年所撰写的《默识堂记》中有明言:"嗟夫!默识圣人之本教,而君子之至学也。记曰:'维天之命,於穆不已。'盖曰天之所以为天也。於乎不显,文王之德之纯。盖曰文王之所以为文也,纯亦不已。文王默识之道同于天。文王没,道在孔子,故语子贡曰:予欲无言。盖以天自处,此孔门之本教也。子贡疑焉,曰:天何言哉!四时行焉,百物生焉。天何言哉!孔子后,道在颜子。……子思没,道在孟子,孟子曰:'必有事焉而勿正,心勿忘,勿助长。'盖发默识之功也。周濂溪曰:'无思而无不通为圣人。'程明道曰:'勿忘勿助之间,缘无丝毫人力,此其存之之法。'孟子之道在周程,周程没,默识之道在白沙,故语予:日用间随处体认天理,何患不到圣贤佳处。"(湛若水,2014:941-943)

实际上,就圣学的中道思想宗旨而言,周子性理学说源自从孔门中庸思想到易传时中思想的传统,此乃正脉,为程明道所承继。后来朱熹理学偏于天理,而阳明心学偏于心性,均迷失正道。幸有陈献章和湛甘泉师徒两人发扬光大,承继周程道统,形成甘泉性理思想体系,致使纯正圣道易学不至于湮没。可惜的是,陈湛之学传之明末便后继无人了。

从圣学体系的完整性上讲,天道学说,明白万物发生发展导致意识的产生;意识返观万物,则归入心性学说;心性明,则又可兑现淑世学说,如此圣学方臻完备。因此,从陈献章"静中养出端倪"的自然观到湛若水的

"随处体认天理",都是强调性理合一之论。应该说性理合一的思想具有重要意义,是构建至善圣学的基础。

近代学界重视阳明心学而忽视陈湛心学,其实不明圣学之旨。黄宗羲在《文简湛甘泉先生若水》"前言"中说:"王、湛两家,各立宗旨,湛氏门人,虽不及王氏之盛,然当时学于湛者,或卒业于王、学于王者,或卒业于湛,亦犹朱、陆之门下,递相出入也。其后源远流长,王氏之外,名湛氏学者,至今不绝,即未必仍其宗旨,而渊源不可没也。"(黄宗羲,1986:876)其实在我看来,如从圣学道统论,湛若水的思想传承较之王阳明更加纯粹,很少被佛禅思想浸染。

宋明圣学中兴的核心学派如图1-6所示。陈湛学派之后,圣道再次衰微,性理之学或归阳明心学,或抵制阳明心学而兴实学,终究难以为继。圣学之所以再次衰落,就是因为不重视格物之学所致。明末清初实学思想的基本特征是"崇实致用",一是实证学问,二是实用经世。可惜当时科学并不发达,难以实现目标。只有方以智(1611—1671)的《物理小识》对于天道实证有所发微,黄宗羲的《明夷待访录》对专制统治有所揭露而已。

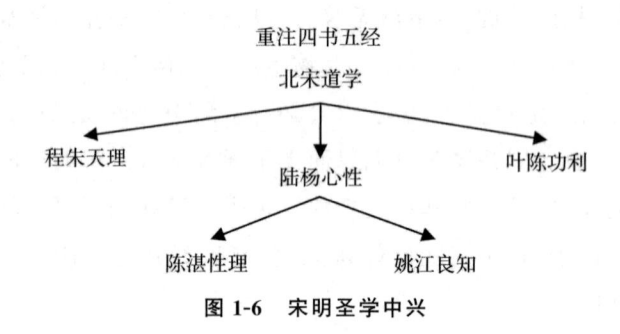

```
                    重注四书五经
                      北宋道学
         ┌──────────────┼──────────────┐
         ↓              ↓              ↓
      程朱天理        陆杨心性        叶陈功利
                   ┌────┴────┐
                   ↓         ↓
                陈湛性理   姚江良知
```

图 1-6　宋明圣学中兴

就易学发挥而言,清初王夫之著有《船山易学集成》。王夫之治《易》,务实求真,主张非无而有,非虚而实,非妄而真。王夫之将批判矛头直指佛老,提出了天地自然皆为实有的思想,从客观实际出发,说明天地自然的本性。王夫之易学中的实有思想与清初务实学风有关,受着明清之际反对虚理,崇尚务实思潮的影响。从哲理或思辨意义上说,他对实有思想研讨甚深,创获之丰富,超拔于同时代人。清代后来学者浸入了汉学的考据之中,在思想上也就没有什么建树了。

通观整个宋元明清性理学派,从对易道义理阐释的取向来看,大致可以分为天道运化、人道修养和世道治理三个部分。宋元明清发展形成比较成熟的圣道易学,基本上可以归为理学派、心学派和功利派,刚好为知天道、致中和及躬亲民三个圣学思想体系的有机环节建立了哲学基础。如果纵观世界文明的发展,特别是近三百年人类科技文明的飞速发展,中国传统文化之下的圣道易学还是存在一些致命不足。全面复兴圣道易学的发展,有待于有识之士继往开来,努力前行。

第二章 科学立场

《周易》的圣道思想阐述主要体现在《易传》之中,蕴含着天道法则、人生修养和淑世原则等丰富内容。因此,站在当代科学原理角度,要对《周易》的易道思想进行比较系统的科学诠释,首先要对《易传》所涉及义理学说做一个归纳梳理,并给出我们科学诠释易道的立场角度、思想背景和阐释方法。如果从奠定科学基础来看,当代科学最为根本性的原理主要分布在自然科学、心性科学和概念科学之中,并充分体现跨越尺度整体论思想的取向。因此,我们就用这些最基本科学原理及其所体现的整体思想来对易道思想进行科学诠释。为此,我们不但要给出易道思想体系及其与所运用科学体系之间的内在联系,而且还要具体给出诠释易道所运用具体科学分支的简要介绍。

第一节 易道三个世界

从圣道体系角度来看待研究易学,我们称为"圣道易学"。反过来,从易道思想体系角度来探讨《周易》所包含的圣学思想内容,就称之为"易道圣学"。《周易·系辞》说:"《易》之为书也,广大悉备,有天道焉,有人道焉,有地道焉。兼三材而两之,故六。六者,非它也,三材之道也。"如果与圣学的"知天道""致中和""躬亲民"三个部分相对应,那么易道圣学的天地人三道合一,同样论述了"知天道""致中和""躬亲民"这三个方面的思想内容,并与美国科学哲学家波普尔的三个世界理论相呼应。

第二章 科学立场

一、乾坤蕴涵分析

易道圣学三道合一的主导思想首先体现在乾坤两卦的阐释之中。简要地讲，易道圣学体现的思想，归纳起来即所谓的元、亨、利、贞之四德。乾卦《文言》说："元者善之长也，亨者嘉之会也，利者义之和也，贞者事之干也。君子体仁足以长人，嘉会足以合礼，利物足以和义，贞固足以干事。君子行此四德者，故曰：'乾，元、亨、利、贞。'"至于这四德与效天法地以贞人事的对应关系，我们可以从乾坤《象传》中来加以展开说明。

在乾道四德中，"乾元"对应"天道"，即所谓"大哉乾元！万物资始，乃统天"，强调的是乾道缘起万物之法则（相对于坤道的阴，偏阳之作用）。"乾亨"对应"承天之地道"，即所谓"云行雨施，品物流形"，强调的是乾道支配万物演化（相对于坤道的阴，偏阳之作用）。"乾利"对应"人道"，即所谓"乾道变化，各正性命，保合太和，乃利贞"，强调的是为人治心之旨（相对于坤道的仁，偏义的方面）。而最后"乾贞"对应"济世之地道"，即所谓"首出庶物，万国咸宁"，强调的是处事淑世之旨（相对于坤道的柔，偏刚的方面）。

作为与乾道相辅相成的坤道，其也蕴含了元亨利贞之四德。"坤元"对应"天道"，即所谓"至哉坤元！万物资生，乃顺承天"，强调的是坤道缘起万物之法则（相对于乾道的阳，偏阴之作用）。"坤亨"对应"承天地道"，即所谓"坤厚载物，德合无疆；含弘光大，品物咸亨"，强调的是坤道支配万物演化（相对于乾道的阳，偏阴之作用）。"坤利"对应"人道"，即所谓"柔顺利贞，君子攸行"，强调的是为人治心之旨（相对于乾道的义，偏仁的方面）。而最后"坤贞"对应"济世之地道"，即所谓"安贞之吉，应地无疆"，强调的是处事淑世之旨（相对于乾道的刚，偏柔的方面）。

注意，地道有两义，一为"承天之地道"，与乾道构成阴阳关系。朱熹在《周易本义》中说："此以地道明坤之义，而首言元也。……始者，气之始。生者，形之始。顺承天施，地之道也。"（萧汉明，2003：168）另一为"济世之地道"（为了区分起见，此"地道"我们称之为"世道"）。朱熹在《周易本义》中说："'知周万物'者，天也；'道济天下'者，地也。"（萧汉明，2003：232）所以世道是天道与人道相济沟通的桥梁，所谓立地之道曰柔与刚，是指刚柔相济之世道。

当然，乾坤相辅相成：乾，乃统天；坤，乃顺承天。所谓"一阴一阳之谓道，继之者善也，成之者性也"。乾，刚健者，法象天，自强不息；坤，柔顺者，法象地，厚德载物。乾坤合德，方成易道。

将上述乾之四德与坤之四德相和合，我们便可看出：元(始生万物)亨(会通万物)，立天之道阴与阳；利(君子攸行)，立人之道仁与义；贞(道济天下)，立地之道柔与刚。朱熹在《周易本义》中指出："盖尝统而论之：元者，物之始生；亨者，物之畅茂；利，则向于实也；贞，则实之成也。实之既成，则其根蒂脱落，可复种而生矣。此四德之所以循环而无端也。"(萧汉明，2003:168)此说大致不错。如果进一步加以明确，则应该是：元，始长缘起；亨，会通演化；利，和义治心；贞，干事淑世。元亨强调天道法则，利贞偏向人事指导，人事又分人道修养之利与世道治理之贞。这便是从格物致知到修齐治平的易道圣学思想脉络，充分体现了圣学核心思想内容。

应该说，元、亨、利、贞四德的论述贯穿整部《易传》之中，除了乾坤两卦以及《文言》，自然也体现在其他六十二卦的《彖传》《象传》以及《系辞》《说卦》之中。只要人们将六十四卦作为一个整体，那么整部《周易》反映出的核心思想，都体现出天道(含元亨之地道)、人道和世道所谓三道合一的易道圣学宗旨。

最后，我们可以借用《说卦》之言来为易道圣学做个归纳语："昔者圣人之作《易》也，将以顺性命之理，是以立天之道曰阴与阳，立地之道(世道)曰柔与刚，立人之道曰仁与义。"应该说，《周易》义理正是从天道、人道和世道三个方面阐发了中华传统圣学最具深远意义的核心思想。

二、易道分三合一

正如我们上述对乾坤两卦分析时指出的那样，整部《周易》也都包括了用天道物象以喻人事，人事又分人道修养和世道治理两个方面。因此，《周易》构成了比较完整的圣学思想体系，其所论及圣道思想包括三个方面：(1)天道物象强调一阴一阳之谓道，作为知天道的法则；(2)人道修养重点给出洗心退藏的途径，成就致中和的境界；(3)世道治理重视刚柔相推而生变化，作为躬亲民的指南。

如果一定要用一句话来概括易道圣学核心思想的论述,那就是《周易·系辞》所说这句话语:"一阴一阳之谓道,继之者善也,成之者性也。仁者见之谓之仁,知者见之谓之知,百姓日用而不知,故君子之道鲜矣。显诸仁,藏诸用,鼓万物而不与圣人同忧,盛德大业至矣哉。"从阴阳之易道到成性之仁智,再从显仁藏用途径到成就盛德大业,给出的便是这样的论述原则:从天道法则自然延伸到人道修养,再从人道修养拓展到世道治理,最后世道治理的落实必须符合天道法则。

从整体上看,易道圣学是按照"圣人作易以垂教也"的原则,以天道法则对卦象进行人事说教引申性的阐释,为君子道德修养和社会治理提供基本准则。在易道圣学中所采用的阐释原则,主要体现在如下三个方面。

(1)就整体指导思想而言,是贯彻以天道喻人事的原则,将天道、人道和世道有机联系起来,遵循天人同道的思想。天道立阴阳,人道立仁义,世道立刚柔,都是体现在不同尺度上的易道反映。

(2)就结构布局而言,强调六十四卦的天人德义阐释相互关联的原则,因而形成了一个较为有机统一的天道喻人事说教体系。不但强调"八卦相荡"的刚柔相济之法,而且通过八卦之义的相互叠加,形成六十四卦的德义阐发。

(3)就每一个卦象的阐释而言,则充分贯彻了"时中"原则,就是既强调"中道"思想,又强调"因时"原则。所谓"时中",讲的就是"随时变易以从道",是随时而中。易道的守中之道,从本质上即是时中。

为了贯彻上述这样的原则,除了在《系辞》《说卦》中对天道法则以喻人事的总体阐释之外,易道圣学有关圣道学说方面的具体论述,则主要体现在对众多卦象的《文言》、《彖传》和《象传》引申解说之中。《文言》仅对乾坤两卦之德做了展开说明,《彖传》给出卦象天道喻人事的总义,而《象传》给出卦象具体人事治理要求。

比如泰卦《彖传》强调天地万物相互作用法则,所谓"天地交而万物通也",然后泰卦《象传》引申到人事:"后以财成天地之道,辅相天地之宜,以左右民。"再如谦卦《彖传》强调能量盈亏守恒法则,所谓"天道亏盈而益谦,地道变盈而流谦",然后谦卦《象传》引申到人事:"君子以裒多益寡,称物平施。"以及睽卦《彖传》强调跨越尺度的异同法则,所谓"天地睽而其事同也……万物睽而其事类也",然后睽卦《象传》引申到人事:"君子以同而异。"如此等等,举不胜举。

当然,易道圣学更多的还是从淑世安民的角度来论述阐发君子治心处事的准则。具体的君子治心处事又分为:(1)智慧德行的修养和提高;(2)通过心性修炼来提高处事能力;(3)体现化成天下文明之宗旨。因此构成了比较充实的治心处事思想体系,并通过具体的卦象解说体现出来。

在易道圣学有关治心处事的卦象解说中,不少是直接针对个人心性的修养。比如有偏向于明德之论的卦象解说,有偏向于复性之法的卦象解说,还有偏向于至诚之境的卦象解说,都是关注心性修养的论述。也有不少针对安邦济群,比如有偏向于建章之制的卦象解说,有偏向于刑法之用的卦象解说,还有偏向于治群之则的卦象解说,基本上都属于谈论安邦济群的法则。以及针对怀柔亲民,有偏向于保民之养的卦象解说,有偏向于安邦之策的卦象解说,还有偏向于教化之说的卦象解说,都是着重谈论怀柔亲民的愿望。由于齐家是治国平天下的前提,自然也有强调齐家化俗的卦象解说。因此,《易传》解释人道与世道的人事治理原则,具有十分丰富而全面的内容和思想。

就整部《周易》而言,通过强调六十四卦相辅相成,构成了治心处事完整统一的一个体系。也就是说,六十四卦乃为治心处事之大环节,相互关联地统一体现君子人事修养治理的论述。就每一个卦象的引申而言,其治心处事的论述,主要体现在《象传》《象传》之中。《象传》给出卦象蕴含治心处事之总义。《象传》给出某个方面治心处事之目标和效果以及具体步骤或注意事项:前者在总卦《象传》中给出,后者则通过贯彻"时中"思想在"六爻"(自下而上)《象传》中给出。

应该说易道圣学的最大特色就是通过《文言》《象传》《象传》等篇章的论述,首先是构建了比较完整的君子治心处事论述体系。主要是以乾坤两卦为枢纽,以八个经卦为纲目,以喻君子九德的九卦为核心,加上其他卦说为补充,形成了一个完整的治心处事说教体系。这一治心处事强调的核心思想包括:(1)时中思想的传续;(2)天地之心的法则;(3)洗心退藏的准则;(4)治心践行的途径;(5)与时俱进的原则;(6)道济天下的情怀。这些思想也成为后世诸家治心处事体系形成的种子。这样的思想原则,都在《系辞》和《说卦》中有系统的论述。

当然,《周易》有关治心处事论述不仅强调了人事治理思想本身,而且还兼顾了天道和人事两个方面的衔接,构成了更加系统的易道圣学体系。这个体系包括三个方面内容:(1)天道认识:给出了天地运行法则,所谓"《易》与天地准,故能弥纶天地之道。"(2)人道修养:给出了君子治心修养准则,所谓"默而成之,不言而信,存乎德行"。(3)世道运用:给出了淑世爱人宗旨,所谓"夫易,圣人所以崇德而广业也"。

总之,易道圣学的主导思想是站在天道、人道与世道的整体关系上来演绎的,因此更加体现其无穷的生命力。从易道圣学思想的角度看,天道、人道与世道,用《系辞》和《说卦》中原话可以归纳如下。

(1)明天道。《周易·系辞》指出:"子曰:'夫易,何为者也?夫易,开物成务,冒天下之道,如斯而已者也。'是故圣人以通天下之志,以定天下之业,以断天下之疑。"所谓明天下之道可以通天下之志、定天下之业、断天下之疑。

(2)修人道。《周易·说卦》指出:"昔者圣人之作《易》也,幽赞于神明而生蓍,参天两地而倚数,观变于阴阳而立卦,发挥于刚柔而生爻,和顺于道德而理于义,穷理尽性以至于命。"所谓道德和顺可以穷理尽性以至于命。

(3)济世道。《周易·系辞》指出:"知周乎万物,而道济天下,故不过。旁行而不流,乐天知命,故不忧。安土敦乎仁,故能爱。范围天地之化而不过,曲成万物而不遗,通乎昼夜而知。"所谓道济天下以为世用。

自然,所有这一切都是易道生生不息的结果,也是跨越尺度的自相似性的反映。从天道经人道到世道,都无不遵循根本法则,即归结到一阴一阳互为其根的根本易道之上。无怪乎周敦颐在《太极图说》最后不无感叹地说:"大哉易也,斯其至矣!"(周敦颐,2000:48)可谓一语中的。

三、关联三个世界

非常巧合的是,易书天道、人道和世道这种三道合一阐述方法,正可以与美国科学哲学家波普尔所提出的三个世界理论相对应。天道所要刻画的就是客观世界 1 的规律法则,人道所强调的就是主观世界 2 的塑造修养问题,而世道准则给出的就是治理人类社会一套价值取向的思想观念体系,属于概念世界3的范畴。因此,易道科学诠释,正可以这三个世界理论为依据来展开。

波普尔所提出的三个世界包括:世界1是指(客观)物理世界,世界2是指(主观)心灵世界,而世界3是指人类心灵产物的概念世界。跟《易传》的三道合一强调天道、人道和世道有着相互关联性一样,波普尔同样认为他所提出的三个世界也存在相互关联影响。

首先是波普尔坚持事物变化发展的非决定论立场。与非决定论立场相对的是决定论立场。所谓决定论的直觉观念可以比喻为一部影片,"在影片中,未来和过去并存;在和过去完全相同的意义上,未来是确定的。尽管观众可能不知道未来,每一个未来事件原则上却毫无例外地可能是确然已知的,恰如过去一样,因为未来存在的意义与过去存在的意义相同。实际上,制片人——造物主——会知道未来"(波普尔,1999:3)。从科学观或天道观的角度,可以用自然法则来替换这里的造物主,同样可以构造类似的决定论说明。

但是波普尔反对这种决定论的观点,认为未来是不确定的。类似波普尔,易道主张的立场也不是决定论而是非决定论的,认为阴阳不测之谓神。所以波普尔的"开放的宇宙"就是所谓"生生之谓易"的宇宙。因此,易道的非确定性立场并不符合牛顿—爱因斯坦的确定性科学,而是更加符合热力学—量子论的非确定性科学。波普尔所持有的非决定论观点,显然有助于我们更好地理解易道深邃思想的当代意义。

在非决定论立场的基础上,波普尔进一步论述了三个世界之间的相互关系及其相互影响、相互作用。他指出:"因而要考虑到人类自由,尤其是创造性,非决定论是必要的,但是还不够。我们真正需要的是这样的论点,即世界1是不完全的,它能够受到世界2的影响,它能够与世界2相互作用。或者它在因果关系上对于世界2开放,因此又进一步对世界3开放。"(波普尔,1999:114-115)

世界1是通过世界2所观察的世界,因此自然是不自足的或者不能是封闭的,必须对世界2开放,这其实就是《易传》天人合一思想的基础。所以波普尔将其当作三个世界的核心观点,并强调指出:"于是我们回到了我们的核心:我们必须要求世界 1 不是自足的或'封闭的',而是对于世界 2 开放的。它能够受到世界 2 的影响,正如世界 2 能够受到世界 3 当然也受到世界 1 的影响一样。"(波普尔,1999:115)

不仅如此,由于世界 3 由世界 2"创造",并用于描述世界 1 和世界 2 及其关系,因此世界 2 与世界 3 也存在相互作用。因此,波普尔明确指出:"我毫不怀疑世界 2 和世界 3 确实相互作用。"(波普尔,1999:116)其实世道人心本来就不可分离,这在《周易》中都是明确论述的道理。不仅是人心修养可以构筑更好的社会文化环境,反过来社会文化环境同样对我们的人心修养会产生深刻的影响。

因此,归纳起来,波普尔必然将三个世界看作是相互作用的一个整体。他指出:"这一切意味着世界 3 可以作用于我们心灵的世界 2……因而世界 1 对于世界 2 开放,正如世界 2 对于世界 3 开放一样。"(波普尔,1999:116)于是自然天道也就必然是开放的,所以波普尔肯定地指出:"这是绝对重要的,因为它表明,自然,或者我们所属于的、包含作为其组成部分的世界 1、世界 2 和世界 3 的宇宙,本身是开放的。"(波普尔,1999:117)其实,自然的开放性就是生生不息的结果,用《周易》话讲就是"生生之谓易"。

波普尔的三个世界理论还可以很好地厘清易道一体两面的本体论哲学思想。通常对于世界 1 与世界 2 的关系问题,在哲学界存在四种主张:(1)非物质论:否定物质世界 1 的存在;(2)非心灵论:否定精神状态世界 2 的存在;(3)平行论:主张精神状态和大脑状态彻底平行论;(4)相互作用论:断言精神状态能够与物质状态相互作用。

显然无论是物理主义、心性本体论,还是平行论都存在不足,难以阐述三个世界及其相互作用的全部内容。易道圣学本体论强调的则是:易道乃是阴阳互根一体两面相互纠缠作用的观点。这种一体两面思想,加上在三个世界上跨尺度的映射,可以同时解释三个世界相互作用合一的现象规律。

用波普尔的话说就是:"我愿意接受这样的观点,每当在世界 2 中发生任何事情,在世界 1 中(在大脑中)就会发生与之相关的事情。但是要谈到完全或彻底的平行论,我们就必须能断言'同样的'精神状态或者事件总是伴随着精确对应的生理状态,反之亦然。"(波普尔,1999:141-142)只有这样,我们才可以解决自我意识产生的难题,即自我意识是通过世界2与世界1和世界3的相互作用而突显。

必须清楚,虽然《易传》的强调天道、人道和世道相对独立,但这三个道就是一个易道,只是着眼点不同,才分为三个层面来加以叙述。不同的层面所遵循的根本之道都是一体两面的易道,只不过不同层面世界,用不用话语来体现这一体的两面,这才会有天道曰阴与阳,人道曰仁与义,世道曰柔与刚。用波普尔的话说就是:"世界1、世界2和世界3尽管是部分自律的(自洽的),却属于同一个宇宙:它们相互作用。"(波普尔,1999:147)属于同一个宇宙,自然为同一个法则所支配,用《周易》的话说,这个根本法则就是"一阴一阳之谓道"的易道。

现在运用波普尔的三个世界理论并结合易学三道合一思想,我们就可以展开易道科学诠释的创造性论述。因为"无论我们是否把宇宙看作一架物理的机器,我们都应面对这个事实,即它产生了生命和有创造力的人。它向他们创造性的思想开放,并确实已被这些思想所改变。"(波普尔,1999:160)因此,我们作为有创造力的人,就可以对易道圣学蕴含的思想开展创造性的科学诠释。

天道的核心规律是正负能量相互作用的变化法则(立天之道阴与阳),涉及的科学主要是自然科学,从物质世界到生物世界,正是构成了世界1所描述的范围。人道的核心规律是心理品质及其行为表现(立人之道仁与义),涉及的科学主要是心性科学,从神经系统一直到心理行为的世界,构成世界2所描述的范围。世道的核心规律是社会治理观念体系及其运用(立地之道柔与刚),其背后支撑的就是概念科学,涉及概念分析、价值体系和文化科学,构成世界3所描述的范围。

当然,不管是天道、人道和世道,易道所强调的都是变化之道。所以三个世界解释理论,最终都会归结到变化这个根本之道。因此,接下来我们首先分别概述所运用的三个世界的相关科学理论,然后再集中介绍变化科学理论,这样就可以为后面章节的讨论提供一些先导性的科学基础。

第二节 核心科学原理

从易有三道合一的论述中,我们不难发现,《周易》不但包含有圣学思想体系所强调的核心内容,而且包括有深刻朴素的万物发生演化之道理。因此,我们完全可以用当代科学原理来对其加以阐释发明。从科学角度来探讨《周易》中所包含的圣学思想体系,就称之为"易道科学诠释"。

现在的问题是,与易道思想的阐发有着密切联系的当代科学都有哪些核心原理呢?或者说哪些核心科学原理可以用于阐发易道思想呢?在这一章节中,我们就根据易学三道阐释的需要,分别简要介绍自然科学的量子理论、心性科学的心脑机制和概念科学的模因学说三个方面的核心科学原理。

一、量子理论简述

首先是易道圣学的天道思想,主要关心的是万物的本根及其生发问题,涉及实在之源、阴阳法则和万物生成等根本问题。科学方面与之相对应的是有关自然科学的核心理论,主要涉及量子理论以及衍生出来的万物发生与演化的科学,包括宇宙大爆炸理论,生命起源、机制和演化理论。

量子理论是描述微观粒子运动规律的科学理论,肇始于20世纪初。经过100多年的发展,已有越来越多的实验证实了量子理论所提出的假设,使之成为自然科学中最为基本的科学理论(玻姆,1982;米尔本,2002;黑,2005)。

量子理论考虑的基本假设包括:(1)作用量子的不可分性(量子假设);(2)基元过程的不连续性(非连续性假设);(3)主客体之间的相互作用的不可控制性(物理量测量的不确定性);(4)一种(严格的)时空描述同时兼具因果描述是不可能的(因果性失效);(5)必须放弃经典科学的描述方式(经典物理学失效)。

对于现代科学而言,不仅仅对物理现象与规律刻画离不开量子理论的解释,即使是生命现象和规律同样也离不开量子理论的解释。英国科学家艾尔-哈利利在《神秘的量子生命》一书中开宗明义地指出:"在整个科学领域,量子力学是最具影响力的重要理论。没有量子力学,我们就无法解释世界是如何运转的。"(艾尔-哈利利,2016:1)因为"生物学,其实只是一种应用化学,而化学又是一种应用物理学。因此,当你非要刨根问底时,所有的事物,包括我们和其他生物,都是物理学而已"(艾尔-哈利利,2016:22)。而所有物理学的基础就是量子理论。可见要想了解宇宙万物的运行法则,就必须了解量子微观世界的根本法则。

量子理论所描述的微观粒子具有很多与经典力学不同的违反直观的量子特性:波粒二象性(wave-particle duality)、量子隧穿(量子隧道效应,quantum tunnelling effect)、量子叠加态(superposition)、量子纠缠(quantum entanglement)、量子相干性(quantum coherence)等等。归纳起来,能够合理解释量子世界的量子理论,其核心内容主要包括如下六个方面的信条(周昌乐,2016:33-45)。

第一信条就是不确定性。量子不确定性原理由德国量子物理学家海森堡提出,业已成为量子理论的核心原理。需要注意的是,对微观世界测量的不确定性,不是出于对客观的无知,而是客观本性上的不确定,因而才体现出一种不确定性几率描述。双缝光栅实验可以证实量子不确定性原理(易书所说的"神无方")。

波粒二象性强调所有的粒子都是量子几率波,正是量子不确定性的直接体现,"考虑到这一点,我们可以说,量子物体有时候表现像波,有时候又表现得像粒子。你会觉得这很神秘。它就是那么神秘!关于量子力学的魔术我们无法解释得更多了,我们只能描述量子的东西表现出来是什么样的。这种描述就是量子力学"(黑,2005:14)。

根据量子理论,更正确的,应该说构成物理实在的是波和粒子的叠加态。对此,以色列马克斯·雅默在《量子力学的哲学》中指出:"简而言之,德布罗意把波粒二象性归结为一种波—粒综合:构成物理实在的,不是波或粒子,而是波和粒子!"(雅默,2014:73)因此,根据量子理论,特别是对描述粒子行为的波函数理论,必然推出现实世界中的粒子都是波粒二象性的,并因此必然导致量子隧穿现象。因为所有粒子所处的位置、拥有的动量等情况,也是根本上不确定的,难以精确测量,这就为能量穿越时空打开了方便之门。

一句话,我们所观察到的一切事物,从根本上讲都是不确定的。至于这种测量不确定性的原因,正是第二条信条的量子纠缠性,"对于某些量子态——薛定谔把它们叫作'纠缠态',量子力学在一个量子体系被分开的几部分之间,似乎需要某种'比光速还快'的作用"(黑,2005:146)。这正是易书所强调的所谓"不疾而速"的超距作用。

量子纠缠性也称为"非力相关性"或非局域性现象,指的是物质最小组成部分以一种超越所有可允许的时空界限的方式互相关联(固有的整体关联性)。甚至在一次量子事件中产生的一对粒子,不管后来分离多远,总会"串通一气"(相干性),以超越一切时空的方式纠缠一起(易书所说的"不行而至")。它们之间的相互作用总是同时瞬间发生,即所谓的"同谋粒子"。由于我们的宇宙源自量子真空大爆炸这一同源事件,所以也就意味着整个宇宙就是固有关联在一起的不可分割的一个整体。

因此,这也就必然会带来作为第三条信条的测不准公式:量子属性成对互补性地存在,对其物理量值的测量由海森堡测不准公式所刻画。海森堡测不准公式指出:人们不能同时精确测量出微观粒子位置和动量,对于粒子未来的运动状态,我们只能给出一种概率分布,告诉我们在未来它处在这种状态的可能性。形式上,"如果位置的测量是以精确度 $\triangle x$ 进行的,而动量的测量是同时以精确度 $\triangle p$ 进行的,那么,这两个误差的乘积决不能小于一个约为 h 的数。换句话说,$\triangle p \triangle x \geqslant (\sim h)$($\sim$ 表示约为)"(玻姆,1982:118)。

测不准公式的结果导致非实在论的第四条信条观点:实在是不确定的,关键在于对实在的主观测量与询问。"薛定谔猫佯谬"的思想实验对此做了最为形象的说明,对某个人为规定的属性进行观测的结果,就是使人们得到了实在粒子的某一属性,而原本粒子并不拥有所谓属性。只是因为我们的观测,才导致了粒子及其属性的呈现。事物的性质或存在受观测影响,于是实在从根本上讲就是虚妄不实的(易书所说的"易无体")。

主观测量还带来了塌缩悖论,构成了量子理论的第五条信条:量子可能状态的叠加性及自测问题带来的相干性难局。只有测量结果进入某人的意识之中,量子叠加态的混合体才会塌缩成具体的实在。而在量子理论中,区分观测者与观测物之间的界线是一个令人棘手的哲学问题。这一难局的关键在于观测者总要借助于一定的观测仪器来观测被观测对象,那么这种作为中介的观测仪器是归为观测者呢,还是归为观测对象?而要严格区分哪些是观测仪器,哪些又是观测者也是根本不可能的,除非将观测者规定为精神本性。

最后推及极致就必然是因果律失效,这便是量子理论的第六条信条:量子纠缠中的同谋粒子,与掷硬币正反面的概率呈现是基于不同原理的,前者是本质不确定性,后者是本质确定而只是统计上的不可穷尽性。因果律失效也是量子理论与经典理论之间主要差异:"经典理论完全决定了变量较早时刻与稍后时刻之间的关系(即是完全的因果论),而量子定律只能由给定的有关过去的条件决定未来事件的几率。"(玻姆,1982:31)对于量子世界而言,因果律失效!

因果律失效意味着用决定论看待世界的破产:"量子力学彻底抛弃了这种关于将来的决定论观点,物理学的预测出现了本质上的不确定性。"(黑,2005:17)因为世界未来的发展可能性还有受到观察世界的主观精神纠缠性作用的影响,即主客观存在着整体关联性。量子纠缠作用是精神体验作用显现方式,而因果关系则是理智分别作用方式,两者差别便在于是否维持整体关联性(周昌乐,2016)。

实际上,根据电子双缝干涉实验可知,电子的行为已经涉及整体关联性了,更何况更大的宏观事物!事物整体关联性的背后就是固有的、非力相关性的量子纠缠。量子纠缠是非力相关的、是物质世界固有的性质,难以用概念分别性思维来理解。但是大量的科学实验却证实了微观物理世界具有这样的性质,甚至在生命机制中也存在这种量子纠缠现象。对于这些不可思议的量子现象,要当事实来接受,不要问为什么!

这样一来,经典物理学所主张存在客观独立实在的观念就不再成立。现在根据量子理论非实在论、不确定性以及主观测量的依赖性,独立于人们的客观实在不再存在了,代之以虚无缥缈的空无一物。

事物确定性的丧失,意味着构成物质的粒子对于整个宇宙能量场具有内禀的依存性,我们这个宇宙是整体关联一起的。实际上,宇宙源自于真空的爆炸,因此由此缘起的万有都具有固有的关联性也就毫不奇怪了。物质与空性(狄拉克负能量海)、时间与空间、质量与能量,以及小到粒子、大到星系之间,均具有内禀的整体关联性。

这样一来,与其说有所谓物质实体的存在,倒不如说是一种可以涌现正负波动效应的零点能量场的表现形式。正由于可以波动的零点能量场所代表的量子真空,根据海森堡测不准原理以及量子隧穿效应,加上一个主观观测作用,只要量子时空尺度足够小,真的可以从虚无缥缈的量子真空中通过一场能量大爆炸式的泄流而产生我们的宇宙万物。易书中所说的"寂然不动,感而遂通天下之故,非天下之至神,其孰能与于此",正是对这一场景的简要概括。

量子真空能量波动效应引发宇宙大爆炸,然后随着时间的推移便可以形成我们所见的宇宙。须知量子真空也有能级,可以通过量子隧道效应释放能量并达到更低能级,但释放的能量就会形成物质世界,而更低能级的真空状态就是虚粒子负能量海。结果随着时间的演化,大爆炸的能量经过宇宙的膨胀和冷却,"伴随着一系列对称性的破缺,从而分离出了四个基本力,产生了夸克胶子沟。而夸克胶子沟冷却后就形成了其他基本粒子,然后是原子,简单分子,引力块,银河系,巨分子云以及第二代恒星等"(考夫曼,2004:105-106),最终形成了一个整体不可分割的物质世界。

生命的起源同样也离不开量子机制。根据艾尔-哈利利论证,有催化功能的 RNA 分子叫核酶(ribozymes)。这样就为生命起源找到了新的线索,大致是这样的:晶体起源→核酶(RNA)→DNA+蛋白质→活细胞,"随着时间的推移,这些 RNA 复制体上添加了蛋白质来提高复制的效率,并由此产生了 DNA 和第一个活细胞"(艾尔-哈利利,2016:312)。而酶的催化反应一直深入到量子世界之中,因为"酶在分子内或分子间操控着单个的原子、质子和电子"(艾尔-哈利利,2016:93)。可见离开了量子作用机制,也就谈不上一切活着的生命。从某种意义上讲,正是酶的这种催化能力,使无序的物质转变为有序的生命。在这其中,维系生命有序的量子相干性起到了关键作用。

总之,"为了理解量子纠缠与生物学的关系,我们需要把两种现象进行结合:第一种现象是两个分离粒子之间存在的瞬间相互作用——量子纠缠。第二种现象是一个量子粒子能够同时具有两种甚至多种状态的性质——量子叠加态"（艾尔-哈利利,2016:211）。生命的诞生与维持都离不开酶的催化作用，而酶的催化作用又是建立在"不疾而速"的量子纠缠、"不行而至"的量子隧穿和"阴阳合一"的量子叠加态等机制之上。

从微观世界到宏观世界，从宇宙起源到生命的诞生，从生命过程到日常生活，背后起到支配作用的都离不开量子法则。雅默在《量子力学的哲学》一书的序中写道："在科技史上，还不曾有一种理论像量子力学那样对人类思想发生过如此深远的影响，也从来没有一种理论，对如此大量的现象的预言赢得了这样惊人的成功。而且对今天一切已知的事物而言，量子力学是关于基元过程的唯一逻辑一贯的理论。"（雅默,2014:1）

正如艾尔-哈利利指出："这个世界上主宰万物运动的法则只有一种，那就是量子法则。我们所熟悉的统计学法则和牛顿法则，从根本上来说只不过是经过退相干的滤镜滤去了某些怪异现象的量子法则而已。只要你推敲一下就会发现，我们日常生活中习以为常的事实背后总能找到量子力学的蛛丝马迹。"（艾尔-哈利利,2016:147）

而易理就是对这些蛛丝马迹的经验归纳出来的一些准则，并用取象类比式的方式加以表述。因为"某些宏观物体也表现出惊人的量子现象，而这些物体多数和生命有关。……发生在量子世界的事件的确影响到了宏观世界的过程。生命就像是连接量子和经典世界的桥梁，栖息于量子世界的边缘"（艾尔-哈利利,2016:148）。于是从宇宙物质运动到生命演化，最后孕育出我们所谓智慧生命的人类，都受制于天道的支配。这个天道不是别的，用科学的话讲，就是量子法则，用易书的话讲则是易道法则。

二、心脑机制简述

接着就是易道圣学的人道思想，关心个人修养（诚意、正心和修身），所谓立人之道"仁与义"，归根到底就是心性问题，涉及心性之存养方法。此时，自然就会涉及心脑作用机制，所以与其相对应的科学分支就是神经科学和心理科学，强调情智相互作用。因为根据神经科学已有的研究结果，无论我们所讨论的心理现象、机制和规律有多么复杂、多么神奇，以及多么难以理解，都不过是人脑的产物。因此，为了弄清心性存养的运作机制问题，首先要从人脑的神经系统开始说起。

从进化发生学的角度看，人类是从爬行动物、古哺乳动物、灵长类动物逐步演变而来，也就是说人类的大脑是逐渐堆积而成。因此，可以将整个人脑划分为内脑和外脑两个部分。进化较早的内脑属于旧皮层，包括脑干和边缘系统；进化较晚的外脑则属于新皮层，包括颞叶和前额叶皮层等大脑皮层。因此，从内脑到外脑，是生存策略逐渐向高级方向进化发展的过程（埃克尔斯，2007）。

在人脑最里面的脑干是爬行动物之脑，支配生命代谢等维持生存和繁衍的基本功能。脑干中与先天欲望（食色）相关联的活动，主要由下丘脑生理过程引发。脑干上面包围的边缘系统是古哺乳动物之脑，主要支配情绪和记忆等调节功能。边缘系统中与后天情感关联的核心脑区主要是杏仁核。在人脑最外面的大脑皮层，是灵长类发达的大脑皮层以及人类得到进一步高度进化而来的前额叶。前额叶主要对外界情感刺激的进行评价、思考，或在没有情感刺激时进行的内部想象，以及产生行动的意向，具有表现出某种理智行为的倾向。

通常为了通俗起见，我们可以将外脑称之为理智脑而将内脑称之为情欲脑。在漫长的进化过程中，为了维护基因的利益，基因在所寄宿的载体上设定了强约束的遗传控制机制，其主要执行机构就是我们的情欲脑。情欲脑通过一套受制于基因操控的自发式系统，采取即时性的条件反应来提供维护基因利益的保障。只是到了进化的后期，作为高级智能物种，人脑进化出了新皮层，特别是前额叶得到了充分扩大，有了其他低等动物不具备的理智脑。理智脑通过理智思考能力，能够更自觉地控制我们的行为。在理智脑作用基础上，人类发展出了弱约束的慢速分析思考机制，建立了一套分析式控制系统。

事实上，物种越低级，基因的支配就越直接和紧密。随着人脑进化发展，出现了高级皮层自觉意识，使得人类逐步开始摆脱基因的控制成为可能。不过由于人脑进化是在情欲脑基础上发展而来，于是形成了进化发生较早的情欲脑与进化发生较晚的理智脑相互依存的双脑系统。人脑也就同时拥有了快速自发式系统与慢速的分析式系统。

在快速自发式系统处理过程中，主要由情欲脑驱动，属于我们无意识做出的条件反应，几乎没有利用觉知反思机制。此时，我们的行为反应往往被我们的先天欲望所操纵，是建立在强约束的遗传控制机制之上的条件反射。在慢速的分析式系统处理过程中，主要由理智脑驱动，起作用的是灵活的弱约束机制。此时，我们的行为反应属于我们有意识做出的理智分析的结果，其建立在具有明显觉知反思机制之上。觉知反思机制的参与往往能够摆脱先天欲望的控制，更好地维护个体长远的利益。

如果我们将新皮质、前额叶、有意识系统、间接理性思考（理智脑）看作是阳刚的一面，那么旧皮质、边缘叶、无意识系统、直接情绪反应（情欲脑）就相当于阴柔的一面。于是内脑主情欲与外脑主理智相互作用，一样遵循一阴一阳之道，诸种心理现象的发生也必然符合生生不息之易道规律。

不过，在情欲与理智的相辅相成过程中，情欲是自然进化的结果，每个哺乳动物都拥有的生理本能，具有非理性的冲动和直觉，遵循自然生物学的法则。相对而言，理智则源自于文明洗礼，属于心灵属性，具有反思评判能力，是对情欲的一种制约来获得个体和社会利益的最大化。

情欲是动力，也是目标确立机制；理智则是实现目标的指引者，通过思考和行动将情欲的目标加以分步实现。主管情欲的边缘系统与主管理智的大脑皮层总体上并行运行，并存在着双向连接。比如情感发生的主体是杏仁体，一方面接受来自低端感觉信号，另一方面也受到大脑皮层的制约，并将信号发布到几乎人脑的所有部分。

应该强调，情欲是生物发展进化适应性的产物，与理智一样，构成了我们心智不可或缺的组成部分。情欲及其所源自于的情欲脑，就是为了传播其背后起支配作用的复制基因。基因通过情欲来达成复制自己的目的，而不是为了所谓提高幸福、增进所谓智慧或者完善所谓道德而存在。

理智则有狭义理性能力和广义理性能力。狭义理性（工具理性）行为会导致群体的非理性结果，唯有广义理性才能够开展彻底的反思批判思维活动（反思内省评估活动）。因此，狭义理性是一种自私性理性，应当给予超越，而提倡维护整体利益的广义理性（元理性，meta-retionality），这就是我在《明道显性》中所说的悟识能力。

我们知道，心性存养的核心方法之一就是惩忿窒欲，摆脱基因自发式控制的情欲泛滥，主要靠强化前额叶的活性来抑制。但问题是除了基因自发式的情欲泛滥外,我们还会受到各种文化思想观念的束缚,被不良观念所洗脑,照样无法获得平和的心态。因此,我们还需要除妄去昧,具备理性反思批判能力,即悟识能力,对不良模因进行过滤。

如果说狭义理性能力确保个体行事正确,尽量达成自身利益的最大化。那么广义理性能力确保个体正心正行,拥有觉知反思批判意识,突破理性思维本身的局限性,实现个体的精神自由。所谓破忿欲易,破观念难！最是这种觉知反思批判意识,才是修身养性所要达到的最高境界。此时就会涉及感受与觉知的纠缠和合能力,或者称为意识自我反映观照能力。意识自我反映观照能力就是要达成默识会通的境界,彻底获得个体心性的解放。

从神经科学所揭示的神经机制来看,包括自我反映观照能力在内的各种心理功能和行为由神经细胞集群构成的多级神经环路完成。在多级神经环路中,微环路是由突触组构成的最为初级形式,在此基础上再形成更高级的局部环路,并这样逐级扩展,直到一个脑区、脑叶和整个脑。从这种意义上讲,我们可以将人脑中的神经系统看作是由神经细胞及其突触联系所构成的一张巨大无比的神经网络。

因此,神经系统本身也是一个自组织复杂系统,只有当一个神经系统超出了自己存在的界限时,才会发生自涌现现象,并拥有不同程度的自我反映观照能力。应该说,神经系统展示自我反映观照能力便是展示自决,代表的是更高层次上面的整体关联性,即返观性智慧。也就是说,这种返观性智慧的涌现,正是神经系统展示自决的结果。

美国思想家詹奇在《自组织的宇宙观》一书中区分了涉身的机体意识和超然的反映意识之间的不同。他指出:"机体意识不能反映,它是纯粹的自我表现。""反映意识则完全不同,它反映内心世界重构的外部实在。这种镜像不是简单地从外部进入内部,它产生于交换过程,即产生于感觉印象的拼镶与反映意识向外投映的试验模型之间的交换过程。反映意识的最重要特征是统觉,即形成代替现实的模型能力。"(詹奇,1992:182)

意识的自反映观照能力,这种反映重构外部实在的内心活动的能力,使得原本隐藏在事物背后的整体关联性走向前台,犹如一轮明月把光明投向大海,处处都将自身彰显,成为可以觉知的对象。这样,意识的自反映观照能力,不仅具有彰显事物整体关联性的能力,而且因此可以对生命有机体反向进行主动调控与修饰,从而达成默识会通的境界:"自我超越意味着超出了自己存在的界限。当一个处于自组织中的系统超出了它本身的界限时,就成为有创造力的。"(詹奇,1992:205)

那么如何能够让我们拥有这种意识的自反映观照能力呢?易书强调的途径就是"显诸仁,藏诸用"。如果说藏诸用就是强化前额叶的智慧觉知能力,显诸仁则是要培养仁爱感受能力,那么仁智双运就是促成自反映观照能力达成的有效途径。

须知欲望是通过基因支配的情欲脑而产生,信念是通过观念操纵的理智脑而保存,行为就是在欲望和信念驱动下导致的结果。因此,显诸仁是对治情欲脑主导的情欲诱惑,就是要惩忿窒欲,恢复仁爱感受性;藏诸用是对治理智脑主导的是非观念,就是要除妄去昧,获得智慧觉知能力。两相结合,则内外明彻,所谓默识会通。

智慧觉知性与仁爱感受性是一枚硬币的两面,所谓一阴一阳互为其根。当理智与情欲发生碰撞,并导致纠缠叠加时,人心往往就会产生更大的智慧。因为只有两者纠缠叠加才会回归量子特性,恢复固有的整体关联性。那么外脑的理智与有意识系统,内脑的情欲与无意识系统,如何致中和而达成纠缠叠加态呢?这便是易道心性修养的目标。

问题是在生活中由于内部冲动或外部刺激,情欲与理智的脑平衡会被打破,结果就造成了行为失范。应该清楚,情欲脑与理智脑的相互关系就像一阴一阳之易道一样,只有相互和谐平衡,才能带来健康智慧的整个脑。因此,对于我们的心脑系统而言,唯有情欲脑(杏仁体,坎象)与理智脑(前额叶,离象)的和合中节,依靠仁智双运,不仅摆脱基因的控制,而且去除模因的束缚(藏诸用),方能保持精神本性显现(显诸仁),然后可以道济天下,实现仁爱大同的理想社会。

三、模因学说简述

最后就是易道圣学的世道思想,对应的科学分支因为涉及治理世道的社会文化价值观念体系,与淑世理想的概念系统有关(齐家、治国和平天下)。应该说《周易》六十四卦卦名本身就是六十四个概念,加上《象传》

《象传》以天道喻人事在修养治理方面的展开,形成了一个极其错综复杂的世道治理概念体系。对应到科学理论,就是涉及概念分析的文化模因学说。因此,我们就简要介绍文化模因学说,为后面世道治理概念体系的梳理提供必要的分析工具。

首先我们心脑系统最显著的外在功能表现,就是可以形成并处理自身所构筑的一个复杂文化思想观念世界(注意主观产生的概念,称为观念),即波普尔所说的世界3。世界3是一个开放的世界,"世界3的开放性的一个方面是哥德尔关于公理化算术是不能完全地定理的一个结果"(波普尔,1999:117)。因为对于任何足够复杂的文化观念体系,如果人们坚持其无矛盾性的话,那么根据哥德尔定理,其一定是不完全的。于是文化观念体系中的任何结论都原则上可以被证伪,使得这样的文化观念系统一定是非单调的,可以或增或减其中的任何观念。

世界3中的文化思想观念不仅仅由我们的心脑产生,而且也可以在我们心脑之间传播、展开、变换和运用。所以可以将这样的观念以及复合体,类比到基因的传播和变异。英国生物学家道金斯提出模因(meme,也翻译为拟子、谜米)的概念,来指称文化思想观念的基本单位。道金斯指出:"一个'思想拟子'或许可以定义为:可以从某个人的头脑转到另一个人的头脑的事物。"(道金斯,1998:247)

模因——文化思想基因,其实是基因的一种类比,因此就像有基因组学一样,也可以有模因组学。大多数基因片段是无效基因,同样大多数模因也是垃圾模因。重要的是基因组(有效基因)的竞争和复制等繁衍规律,同样也适用于描述模因组(有效模因)的竞争和复制(模仿)等繁衍规律。另外,有效模因包括对人类有益的模因,如各种治心方法。但也有有害的模因,如连锁信、传销、欺诈术、错误的教条、无效的减肥法等等。

美国学者布莱克摩尔在《谜米机器——文化之社会传递过程的"基因学"》一书中指出:"任何事物只要它以这种方式从一个人身上传递到另一个人身上,那它就是一个谜米(模因)。"(布莱克摩尔,2001:12)能够传播开来的就是成功的模因,否则就是失败的模因。一般成功传播的模因满足:(1)有效传播的模因是因为其对人们有用;(2)传播广泛的模因符合人们特定的遗传进化需要;(3)有些模因的持久存在是因其有助于基因复制;(4)模因存在且传播是因为其具有自我延续的特性:传教策略、自保策略、说服策略、敌对策略、搭车策略以及模拟策略。

不过无论如何,任何模因的传播都通过人脑进行。正如布莱克摩尔所言:"由于我们人类拥有模仿能力,所以我们实际上变成了谜米(模因)的躯体化的'寄主':它们正是借用我们的躯体而得以传播的。"(布莱克摩尔,2001:14)对于这一点,加拿大学者斯坦诺维奇说得更加全面。他在《机器人叛乱:在达尔文时代找到意义》一书中指出:"我倾向于认为模因是一种大脑的控制或信息状态,当它被复制到另一个大脑中时,就可能引发全新的行为或思想。当因果来源上相似的控制状态,在副本的大脑主机上重复时,模因复制过程就发生了。"(斯坦诺维奇,2015:189)

模因模仿传播其实就是一次"洗脑"过程,将一个人的思想观念传入到另一个脑中。只不过,"洗脑"一词有点贬义,但却很形象。所谓洗脑,就是通过一组模因来控制他人的大脑状态,处于被操控的相似状态:"信念 X 能在人群中传播,因为它是一个优秀复制子:它善于获得寄主。模因论让我们把目标投向作为复制子的信念的属性,而不是获得这些信念的人的属性。"(斯坦诺维奇,2015:191)

道金斯用保真度(fidelity)、多产性(fecundity)和长寿性(longevity)来衡量复制子的质量好坏,模因传播保存依赖于基因所造就的人性本能。对于基因遗传,获得性表现无法影响基因型的遗传。但是模因却是与此相反,获得性性状可以遗传,否则文化思想观念的创新就成为不可能的了。除此之外,模因与基因存在如下三个不同之处。

(1)模因的寄主是基因营造的人脑,而基因的宿主则是自己营造的个体。这就导致二者之间的单向依存关系。尽管模因具有一定的能动性,可以影响基因传播复制的可能性(比如被人洗脑后认同并践行不婚不育)。

(2)自我复制还是他者施予复制,这也是模因与基因的一个差异。基因是自我复制,而模因必定借助于人脑的模仿才能得以复制传播。所以模因之于基因更多的是一种类比,而不是等价并行的概念。

(3)基因与其宿主属于同一世界,即波普尔的世界 1,而模因与其宿主则非同一世界。模因属于世界 3,而人脑属于世界 1,至于模仿过程则属于世界 2。

实际上,模因只属于波普尔的世界 3,或者丹尼特的意向性世界,或者理智脑觉知意识处理的概念世界。所以模因(概念世界在人脑中的表现,思想、观念、信念、意向对象、意识内容、言语行为等等)伴随的主要是觉知性的而非感受性的意识。感知、认知、记忆和注意等,都与觉知意识相关联,并被觉知意识所监控,因此模因模仿过程也必定为觉知意识所监控。因此模因与感受意识无关而只涉及觉知意识,况且是在觉知意识监控之下得以传播,是人类意识主导下的模因传播活动。

人类意识如果仅仅涉及觉知意识,那可以认为是发生在大脑中的一种模因复合体效应。模因涉及的只是公共认知的觉知意识,但除此之外,人类主体尚有更为根本的体验意识,是主观性的世界 2 的现象,唯有依靠秘密认知才能彰显。因此,仅仅涉及世界 3 的模因学根本上无法揭示感受意识现象,也就无法涉及主观性的体验世界。

不过,抛开主观性的体验世界(世界 2),我们人类个体由于还生活在一个文化观念的环境,我们的理智脑还会无时无刻受到各种思想观念的影响,并支配着我们的行动。也就是说,人类个体不仅仅是基因的载体,还是各种模因的载体。因此,除了要摆脱基因的控制,我们还需要挣脱对有碍于实现个体福祉的那些不良模因的盲从。这就需要我们拥有分析鉴别优劣模因的能力。

鉴别垃圾模因的法宝就是"可证伪性",揭穿这些垃圾模因并不真正服务于我们的人生目标,而仅仅是为了自己复制繁衍。那些不可证伪的模因,是指找不到任何证据来反驳的模因,从而也就让人感到没有任何理由放弃这样的信念。比如心灵鸡汤、宗教神通、特异功能等之类的箴言、观念或信念,就属于此类垃圾模因。由于不允许接受任何检验,不可证伪的模因无助于揭示或解释这个世界运行法则或根本规律。因此,不可证伪的模因都是自私的模因,对拥有者没有任何益处,甚至有害,但却难以被察觉:"在某种意义上,自私的模因甚至可能比自私的基因更可怕,对人类的危害也更大。"(斯坦诺维奇,2015:195)

因此着迷于某种邪说、箴言、神通,甚至迷信,常常使人们难以把握易学中正之道而陷入种种迷妄的陷阱,并沉浸其中往往难以自拔。这就是为什么《周易》被当作占卜算命、风水求福和趋利避害的根本原因。

为了正确把握易道思想精髓,我们必须拥有科学精神和批判性理性工具。正如斯坦诺维奇所言:"为了确保是我们控制自己的模因,而不是自己的模因控制我们,我们需要很多知识工具,比如可证伪性标准,无混淆地检验假设,以及偏好一致性检测,这样才能把'垃圾'从我们信念和欲望的意图心理系统中给清理掉。"(斯坦诺维奇,2015:195)

通常模因可以分为通过反思获得的和未经反思获得的两种。经过反思获得模因的根源在于自我认识,而未经反思获得模因的根源在于盲从和迷信。两者的根本区别就在于自我本性的认识体悟之上。体悟自我本性自然可以通过默识会通来达成,但这并非一件容易的事,因为这其中涉及对自我本身模因的消解。须知唯有亲证作为涉身体验的自我本性,才能显现作为精神本体的体验意识。

通常"自我"作为一种概念,甚至观念,被用于描述我们对自我的经验。如果从描述性自我角度上看待的话,"自我"也是一种模因复合体。这意味着要摆脱模因控制,比摆脱基因控制所需要的分析式系统功能层级更高。因为分析式系统的目的也可能为某个模因的局部利益服务,而不是为了载体的整体长久利益服务。

从根本上讲,世界3中的模因都是世界2主观思想的产物,而主观思想的随意性是不可避免地产生无用甚至有害的不良模因。这些不良模因就是著名量子物理学家玻姆所说的思想碎片:"所有这些碎片都是独立存在的观念,显然是一种幻觉,这种幻觉只能引起无穷的冲突和混乱。事实上,企图按照碎片是真正独立的观念来生活,实质上导致了我们今天所面临的一系列不断增长着的危机。"(玻姆,2004:1-2)

因此,就探讨易学思想而言,面对浩如烟海的易学研究资料,我们也需要清除那些不良模因的文化思想观念"碎片",特别是言之无实的无稽之谈。美国科学家盖尔曼指出:"面对着将具有特殊用法的概念,在有效的文献机制中转换成没有意义的陈词滥调越来越普遍,我们应当做出努力来阻止同样的命运降临到复杂性的各种概念上。"(盖尔曼,1997:27)在易学研究漫长的发展历史中,各种无稽之谈广为流传,需要我们不断加以清理,以正本清源,回到弘扬易道圣学精神的正轨之上。

语言的误用，是人类语言机制的一个有机组成部分，为了达到有效语言表述而付出的必要代价。这里面包括逻辑思想的局限性，就是哥德尔定理所指出的足够复杂形势系统必然是不完全的。逻辑语言学家为了避免这种语言的滥用以生成无意义词列的现象，而强行要求语法符合逻辑提法，显然是幼稚的。这完全是对语言不一致性没有全面了解的结果。因为完全句法逻辑化的努力注定要失败，其中恰恰忘记了逻辑句法假若要具有自然语言一样足够强大的表述能力，那么同样也难逃哥德尔定理的厄运，同样也会落入无法判别真陈述和假陈述的困局。

关于这一点，还是玻姆看得更为透彻，他指出："我们的思想是破碎的，这主要是由于我们把思想看作是'世界本身'的映像或模型而造成的。思想的分解因此获得了不相称的重要性，似乎它们是'事物本身'中独立存在着的实际破碎的一种普遍结构，而不只是在描述和分析中所表现的一些方便特征。事实表明，这种思想引起了易于渗透到生活各个方面的彻底混乱，最终导致不可能解决的个人问题与社会问题。"（玻姆，2004：31）

早在2600年前，高塔玛佛陀说过这样类似的话语："不要相信任何事情仅仅因为你听说过它……不要相信任何事情，仅仅因为它写在书本上……不要相信你的想象力……不要相信你的老师或长者的权威……然而当你经过调查和分析之后，当你发现某事合乎推理，并能因此而得出一个较好的结论，且该结论对某人和所有人都有利时，你可以接受它，并为之而奋斗。"（布莱尔，1999：164）

须知逻辑理性思维也有局限性，尤其是在探求终极性易道时，科学理性思维也同样会使人陷入模因丛的执着之中而难以自拔。对此斯坦诺维奇就有提醒指出："不过要留意，模因评估的观点中含有一种恶魔般的递归性。科学和理性思维本身，就是模因丛，就是协同适应的一套连锁模因。"（斯坦诺维奇，2015：195）因此，唯有前面提及的悟识能力（意识自我反映观照能力），才能够彻底跳出这一怪圈，摆脱一切模因的控制和奴役（包括企图摆脱模因控制这一模因本身），真正成为具有批判性思维的易学思想探索者。

那么探索易道真相的出路在哪里？出路就在于必须将易道的三个世界合而为一，在于将波普尔的三个世界合而为一。用玻姆话讲就是："个人内部的真正统一、人和自然之间的真正统一以及人与人之间的真正统一,只能产生在不企图使整个实在破碎化的行为中。"(玻姆,2004:18)而破碎化思想方式则是造成一切生活危机的根源!因此,"很显然,我们的当务之急是要消除渗透在我们全部生活中的那种根深蒂固而又流传甚广的混乱"(玻姆,2004:19)。这便是我们对易道圣学进行科学诠释的立足点。

总而言之,从上述核心科学原理的概要性论述中,不难看出,无论是自然科学(量子论、宇宙学、生物学)、心脑科学(脑科学、心理学、心性学),还是概念科学(集合论、逻辑学、模因学),都与易道圣学核心思想观念有着本质上的联系。当然,我们也必须清醒地看到,无论是自然科学、心性科学,还是概念科学,都是基于格物致知的结果,都是来自实证科学的结果,都是可证伪性科学研究积累的结果。而这些正是中国古代最为薄弱的环节,尽管圣学创导者也提倡格物致知!

第三节　整体科学思想

诠释易道三个世界对应的自然科学、心脑科学以及概念科学,其中背后的核心思想都是强调事物的整体关联性及其动态变化,即强调时中思想的变易之道,这便是简易的不易之道。易道关注一切事物的变化规律,强调事物相互依存,这样的整体变易思想对应到科学理论就是有关变化的整体科学理论。整体科学理论的典型代表包括量子理论、混沌科学和生态学说。考虑到前面已经介绍了量子理论,而整体科学思想又集中体现在混沌科学之中,因此我们这里主要以混沌科学来介绍整体科学思想。

一、整体科学概论

那么,什么是整体科学思想的核心观点呢?美国科学家考夫曼在《科学新领域的探索》中指出:"天地间的万事万物正将这个世界连成一个整体,如果我们不能给定突变、重组和选择的搜索秩序,我们就无法做我们现在所做的事情,就无法谋生。"(考夫曼,2004:95)整体科学认为整体不仅是部分和,而且还包括维系稳态的部分间关系之和。"关系之和"即为整体中部分之间的全部耦合组织方式,这对于事物发生发展更为重要。

由于整体的性质往往阴阳不测地涌现于部分之间,因此必须对系统进行整体性把握,才能认识到其之所以呈现的规律。美国科学家盖尔曼在《夸克与美洲豹》(简单性和复杂性的奇遇)一书前言中指出:"我们必须对整个系统进行研究,即使这种研究很粗糙也是必要的,因为对复杂的非线性系统的各个部分不做紧密联系的研究,我们对整体行为就不会有正确的思想。"(盖尔曼,1997:4)当然,由于整体的性质往往随时间而发生变化,随时变化的整体性就显得特别重要,这便是混沌科学理论着重研究的问题。

混沌科学研究的就是事物随时非线性变化规律的科学。事实上,从细胞到生态,从个人到社会,乃至从观念到文化,凡是复杂事物,往往都涉及非线性的混沌法则,其中不可预测性的神化之几,则起着关键作用。因此与混沌科学一样,易道思想最为核心的部分就是所谓神几之变易法则。所以美国科学家布里格斯有感于此,专门撰写有《混沌七鉴:来自易学的永恒智慧》一书(布里格斯,2001)。

易道就是宇宙万物的创造者和维护者,一切事物流转的操纵者,这便是自然法则。布里格斯在给该书中文版写的序中说:"当你阅读本书时,你可能沉思:奇怪吸引子、分形、反馈、蝴蝶效应、自组织等混沌概念如何与布洛菲尔德对'太极'的描述相契合。有一种关联是明显的,混沌科学描述了一个一个无限复杂的宇宙,其中万事万物相互关联、相互影响,这看来也是《易经》所描述的宇宙。"(布里格斯,2001:2-3)

更具隐喻性的是,布里格斯将中国神龙的形象当作混沌理论的象征,如图 2-1 所示。他说:"如果把这幅中国神龙从旋涡中腾空而出的图作为混沌理论的象征,旋涡则是杂乱无章的世界产生出结构化形式的最佳写照——也许有人会认为这简直不可思议。"(布里格斯,2001:13)确实,在《周易》中,乾象喻龙是为天道之象征!自组织旋涡正是龙卷风产生的根源,这其中便有自然法则的作用显现。

在《周易·系辞》中,对代表天道法则的易道做这样的描述:"易,无思也,无为也,寂然不动,感而遂通天下之故,非天下之至神,其孰能与于此?"而布里格斯对代表真理的混沌则做这样的描述:"真理与混沌紧密相

图 2-1　中国神龙图案

连,带着创造性的疑惑去生活,就会步入混沌并发现'不可言传的'真理。"(布里格斯,2001:20-21)混沌科学揭示的真理,与易道所要刻画的天道,从根本上讲并无二致!所以布里格斯进一步认为:"《易经》和金丹术,都说明了宇宙通过它的每一个部分反映出它的自相似整体这一永恒的哲学思想。"(布里格斯,2001:141)不同的在于:"因为混沌整体性充满了细节,活跃且相互作用,因非线性反馈而具有活力,能产生从自组织系统到分形自相似性到不可预测的混沌无序的一切事物。"(布里格斯,2001:149)这其实也是古老易学与现代科学的最大区别:差异不在思想层面而技术层面之上,或者说差异不在"道"的层面而在"术"的层面。

当然,大自然最大跨尺度自相似性莫过于存在于量子微观世界与宇宙宏观世界所表现出来的一致性:都可以用量子力学的波函数来描述,受制于同样一个场理论所支配,即量子场论也适合于描述宇宙能量场,起码在原理上是这样的。比如从宇宙奇点到黑洞奇点就体现了跨越尺度的自相似性:"在另一方面,黑洞内部不可避免地要生成一个奇点。因此,黑洞有时被看作是一个实验室,在微小的尺度上模拟宇宙的过去。"(诺维科夫,2000:3)其实黑洞本身就有不同的尺度,从量子黑洞直到恒星黑洞、星系团巨型黑洞和太初黑洞(宇宙奇点),应有尽有。

正是因为跨越尺度的自相似和自反映,华夏民族早在三千年前的易道智慧中把握了宇宙和生命奥秘的真理,就成为毫不奇怪的事情了。特别是由于完全的时空束系不但意味着在现实中包含着过去与未来,也意味着在个体的自我观照中也包含着整体宇宙意识,所以易书所强调的"《易》为天地准",完全合理。

我们的确可以肯定,对于易道的科学诠释研究离不开混沌科学。因为易道所强调随时演化过程超越一切事物变化规律之上的着眼点,也正是混沌科学所具有的根本特征。美国科普作家格莱克在《混沌——开创新科学》中就明确指出:"对一些物理家说来,混沌是过程的科学而不是状态的科学,是演化的科学而不是存在的科学。"(格莱克,1990:5)又说:"混沌打破了各门学科的界限。由于它是关于系统的整体性质的科学,它把思考者们从相距甚远的各个领域带到了一起。"(格莱克,1990:6)

这些正是解读易道圣学所需要的根本立场,因为易道同样强调变化过程、生生不息以及统摄百科的根本法则。美国学者史蒂芬·罗甚至指出:"如果这种整体世界观居于主导地位,它将有深远的意义,将影响我们理解和对待自己以及我们的同类、我们的地球,乃至整个世界的方式。"(罗,1998:12)

二、混沌科学简述

由于混沌现象涉及大量非线性科学的理论,特别是有关突变论、耗散理论、协同学、超循环论、混沌动力学以及分形几何等内容,进行系统介绍存在着很大的困难。因此,我们在这里主要给出混沌科学与易道思想殊途同归三个核心方面的讨论。

第一个方面就是所谓蝴蝶效应。美国气象学家洛伦兹在20世纪60年代首次发现非线性系统的非周期混沌现象,从而提出复杂系统的长期行为难以预言的观点。洛伦兹把这种对初始条件敏感现象称之为蝴蝶效应,将具有蝴蝶效应的内在变化系统称之为混沌系统。图2-2(a)就是洛伦兹给出的非周期混沌吸引子,据说由于其形态很像蝴蝶的翅膀,因此将这种混沌现象称之为蝴蝶效应。

洛伦兹指出:"在任何系统中对初始条件的敏感依赖性所导致的直接结果之一是不能做准确预报的,而对充分遥远的未来甚至连粗略预报都不可能。这个推理的前提是我们不能获得完全无误的观测。"(洛伦兹,1997:8)混沌科学揭示的蝴蝶效应具有普适意义,不仅仅对于科学技术的限度是这样,即使对于占卜预测也同样是如此,因为易书也特别强调"阴阳不测之谓神"。

对于天气预报不可预测性的无奈结果,格莱克给出了具体说明:"是的,人们可以改变天气。你可以使天气变得与本应发生的情形有所不同。然而如果你这样做了,你就永远也无法知道本来会怎样(因为天气是不可准确预测的),这就好像把已经洗好的牌再洗一遍,你知道这会改变运气,但不知是变好还是变坏。"(格莱克,1990:23)

当然,这也说明混沌系统对初始条件的微小变化极其敏感。在《周易·系辞》中孔子说:"知几其神乎!……几者,动之微,吉之先见者也。"我们也经常说"如果一粒沙子消灭了,那么整个宇宙就会崩溃",小小的多米诺骨牌游戏很能说明这一点。所谓动一牵百,微小的扰动就会引起巨大的变化,俗话说"差之毫厘,失之千里"。

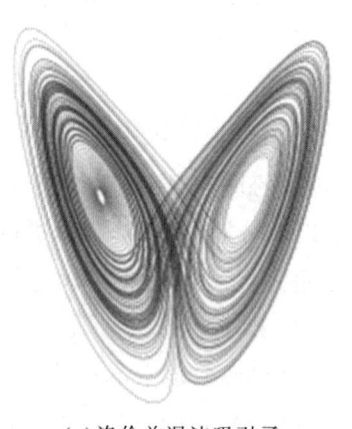

(a)洛伦兹混沌吸引子　　　　(b)分形树图案

图 2-2　混沌科学图例

这种微小扰动带来巨大变化的效应,在生命世界里也是普遍存在的法则。美国科学家沃尔德罗普在《复杂》一书中就指出:"阿瑟认识到,在生物世界里,很小的机会能被扩大、利用和积累。一个小小的偶然事件能够改变整个事情的结局。"(沃尔德罗普,1997:26)这种动一牵百的蝴蝶效应说明的恰恰是事物与环境变化是相互关联的一个整体。所以德国科学家格雷席克在《混沌及其秩序——走进复杂体系》一书中强调:"混沌理论指出,简化处理的合理性是有限的。就好像一条手臂离开了身体的其他部分就无法发挥作用一样,如果我们忽视了环境因素,许多系统的运作就

可能会得出全新的结果——即使我们忽略的只是蝴蝶翅膀的震颤。"(格雷席克,2001:8)

更为深刻的是,即使是混沌规则本身也是不确定的,也就是说混沌法则还包含着不可预测性,并正因为如此才导致了我们五彩缤纷的复杂世界万象。用格莱克的话说就是:"非线性意味着游戏本身就包括了改变游戏规则的方法。……这种交错变化使得非线性很难计算,但又导致了线性系统中不可能发生的丰富多样的行为。"(格莱克,1990:26)

易道法则或混沌科学得出的第一个结论是事物发展变化的不可预测性或称为阴阳不测之神。这里的不可预测性指的是长期定量预测的不可能,如果只是停留在事物发展的定性分析之上,那还是可以获得一些普适性的规律的。比如说微小扰动之几,也是新事物创生之几。这正是我们下面要讨论的混沌科学第二个方面的结论。

混沌科学的第二结论就是混沌边缘效应的创生性。首先在复杂事物的现象与规律中,非线性混沌系统的一个主要特点就是混沌边缘效应的创生性。无论是大自然中的一切新生事件,还是我们心脑活动在艺术、科学和哲学等方面的创新成果,都产生于非线性的混沌变化过程之中。比如就复杂的生命现象而言,就是大自然自组织混沌边缘的创新性结果,而所谓奇思妙想,也同样源自人脑神经系统自组织混沌边缘的创新性结果。

混沌是新事物诞生的前夕和必要条件。从这一观点上讲,对宇宙形成的古老传说中,中国的盘古开天地之说符合科学结论。混沌并不是混乱,而是一种超复杂性的规则,而这种复杂性又难以为人们所把握,所以人们称其为混沌。

美国科学家克拉默明确指出:"没有混沌,就不会有任何新事物产生。一切新的重要的事物都是非线性的。"(克拉默,2000:47)大自然中的一切新生事物,都产生于非线性的混沌变化过程之中。这个便是混沌自组织理论所研究的规律。新事物的创生就源自混沌的边缘,那种介乎无序到有序的过渡地带,混沌的边缘也是突变分岔的涌现之处。于是创新性的种子便成长为开放的、源源不断的创生之花果,用易书的话语讲,就是介乎有无动静之间的神化之几!

我们的大自然之所以有如此多样性物种所构成的生态系统,都是生物自组织机制自发产生的结果,仅仅依靠进化论的解释是不够的:"事实上,我认为有机体中绝大多数的秩序是自组织和自发的。今天这样一个生机盎然的生物景观就是自我组织与自然选择以一种几乎不可理解的方式相融合而产生的。因此,我们必须扩展进化理论。"(考夫曼,2004:2)

自组织理论所强调就是一种生生不息之谓易的发展观。生态学理论的前提就是自组织机制在起作用,因为生态要素,比如物种一定是自由发展的结果。然后以环境及物种之间的相互作用作为生存压(约束条件),形成繁荣的生态系统。

在混沌自组织自发创生的过程中,离不开生态环境中物种之间竞争和合作的种种相互作用:"混沌理论告诉我们,竞争与合作不是非此即彼的对立概念,它们复杂地交织在一起。"(布里格斯,2001:60-61)有如阴与阳,竞争与合作相互依存、相互转化、相互作用,并且具有跨越尺度的普适性:"对这些不同尺度上的有序,混沌并没有用竞争的眼光来看待,而是着眼于系统中的元素和系统间的关系如何在混沌的边缘不断地重组它们自己。"(布里格斯,2001:61)

可以将生生不息的生态系统不断自创生机制拓展到整个宇宙生态系统的演化之中:"我们必须承认宇宙处于不断创造、进化和形态的破坏之中,科学的目的就是要预见这种形态的变化并尽可能地解释它。"(托姆,1992:2)显然,我们可以采用混沌创生机制来给出复杂事物生生不息的发生发展规律。

一个事物是否复杂,依赖于我们的观察角度、尺度与深度,但如果考察的是跨越尺度的现象规律,那么事物往往表现出惊人的复杂性。(同构或异构性)构成成分之间存在着非线性相互作用关系,并因此形成正负反馈性回路,那么整体系统往往就是复杂系统。复杂系统往往是活体事物(随时间动态变化的事物)相关联,并与环境相互作用(因此系统边界往往成为一个难以清晰界定的问题),比如菌落系统、神经系统、语言系统、社会系统、经济系统、生态系统、文化系统等等,无不如此。

好在不同尺度的复杂事物往往遵循着同样的共同法则,正如詹奇所指出:"生物的、社会生物的和社会文化的进化,现在由同源的原理(即通过它们共同起源而联系起来的一些原理)连接起来了,而且不仅仅是由类似的(形式上相似的)原理连接在一起,这是不足为奇的,因为整个宇宙本来就是从同一起源进化而来的。"(詹奇,1992:13)这就导致出如下混沌科学的第三种结论。

混沌科学的第三个方面结论就是事物跨越尺度的自相似性。非常有趣的是,混沌吸引子的直观表征形态就是某个分形图形,如图2-2(a)所示。这样也就将混沌与分形联系了起来,可以更好地认识复杂事物的本性。跨越尺度的自相似性法则,是大自然复杂事物呈现的奥秘所在,也是万物构成的内在规律。应该说,正因为分形的这种跨越尺度的自相似性,使得用简单规则来产生复杂分形成为可能。

分形(Fractal)的概念由美国数学家伯努瓦·曼德布罗特提出,并撰写了《大自然的分形几何学》一书(曼德布罗特,1997)。曼德布罗特认为大自然呈现的形态都是分形的,比如云彩是种分形,肺的X-ray片其纹理也是一种分形,其他像海岸线、河流网、大脑皮层结构等都是分形。分形理论强调自然所呈现的形态结构并不是经典的几何形状而是分形结构,其满足如下三种基本性质。

第一种性质是具有分数维数。通常经典几何形状存在于整数维数的空间中,比如一维空间的线段,二维空间的圆面,三维空间的锥体等等。但分形所存在的空间维数往往是分数维数。比如根据科学家的研究计算,给出几种分形的分维数是:海岸线为1至1.3维,山地貌为2.1至2.9维,河流网为1.1至1.85维,云团为1.35维,人肺为2.17维,血管网为2.3维,人脑表面为2.73至2.79维,人的脑电图为1.9至2.4维,而电子对应的运动轨迹为1.5维。

第二种性质是具有跨越尺度的自相似性。分形结构的局部与整体之间,其展现的形态具有相似性,不同的只是尺度大小的变换而已。比如以图2-2(b)为例,整幅图案是一幅叶子形态,而构成这幅叶子的却是更小尺度的子叶子,其形态跟整个叶子完全一致,只是尺度变小了而已。进一步,子叶子的又是由子子叶子构成,子子叶子的形态又是子叶子的翻版,如此等等,可以一直递归下去。

第三种性质就是貌似复杂的分形形态往往都由简单规则产生。通过给出迭代规则或动力学方程,而不是给出行为图案本身的函数,借助于简单规则的间接动态迭代生成方法,可以产生丰富多样的分形图案。实际上,某个分形图案往往就是某个混沌动力系统的混沌吸引子。如果说混沌动力学方程是内在机制,那么分形形态学图案就是外在表现。根据分形形态学分析虽然可以推知局部混沌动力学性质,但从根本上不能重建混沌动力学模型。反过来,知道了混沌动力学模型,却能完整地给出分形形态学分布,而混沌动力学的本质就是整体相互作用。

那么,大自然的分形结构的呈现对于揭示自然法则能够给出什么样的启示呢?格莱克的回答是:"在一定的意义上,能够普适的事物仅仅是可做尺度变换的东西而已。"(格莱克,1990:198)如果说,大自然有什么普适性的法则可言,那就是跨越尺度自相似性这一本性,其所代表的就是事物变易中的不易法则。

比如在宏观气象预报中存在着蝴蝶效应,在微观的量子世界中也同样隐含着混沌动力学所刻画的规律法则,即微小的扰动导致完全不同的结果在量子测量中也屡见不鲜。反过来,量子不确定性照样也可以推广到宏观层次之中。正如盖尔曼指出的:"他(托德·布隆,Todd Brun)的研究结果似乎证明,将混沌看成一种能将量子力学所固有的不确定性扩展到宏观层次的机制,从多方面来说都是非常有用的。"(盖尔曼,1997:27)

从上述介绍中不难看到,混沌科学所揭示这些规律性结论,正是复杂事物所固有的本性,也是事物发生发展的内在动力。实际上对于物理世界小到量子,大到宇宙,其作用机制本身,也是一种跨越层次多尺度的自相似性质。在这其中,量子系统是亚原子级的,化学系统是原子级的,基因系统是分子级的,神经系统是细胞级的,生态系统是生物级的,银河系统是星球级的,宇宙系统是星系团级的,它们都是非线性规律支配下的复杂系统,具有跨越尺度的自相似性。因此,这种非线性作用机制确实是复杂事物产生的动因。

可以看到,无论是混沌蝴蝶效应之几,还是新生事物创生之几,都具有跨越尺度的普适性,都涉及变化之道。在《周易·系辞》中不但说"阴阳不测之为神",而且还引用孔子的话说"知变化之道者,其知神之所为乎?"在《周易·说卦》又说:"神也者,妙万物而为言者也。"可见混沌科学所得出的蝴蝶效应、混沌边缘效应的创生性以及事物跨越尺度的自相似性三种结论,不仅完全与易道圣学相应的观念完全相融,而且也为我们科学诠释和建构易道圣学体系铺平了道路。

三、物理科学统合

最后一个问题是强调整体思想的混沌科学如何能够统摄整个物理科学的现象和规律,从而将整个物理科学串联起来,来解释我们所面对无以复加的外部世界。实际上,融合了从量子论到生态学的混沌科学,除了能够解释生命以及衍生出来的种种复杂事物的发生发展规律外,同样能够建立从物理科学到生命科学的沟通桥梁。

迄今为止,重要的物理科学理论主要包括:微观的量子力学(相干、隧穿、纠缠)、介观的热力学(能量守恒、增熵定律、创生机制)和宏观的牛顿力学(也可以拓展到宇观的广义相对论)。三大科学理论的关系如图 2-3 所示。

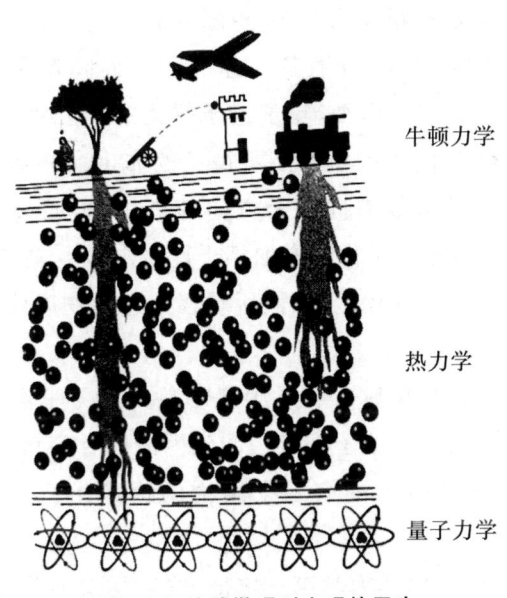

图 2-3 跨越微观到宏观的层次

注意,不可逆和可逆是时间对称破缺的标志,区分了牛顿力学层次和热力学层次;相干性和退相干性是时空对称破缺的标志,则是热力学层次与量子力学层次的分界标志。这样便将自然科学分成了不能相互归结的三个探究层次,即牛顿力学层次、热力学层次和量子力学层次。我们可以用混沌科学为代表的整体科学理论,来沟通这三个不同层次的跨越过程。

第一个层次跨越是从量子力学层次到热力学层次的跨越,涉及量子的退相干性问题。我们清楚之所以微观粒子拥有那些幽灵般的量子性质,是因为没人在观测时,它们处于相干性(coherence)的叠加状态。一旦有人去观察或测量它们了,那么这些神奇的量子特性就会消失,这个过程就是所谓的退相干(decoherence):"所以当我们说'相干性'现象的时候,指的是各种量子力学现象,比如波动性现象,同时具有多种状态的叠加态等。相对的,相干性丧失,量子现象变为经典现象的过程则被称为'退相干'。"(艾尔-哈利利,2016:133)

那么是什么力量使得宏观量子行为消失了呢?"答案与粒子的排列方式及其在大型(宏观)物体中的运动方式有关,原子与分子倾向于在非生命固体内随机地散布及无规则地震动;在液体与气体中,由于热的关系,它们也会持续地随机运动。这些随机的因素——散布、震动与运动——导致粒子波浪式的量子性质迅速消失"(艾尔-哈利利,2016:24)。

正是通过随机分布与运动,粒子量子行为的相互抵消导致宏观整体行为的经典模式:"我们周围所有能看得见的非生命物体,其量子特异性由于构成它们的分子持续地向各个方向随机运动,而被抵消掉了。"(艾尔-哈利利,2016:24)去物质化即增加相干性(波性化,波化),重新物质化则是退相干性(物性化,物化)。我们所观察到这个物质化的世界,就是整体相干性弱化的结果。

第二个层次跨越是从热力学层次到宏观牛顿力学层次的跨越,这里最关键的问题是从热力学分子随机运动到生命体有序自组织活动。这一机制我们在混沌科学得出的第二个结论的论述中已经做了较为详细说明。

需要补充的是,根据热力学第三定律,这一层次的跨越离不开能量交换(开放系统),而能量交换得以实现,却正是通过各种量子机制。反过来,分子随机运动产生的随机碰撞和振动恰恰会导致测量的发生而使量子系统退相干。这样,完整的生命现象的刻画过程也就展现无遗了。物质、生命和意识都跟量子机制有着或多或少、或直接或间接的联系,这很正常!这是因为跨越尺度层次的自相似性在起作用。从量子相干性到生态系统相干性就是一种跨越尺度的自相似性的体现。

第三个层次跨越是从量子力学层次直接到牛顿力学层次的跨越,这里就涉及神秘的量子生命机制。一般量子相干性维持时间极短,要想保持这种相干性,要么将量子系统加以隔离,减少粒子间的碰撞,要么降低到极低的温度,减缓粒子的振动:"所以问题的关键不在于彻底避免退相干,而是能否在足够长的时间里阻止退相干的发生,使生物学效应得以实现。"(艾尔-哈利利,2016:134)

应该说,业已发现的大量生命机制正是通过量子隧穿效应、量子相干性和量子纠缠机制得以实现。比如长途迁徙的知更鸟就是利用量子纠缠通过微弱的地球磁场来感知方向,小丑鱼能够找到回家之路也是利用了量子相干性机制,以及利用量子隧穿使得叶绿素的光合作用的能量传递效率达到百分之百,等等。于是艾尔-哈利利得出这样的结论:"量子范畴内发生的变化引起宏观世界的效应是生命独有的特征,正是生命宏观现象对量子世界的敏感性,让诸如隧穿、相干性和纠缠态等量子现象造就了宏观的我们。"(艾尔-哈利利,2016:342)

通过上述论述,我们无疑可以知悉,混沌科学作为整体科学的代表,不仅融合了量子理论,而且也融合生态学说。或者说,量子理论、混沌科学和生态学说正是跨越不同层次的整体科学代表。如果一定要与易道三个世界的核心科学理论相关联,那么大致上我们给出这样三个层次的统一概括。

(1)微观物质运动→量子理论→体现了自然本体的自在性;
(2)介观神经活动→混沌科学→体现了心性意识的自主性;
(3)宏观文化活动→生态学说→体现了思想观念的自明性。

自在性、自主性和自明性三性和合,其中的根本法则体现在了强调跨越尺度动态变化规律的分形理论的描述之中,也体现在了变易这一不易法则的简易论述之中。

总之,在当今科学昌明的时代,中华民族伟大复兴自然首先要复兴中华文化的核心思想体系:易道圣学思想体系。这当然不是走回头路,而是在全球化背景下将一切先进的文化思想,特别是科学精神融入圣学体系之中,遵循圣学"贵天道"原则,去其糟粕,存其精华,然后再加以发展,重振易道圣学文化思想体系。易道圣学之发轫,孔门儒学者;易道圣学之创立,《易传》阐述者;易道圣学之中兴,北宋道学者;易道圣学之复兴,以俟科学昌明者。诚如此,我们必将迎来中华文明伟大复兴的新时代。

第三章 天道运化

易道圣学首先强调的就是"立天之道曰阴与阳",并喻以乾坤两卦的元亨之德来揭示天地万物生成与演化的天道法则。在先秦的圣学思想体系中,天道学说主要来自《周易》,这是毫无异议的共识。《周易》中的"天道",就是"易道",即《周易·系辞》所言:"《易》与天地准,故能弥纶天地之道。"《周易》中阐述天道规律,主要通过"易""神""几"三个核心概念展开,三者相互体用,构成了一种比较全面的天道学说。在本章中我们就运用宋明理学、量子理论与混沌科学来对这一天道学说进行展开诠释。

第一节 易道无为无思

在《易传》中,有关易道思想的系统论述,主要体现在《周易·系辞》中。《周易·系辞》将易道看作的万物之理,是一切事物产生的根源。《周易·系辞》说:"子曰:'夫易,何为者也?夫易,开物成务,冒天下之道,如斯而已者也。'是故圣人以通天下之志,以定天下之业,以断天下之疑。"也就是说,易道不仅仅是"开物成务,冒天下之道",是自然万物发生发展的总因,而且还可以"通天下之志,以定天下之业,以断天下之疑",是通达、决定和决断人类一切事务的根据。充分体现了天人合一这一理念。

一、易道向实而虚

首先《周易·系辞》明确指出:"《易》与天地准,故能弥纶天地之道,仰以观于天文,俯以察于地理,是故知幽明之故。原始反终,故知死生之说。

精气为物,游魂为变,是故知鬼神之情状。"对此韩康伯注云:"幽明者,有形无形之象。死生者,终始之数也。精气烟煴,聚而成物。聚集则散,而游魂为变也。游魂,言其游散也。尽聚散之理,则能知变化之道,无幽而无不通也。"这里涉及对万物情状的认识。

在中国古代概念范畴中,"气"相当于现代意义上的"能量",而这里的"精"是指"精微"。所以"精气"约略可以看作是构成物质的能量精微,就是最小的能量单位,差不多与物理科学中的"量子"概念相当。"游魂"通常是指幽暗不明之物,用现在科学术语讲,可以指代"暗物质""暗能量"之类。而"鬼神",王夫子理解是:"鬼神者,气之往来屈伸者也。"(张载,2000:233)大略可以看作是能量转换变化。所以能量之气,聚散不同,乃能量之表现形式不同变化使然,聚而为有形之"成物",散而为无形之"游魂"。

对此,宋儒张载在《张子正蒙·乾称篇》指出:"凡可状,皆有也;凡有,皆象也;凡象,皆气也。气之性本虚而神,则神与性乃气所固有,此鬼神所以体物而不遗也。"(张载,2000:233)所谓"虚",本质上是指所有的能量源自真空(零点能),所谓"神"是指阴阳不测,即海森堡测不准原理所揭示的性质。

我们知道,就目前的科学结论,除了暗物质和暗能量之外,在宇宙间存在的常规能量有三种存在形态:物质能、辐射能和真空能(零点能)。《周易·系辞》说:"在天成象,在地成形,变化见矣。"又说"成象之谓乾",成象者,无形之能量;说"效法之谓坤",成形者,有形之物质。均为能量变化的不同表现形式。

在引力作用下,常规能量表现形式分为凝聚态(气态、液态和固态物质)、等离子态(物质的一种激发状态)和辐射能(包括可见光在内的电磁波),分为五种表现方式。常规能量的这五种表现形式刚好可以对应到五行分类体系:固态(金)→液态(水)→气态(木)→等离子态(火)→辐射能(土)。这样,运用阴阳五行学说就可以较好地来说明正负能量以及表现形成五种形态的相互转换关系。

俄国科学家伊戈尔·诺维科夫在《黑洞与宇宙》中说:"引力是自然界唯一的统驭万物的相互作用,它(在初始条件相同的情况下以精确相同的方式)作用于一切物体之上:小质量的和大质量的粒子,甚至光。"(诺维科夫,2000:6)注意光的静止质量虽然为零,但动能很大,因此运动质量不为零,照样受到引力的作用并使其行进路线发生弯曲。

除了常规能量,根据现代物理科学推测,宇宙中还存在"暗物质"和"暗能量"。因为按照英吉姆·凯勒在《上天之触》(毁灭与创生,宇宙怎样影响我们)中指出:"即使将所有的恒星及空间中的相关物质累加起来,所得的总量仍然只是所需要量的1%。大爆炸理论推导出比此更多的质量,这个理论也曾对原初氢原子如何形成各种轻元素做出了正确的预言。……综合各种预测和观测,得到的数值增大到了接近平直宇宙需要量的5%。"(凯勒,2014:15-16)根据欧洲空间局普朗克空间天文台2013年3月21日公布的测量结果,表明宇宙的年龄是138.2亿年,其中包括了4.9%的普通物质,26.8%的暗物质和68.3%的暗能量。所以《周易·系辞》用"游魂为变"来指称存在幽暗不明之物还是具有其合理性。

显明和幽暗的不同能量可以相互转换,即所谓"精气氤氲,聚而成物。聚集则散,而游魂为变也"。但宇宙能量总和不增不减,保持守恒。如果说显明的是物质"精气为物",那么幽暗的就是"游魂为变"。不管是显明还是幽暗,都是能量循环变化、生生灭灭的结果,即《周易·系辞》所谓"原始反终"之"死生之说"。应该说,整个天地之道,无非就是幽明能量相互转化"原始反终"过程。上至天文,下至地理,事物及其时空的变化都不会超越根本易道的支配。所以《周易·系辞》的结论就是:"范围天地之化而不过,曲成万物而不遗,通乎昼夜而知(韩康柏注云:通幽明之故,则无不知也)。"

那么,作为万物之道的这个"易"具有什么本性呢?关于这一点,《周易·系辞》说:"易无体。"易是"无思无为",不可以一体(物)所限,故说"易无体"。虽然是简短的一句话来刻画,但确实把握了自然法则"易道"的根本性质。我们知道,作为一切事物的根本之道,"易"或称"太易"必定无形无状,即《易纬·乾凿度》所云:"视之不见,听之不闻,循之不得,故曰易也。"(林忠军,2002:82)对此,我们可用科学原理来加以解释。

从现代量子理论来看,论及万物的实在起码涉及如下三种性质:(1)就宏观的观点看,一切事物都是虚妄不实的;(2)对于微观的粒子,其存在性又是依赖于主观测量的;(3)没有一物的真空,照样能够产生可观测的物质效应。应该说,这三种性质的合一,体现的就是万物所遵循的自然法则。

首先虚而不实的一切事物都是由看不见、听不到和摸不着的根本之道所支配,这个根本法则就是"无体"之"易"。古代中国,后来的思想家也用"无极"、"太虚"和"无有"等来指代这个"无体"之"易"。用现代科学的术语说,就是"真空",特别是指原初"量子真空"的零点能。

《张子正蒙·太和篇》指出:"太虚无形,气之本体。其聚其散,变化之客形尔。至静无感,性之渊源,有识有知,物交之客感尔。客感客形与无感无形,惟尽性者一之。"(张载,2000:86-87)但正是这"无形之太虚",可以变化无穷。故《张子正蒙·乾称篇》又指出:"太虚者,气之体。气有阴阳,屈伸相感之无穷,故神之应也无穷。其散无数,故神之应也无数。虽无穷,其实湛然;虽无数,其实一而已。阴阳之气,散而万殊,人莫知其一也;合则混然,人不见其殊也。形聚为物,形溃反原。反原者,其游魂为变与!所谓变者,对聚散、存亡为文,非如萤雀之化,指前后而为说也。"(张载,2000:241-242)应该说,张载这里讲述极为周全。

在张载的概念体系中,太虚相当于易,无形无体。"易有太极"是为道,太极(或称道)乃为空性(阴阳之叠加为纠缠),而空性就是空无的本性,具有测不准的量子效应,故也称恍惚空性。"神"为阴阳变化之法则,而具体的聚散变化不测者为太和,对应着"神几"。所以虽然无形无体的太虚可以化生有形之物被我们所感知,但这些感知的有形之物毕竟还归于虚妄不实的太虚。这对于"生生不息"之易,也同样成立。

总之,量子理论的结论表面上与我们的日常经验大相径庭,但却隐含着更为深刻的真实性,其所刻画的正是物质世界的空性。所谓表面上感知到的物质其实是虚妄不实的,因为只要人们不去感知观察,那么就没有什么是真实的。这便是对易道向实而虚的最好说明,易之无体之"虚",通过主观观察可以产生"真实"的万物!

二、阴阳互补纠缠

如果说易为本体,那么易之作用便是神。程颢有语录指出:"生生之谓易,生生之用则神也。"(程颢、程颐,2000:174)这就是为什么《周易·系辞》除了说"易无体"又说"神无方"的原因,体用不可分。那么何为"神无方"呢?《周易·系辞》说"阴阳不测之谓神",也就是说,易道的变化根本上是测不准的,即对其变化的把握,从根本上讲是没有可遵循的途径。如果把"阳"与"阴"看作是正负能量的变化,那么这里所说的"神无方",与量子理论中的"海森堡测不准原理"如出一辙。这也导致所谓"波粒二象性"这种量子叠加态的不确定性描述,从而引出阴阳互补纠缠性的两面一体论。

我们知道,在微观世界中,所谓粒子的存在性以及表现出来的量子性质,都是依赖于主观测量塌缩的结果。对于一切事物而言,其存在都是处于不确定的叠加纠缠状态之中。用易道的话讲就是"一阴一阳之谓道",易道一体两面,所生万物都是阴阳互根纠缠态。比如就微观实体表现而言,就存在者波粒二象性,是波与粒子的叠加纠缠状态。

实际上,在我们的物理世界里,这种阴阳互根一体的互补性无处不在。比如电场与磁场互补,位置与动量互补,时间与能量互补,引力和斥力互补,物质与精神互补。最为根本的就是正能量与负能量的互补性。有正能量就必定存在负能量,否则能量就不能守恒了。美国泰勒教授在《自然规律中蕴蓄的统一性》一书中说:"负能量确实能够如原先预言的那样,在狄拉克场中出现,而且在正能量与负能量之间还表现出对称性。"(泰勒,2004:295)

最有趣的就是定域性和实在性也是一对互补概念,其中一个"非"的程度越大,另一个"是"的程度越大,符合海森堡测不准原理。其实这并不奇怪,因为量子理论揭示的自然法则就是那个阴阳不测之神!

对于量子理论而言,哪怕是最为基本的粒子也不例外,照样要受制于阴阳互补律的束缚。比如在原子结构中,"质子被认为是绝对稳定的。中子则不然:如果把中子放在自由空间中,它最终会衰变裂解,产生一个质子、一个电子,以及一个很难被直接探测的不带电的中微子(准确地说,一个反电子中微子)"(莱格特,2017:41)。现在按照易道将万物都可以分阴分阳的原则思想,如果将质子对应为阳(带正电)、电子对应为阴(带负电),那么中子便是阴阳动态和合为一体的"时中"者,中微子便是和合使者。此便体现了一阴一阳之谓易道原理:阴阳互根!中子=质子♂电子,这里♂代表中微子。因此,阴阳不测作用机制体现在中微子上(让人不禁想起易道的"时中""几微")。

在现实世界中,我们之所以能够感知到事物的存在,那是因为主观测量导致事物纠缠态塌缩到本征态的结果,事物原本无所谓存在与否。让不确定性变为确定的呈现,正是宏观现实世界中粒子集群相互作用的结果(分子热运动碰撞测量的结果)。更关键的是:"像光子这样的微观实体,在没有设置测量装置来确立它的性质之前,是不能被想象拥有这些性质的。"(莱格特,2017:178)

测量正是与外界相互作用,包括分子热运动,于是导致不可逆过程。要获得信息,必须测量,就必然会涉及不可逆过程。所以量子理论的核心,关键在于不可逆的测量。正如普里戈金所指出:"如玻尔和罗森菲尔德反复指出的那样,每次测量都包含着一个不可逆性要素,一种对不可逆现象的求助。……因此,测量预先假定了不可逆性。"(普里戈金,2005:228)与此相对的:"动力学世界,无论是经典的或量子的,是一个可逆的世界。"(普里戈金,2005:第296页)

所谓可逆世界就是指时间反演对世界不起作用。但需要注意的是,尽管量子波函数是时间对称的,但量子测量则是不可逆的,这才是时间箭头体现的关键所在。所谓时间箭头,按照英国科学界莱格特在《物理大爆炸》中的论述是指:"在我们周围的世界里,时间的'方向'表现出显著的不对称,这是多么的显而易见且不值得一提;事件序列只能以一个顺序发生,而不能反过来。"(莱格特,2017:159)在《周易》中体现"时间箭头"就是"时行"一词。在《周易》强调"天下随时"而变的观点,随处可见。

测量的不可逆说明主观精神就是时间性的存在,而客观物质则是空间性的存在。两者具有非对易互补性,有解开了自我意识这一"自指的旋涡",才能解开时间之谜,从而揭开精神之谜。贲卦《象传》说:"观乎'天文',以察时变。"简简单单的一句话,就涉及主观感受和时间的流逝性:"物体在时间里活动,变化于是就发生了。可时间并没动。"(戴维斯,1992:142)宇宙万物之所以被认为在时间中流动(时变),是因为人的头脑将他们联系起来("观乎"和"以察"),构成了事件。所以时间从根本上讲,是一种主观现象。

英国天文学家、物理学家爱丁顿认为:"在任何要把属于我们自然界的精神方面和物质方面的经验领域联结起来的企图当中,时间都是占据着关键的地位。"(普里戈金,2005:289)精神与物质的联合便涉及"中和",时间便涉及"随时",两者结合正是易道所强调的"时中"思想。涉及时间必然是对称破缺的(时间是有箭头的),《周易》中乾坤也是对称破缺的,是不对称的:坤顺从于乾,处于从属地位,而又不可或缺。坤卦《文言》说:"坤至柔而动也刚,至静而德方。后得主而有常,含万物而化光。'坤'道其顺乎,承天而时行!"强调的也是"承天而时行"(时间是有箭头的)。

至于测量中的主观精神的体现,在易道思想的论述中,便是一个"感"字,并与咸卦对应,所谓"天地感而万物化生"。《张子正蒙·乾称篇》指出:"天性,乾坤,阴阳也,二端,故有感;本一,故能合。天地生万物,所受虽不同,皆无须臾之不感,所谓性即天道也。"(张载,2000:236)这里的"天性"即太极,也就是天道,故有乾坤阴阳之二端,二端本一,就是一体两面相互纠缠之理。

说得再广泛一点,即使天道(强调客观物质方面)与人道(强调主观精神方面),也是纠缠一起,两者的关系也非常类似于波动说与微粒说之间的关系。如图3-1所示,既是波又是粒子,说明量子学说的波粒二象性;既可以指天道,又可以指人道。这便是真正说明天人合一易道学说的合理性。

```
                波动说(天道)────波粒二象性
                    ╲        ╱    量子论
                     ╲      ╱       ↕
    光(易)            ╳       互补纠缠说
                     ╱      ╲       ↕
                    ╱        ╲    易道论
                微粒说(人道)────  天人合一性
```

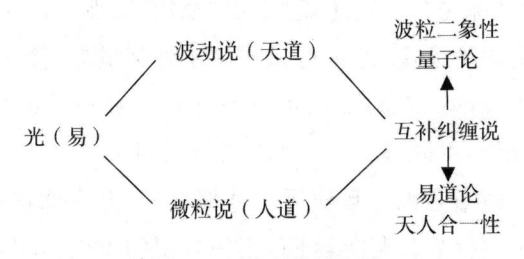

图 3-1 互补纠缠说示意

波粒二象性就电子而言,不是说电子是波和粒子的混合物,而是说不同的测量方式导致"电子"呈现出不同的表现形式(象)。其实无所谓真实的电子,是观测导致了"电子"的表现,或粒子形式或波动形式!

由于存在量子霍尔效应等宏观量子行为,所以这里的结论普遍有效。实际上凝聚态物理学给出的声子就是宏观量子行为。英国物理学家莱格特在《物理大爆炸》中指出:"声子这个概念本身就十分有趣,它是一个真正意义上的集体现象,它完全取决于相距很远的离子之间的相互行为。……尽管声子这个概念产生于集体现象,但是声子本身从很多方面来看却表现得像一种独立的粒子,因此声子以及与它类似的物理概念也被称为'准粒子'。"(莱格特,2017:132)所谓跨越层次的自相似性在这里得到了最好的体现。

正因为如此,量子理论所揭示的规律法则具有普适性意义。美国科学家理查德·费曼指出:"一定存在某种情形,在这种情形下量子力学的古怪行为会以某种惊人的形式,在宏观尺度上表现出来。"(黑,2005:113)也就是说,小到粒子与波的纠缠,大到物质宇宙与精神宇宙的纠缠,都遵循一体两面的阴阳互根之道。因为根据现代量子理论的结论,由于不确定性,事物的存在原则上都是非局域性的,整个宇宙就是一个整体关联的能量场。

或者有人会将这样的结论归结为测量仪器参与干涉的结果而回避主观观测性,但我要说明的是,谁又来观测"观测仪器"呢?推及终极,这最后的"仪器"只能是的主观"意识",直至"心性",是一阴一阳纠缠叠加的"太极"。确实,实在本来就是阴阳和合之道,从来没有彻底坍缩过!只有保持叠加态——所谓物我两忘,天人合一,才能显现!

阴阳叠加的"虚无",一旦主观"意识"觉知了,那么坍缩出"实有"就不可避免了:"维格纳论证说,意识可以作用于外部世界,使波函数坍缩是不足为奇的。因为外部世界的变化可以引起我们意识的改变,根据牛顿第三定律,作用与反作用原理,意识也应当能反过来作用于外部世界。"(曹天元,2011:213)而当意识一旦作用于外部世界,万物也就感而遂通,表现出精彩纷呈的现实世界。毫无疑问,正是意识的感应作用,即使是空无一物的真空,也可以产生能量波动效应,从而可以产生物质粒子。

三、真空感而遂通

那么真空感而遂通的量子机理是什么呢?让我们来具体考虑将量子

隧道效应应用到粒子产生过程之中发生的场景。由于存在量子隧道效应,一个粒子,"在一段很短的时间内,总可以借来足够的能量产生另外一个粒子或者一对粒子。例如一个光子就可以借到足够的能量变成一个虚(的)电子-正电子对。这些粒子只能非常短暂地存在,然后它们就重新结合变回一个光子。这种短暂的过程叫作'虚过程',借来的能量产生的粒子就叫作'虚粒子'"(黑,2005:207)。

现在将这样的虚过程应用到量子真空的零点能,那么我们就可以弄清楚"无中生有"的原理。英国科学家安东尼·黑将真空比作"空盒子"。那么根据上述虚过程的描述,同样可以发现:"我们现在的空盒子不是一个什么都没有的地方,而应该被看成一锅虚(的)粒子-反粒子对不停翻滚沸腾的汤!"(黑,2005:209)真空中就是这样充满着虚的粒子-反粒子对,生生灭灭,永不停息。如果产生的虚粒子借到能量变成实粒子,那么势必在真空中留下一个负能量空洞,所有负能量空洞连同真空一起(除去全部实粒子),被法国物理学家狄拉克称之为负能量海。因为全部实粒子借走了能量,狄拉克负能量海也就成为更低能级的真空,这样才能保持能量守恒。

因此对于量子真空,由于海森堡测不准原理的原因,用《周易·系辞》的话讲就是"阴阳不测之谓"的"神无方",就会产生能量生生灭灭的波动过程。而这一过程,正是宇宙万物产生的根源;同时凡是物质必然具有引力,以确保整个宇宙的能量依然为零点能:"引力定律确保了宇宙中所有质量之间的(负)引力位能,必定永远与每个质量 m 相关联的(正)能量 mc^2 的总和大小相等、符号相反。因此,总的结果永远准确地等于零!"(巴罗,1995:101)实际上,代表更低能级真空的狄拉克负能量海就是精神宇宙之源,也是引力之源,维护着整体关联性。精神宇宙与代表正能量的物质宇宙相互纠缠而不可分别,是类似于波粒二象性的一体两面之一面。

现在我们知道,正是这个量子真空的零点能(寂然不动之易),因为海森堡测不准原理的作用机制(易有太极),产生了阴阳不测之神(虚粒子对不停翻滚沸腾的能量波动效应),于是引起了宇宙能量的大爆炸。实际上,根据宇宙大爆炸理论,在这"起初"之前的 10^{-43} 秒,宇宙确有一次暴胀的过程。再之前,就是真空中的量子涨落的随机现象了。有那么一次真空量子涨落,导致了暴胀过程的启动,于是有了我们的宇宙万物以及宇宙中的观察者——我们及其意识!

这种从虚无到实有万物,乃至再到观察者的意识体悟,这生发万物的天道规律,正也是中国古代宇宙生成论的观点。正如明儒徐问在《读书札记》中所说:"万物形于有,而生乎无;成于实,而本乎虚。故制器者,尚其象,崇其虚,所以制用也。人之于物也,耳遇之而成声,目遇之而成色,虽圣贤,犹夫人之耳目也。其所默会心通,穷神知化,固不在于形声也。《诗》'无声无臭',盖言形而上之道,天德至矣。"(黄宗羲,1986:1242)这里进一步强调"穷神知化"不在于观察到的形声,而在于背后的形而上之道,那个推动宇宙大爆炸的根本之道。

就这一点而言,现代科学也有同样的认识:"值得注意的是,从奇点出现大爆炸宇宙这种传统图景,严格地说,乃是从绝对的无中创生宇宙。它既没有给出任何原因,也未对所出现的宇宙具有任何形式做出任何限制。没有先在的时间,没有先在的空间,也没有先在的物质。"(巴罗,1995:101)记住这一点很重要,这是无体、无思、无为之"易"固有的性质所决定,无须任何先决条件。

正如《周易·系辞》所说的:"易,无思也,无为也,寂然不动,感而遂通天下之故,非天下之至神,其孰能与于此?"一个"感"字,就把万物创生的机制给生动地刻画好了。在咸卦《象传》说:"咸,感也。柔上而刚下,二气感应以相与。……天地感而万物化生,圣人感人心而天下和平。观其所感,而天地万物之情可见矣。"阴阳二气(正负能量)相互感发(相互作用),正是万物产生的根本机制。而一句"非天下之至神,其孰能与于此"又把阴阳不测之神的作用机制给描述清楚了。正是海森堡测不准原理所刻画的作用机制,是宇宙创生的根本原因。

《张子正蒙·乾称篇》指出:"感者性之神,性者感之体。唯屈伸动静始终之能一也,故能所以妙万物而谓之神,通万物而谓之道,体万物而谓之性。"(张载,2000:237)《张子正蒙·太和篇》又说:"太虚不能无气,气不能不聚而为万物,万物不能不散而为太虚。循是出入,是皆不得已而然也。然则圣人尽道其间,兼体而不累者,存神其至矣。"(张载,2000:87)"太虚不能无气",这个"气"就是量子真空零点能,于是根据海森堡测不准原理,太虚之气必有能量波动效应,导致虚实粒子生发和湮灭过程,所谓量子泡沫之性状。故有(《张子正蒙·太和篇》):"彼语寂灭者,往而不返;徇生执有者,物而不化。二者虽有间矣,以言乎失道则均焉。"(张载,2000:88)凡偏执"寂灭"或"徇生",均为"失道",唯有生灭波动不测之神,才是太虚之性状,从而可以导致万物化生。

关于宇宙起源的大爆炸理论,涉及量子隧穿现象。量子隧穿现象是量子不确定性(阴阳不测之谓神)的必然结果:"因为粒子的波粒二象性,它们能够像波绕过墙壁一样穿过能量壁垒,这个量子过程被称为量子隧穿。"(艾尔-哈利利,2016:99)只要量子真空的时空尺度足够小,就可以通过"不疾而速,不行而至"的量子隧道效应引发一场宇宙能量大爆炸,产生不可逆的万物生成过程,最终形成我们这个可见的宇宙。

到了这样的阶段,太和之神几,便开始发挥作用。张载《张子正蒙·太和篇》说:"太和所谓道,中涵浮沉、升降、动静相感之性,是生(氤氲)、相荡、胜负、屈伸之始。其来也几微易简,其穷也广大坚固。"(张载,2000:85)张载着眼于太和,强调神几不测为道之用,于是万物生生不息。所以《周易·系辞》说:"生生之谓易。"所谓"天地之大德曰生"。

从宏观上讲,天地生万物也是相感相交的结果。所以泰卦《象传》说"(泰)则是天地交而万物通也",姤卦《象传》说:"天地相遇,品物咸章也。"而天地不交则万物不兴,所以否卦《象传》说"(否)则是天地不交,而万物不通也",归妹《象传》说:"天地不交,而万物不兴。"

需要注意的是,先是太虚之易,只是一个无形无体的一个"气"(量子真空零点能),却有"生生不息"之理,是为太极。太极又含阴阳两气之相感不测之神,是为太和,然后万物生发、相荡、神化,朱熹说:"太极只是一个'理'字。"(朱熹,1988:2)太极之理与太虚之气相辅相成,本无先后。有气必有理之自发作用,有理则必有体现理之实在,不可分为两极,不可言先言后!至于阴阳纠缠迭加,一体两面,也无先无后,故说"一阴一阳之谓道"。

所以朱熹说:"太极只是天地万物之理。在天地言,则天地中有太极;在万物言,则万物中各有太极。未有天地之先,毕竟是先有此理。动而生阳,亦只是理;静而生阴,亦只是理。"又说:"在阴阳言,则用在阳而体在阴。然动静无端,阴阳无始,不可分先后。"(朱熹,1988:1)

因此"有天地便有理在",理与天地不分先后。但天地并非静态不变,一切都在动态变化之中。所谓宇宙演化之规律就是理,太极之理,跨越尺度自相似地存在于万物之中!所谓"理一分殊":对于整个天地万物而言,只有一个理。而这个理又是体现在每一个事物之中,从根本上讲是同一个理,具有跨越尺度自相似性,这便是太极之理。

那么,《周易·系辞》中是如何描述这种"生生之谓易"的呢?首先《周易·系辞》指出:"天地设位,而易行乎其中矣。"就是这个"易"具有"太极"之理,可以生阴阳两仪,并因此而有天地大业。所以《周易·系辞》又说:"是故易有太极,是生两仪。两仪生四象,四象生八卦。八卦生吉凶。吉凶生大业。"程颐在"易序"中说:"散之在理,则有万殊;统之在道,则无二致。所以'易有太极,是生两仪。'太极者道也,两仪者,阴阳也。阴阳,一道也。太极,无极也。万物之生,负阴而抱阳,莫不有太极,莫不有阴阳,(氤氲)交感,变化无穷。"(梁韦弦,2003:359)

易,乃变化之源(虚空无体),故有太极,乃一阴一阳之谓道,是阴阳和合之道,是真空波动纠缠之道!分阴分阳,二气生也,乃正负能量之阴阳。"生生之谓易:阴生阳,阳生阴,其变无穷。"(朱熹,2002:233)圣人仰观俯察,只说"知幽明之故",不说"知有无之故",是因为有无相生,即已生天地万物,则唯有幽明之变化。然后便有《周易·系辞》所言:"参伍以变,错综其数,通其变,遂成天下之文;极其数,遂定天下之象。非天下之至变,其孰与于此?"一切万物幽明现象表现无不是阴阳变化的结果。

程颐说:"乾之用,阳之为也。坤之用,阴之为也。形而上曰天地之道,形而下曰阴阳之功。"(梁韦弦,2003:62)当然,在这过程中,阴阳相交相感的纠缠态就显得特别重要。所以在《易传》中谈到万物变化,总体是通过乾阳坤阴相互阐发。

乾卦《彖传》说:"大哉乾元!万物资始,乃统天。云行雨施,品物流形。"坤卦《彖传》说:"至哉坤元!万物资生,乃顺承天。"天,自然宇宙之谓。乾阳刚健,坤阴柔顺,宇宙万物源自乾坤合德之作用,故即有"大哉乾元!万物资始,乃统天",又有"至哉坤元!万物资生,乃顺承天"。在《周易·系辞》中乾坤相辅相成生化万物的结语是:"子曰:'乾坤,其易之门邪?'乾,阳物也。坤,阴物也。阴阳合德而刚柔有体,以体天地之撰(化),

以通神明之德。"

而乾坤合一的易道作为宇宙万物发生发展总的法则而言,在《周易·系辞》中做了这样的概括:"夫易,广矣大矣,以言乎远则不御,以言乎迩则静而正,以言乎天地之间则备矣。夫乾,其静也专,其动也直,是以大生焉。夫坤,其静也翕,其动也辟,是以广生焉。广大配天地,变通配四时,阴阳之义配日月,易简之善配至德。子曰:'易,其至矣乎?'"广大者,空间;变通者,时间;阴阳者,能量;易简者,天道。这就是在中国古代的宇宙自创论学说的精髓。

总之,易无体之虚、无思无为,其有太极,乃一阴一阳之道。阴阳变化不测之谓神,万物变化之根本法则。所以波动性、纠缠性、隧穿性、整体性、叠加性、二象性、不确定性等均为易道之固有性质,即所谓"易简而天下之理得矣。天下之理得,而成位乎其中矣"。易极简而能通天下之理,通天下之理,故能成象成形。于是从真空零点能产生万物及其变化,也统统可以囊括到易道生生不息的变化描述之中。

第二节 神化阴阳不测

我们已经知道,易有太极,乃是阴阳和合之道,是万物缘起变化的根本法则,具有阴阳不测的性质。既然是根本法则,就意味着阴阳不测之谓神,不仅在微观世界是如此,科学上由量子理论的海森堡测不准原理来刻画,而且在宏观世界也是如此,科学上就是由非线性科学的混沌不可预测性机制来描述。因此,我们可以借助于混沌科学来对易书中有关阴阳不测的神化思想展开系统的科学诠释。

一、阴阳不测之神

首先对于易书所说的"阴阳不测之神",用非线性科学的话讲,这阴阳不测就是混沌效应。美国科学家克拉默指出:"(混沌)这个词衍生自希腊语,原意为某种深不可测的、破裂的东西——空间的虚空。……这空白和虚无是所有生成之物的基础,是宇宙的根本起源。"(克拉默,2000:156)这同《易传》中所讲的"阴阳不测之谓神"的论述一致。

因此,在《周易·系辞》中一方面说:"生生之谓易(韩康柏注云:阴阳转易,以成化生),成象之谓乾,效法之谓坤,极数知来之谓占,通变之谓事,阴阳不测之谓神。"另一方面又说(子曰):"知变化之道者,知神之所为乎?"对此,韩康柏注云:"夫变化之道,不为而自然。故知变化者,则知神之所为。"也就是说,要把握事物发生发展的根本规律,关键在于要"知神之所为",即要把握阴阳不测之规律。

同样,克拉默也说:"宇宙的进化以及随之而来的生物进化按照以下这种方式是可以理解的:随着宇宙的膨胀和冷却,不断发生一系列这样的对称破缺或分岔。……我们可以表述如下:宇宙是演化的,它持续不断地产生新的东西,创造事物、定律、关系,这些东西没有一个是'可以预言'的。"(克拉默,2000:219)

那么,这个混沌之神具有哪些性质呢?自然第一个性质就是阴阳之纠缠,这也是不可预测的根本原因。用西方作家史蒂文斯在其诗作"混沌鉴赏家"中所说的诗句就是:"猛烈动荡的有序就是无序,而超乎寻常的无序即是有序。此二者实一也。"(克拉默,2000:175)有序与无序正是一对阴阳,规定着混沌效应之神的必然。

正是因为这种混沌效应的"神无方",使得我们人类在面对所处的复杂自然环境变化时,显得无所适从。因为只要存在着非线性因素,那么就不可避免地会带来几微涨落,事物发展变化结果就必然是不可预测。因此非线性就意味着不仅仅有"好上加好"的正反馈的规律,而且同时也必须注意"物极必反,否极泰来"的规律。两个方面此消彼长的非线性纠缠,使得根本无法预测支配混沌现象的变化规律。

需要说明的是,科学中的混沌概念与普通百姓理解的混乱不同。简单地说,混乱是一种确定的系统中出现的无规则运动,是有序中的无序。而混沌科学所研究的是混沌规律,是无序中的有序,其目的是要把握貌似无序现象背后可能隐藏的有序规律,从而发现复杂事物普遍遵循的共同规律。用易道的话讲,其目的就是要"知神之所为",从而"知变化之道"。

对边界条件扰动的敏感性是混沌效应的第二个重要性质。在复杂事物的发生发展过程中,初始条件的微小变化往往给事物的发展带来完全不同的结果走向。用易书的话讲,就是神几不测的"动之微",在事物发生发展的过程中会起到十分关键的作用。从科学层面上,对非线性系统的这一混沌性质,由美国气象学家洛伦兹在20世纪60年代所发现。

洛伦兹采用计算模拟的方法开展气象预报研究工作,并于1963年首次从确定的方程(后被称为洛伦茨方程)中计算模拟出非周期混沌现象,从而提出长期天气预报是不可能的观点。洛伦兹发现,当系统变得混沌以后,它产生持续的信息流,使得系统的长期行为变得难以预言。用洛伦兹自己的话讲就是:"我用混沌这个术语来泛指这样的过程——它所看起来是随机发生的而实际上其行为却由精确的法则决定。"(洛伦兹,1997:3)原因是系统初始条件的微小扰动可以带来系统完全不同的结局。或者用更加科学的话语说就是:混沌系统的演化敏感地依赖于初始条件。

进一步,洛伦兹把这种对初始条件敏感现象称之为蝴蝶效应,将具有蝴蝶效应的内在变化系统称之为混沌系统。由于洛伦茨方程是一道典型的非线性动力学方程,以及后来科学家们发现混沌现象是非线性动力学方程的普遍现象。因此,科学家们也常常把产生混沌行为的系统称之为非线性复杂系统,非线性以及复杂性也成为混沌效应的代名词。总而言之,凡是非线性的复杂系统,都会出现混沌现象,其长期行为都具有本质上的不可预见性,因此其刻画的都是复杂事物。

为了直观地研究非线性动力学系统的混沌现象,通常可以使用相空间描述来给出非线性动力学系统随时间变化的整体行为轨迹。在相空间中:"动力系统中两个或更多个吸引子之间的边界,是似乎控制着许多普通过程的一种阈值。在这类系统中,每个吸引子有一个吸引域,就像一条河有汇聚流水的流域一样。"(格莱克,1990:246)这样一来,相空间中行为轨迹的分布,就给出了动力学系统整体势场变化的刻画,而混沌吸引子的相空间形态,也就是成为混沌现象的一种直观表征。应该说混沌这种效应是一切复杂事物的共同本性。

混沌效应的第三个性质是指,混沌效应所揭示的正是复杂事物的本性,也是事物发生发展的内在动力,是新奇事物创生的总因。美国科学家里斯在《六个数——塑造宇宙的深层力》中指出:"事物难以被理解是因为它们的复杂,而不是它们的巨大。"(里斯,2001:17)因此,凡是复杂的事物,必定受到混沌动力学规律的支配。换句话讲,混沌现象所体现出来的非线性,在一切复杂事物中必然也是无处不在。

于是从这种非线性发生发展的观点看,如果易道确是自然根本法则,那么其一定也是不仅可以刻画万物的本性,同样也可以刻画万物发生发展的规律。实际上,易道也确实具有这样的性质,这便是"生生之谓易"的落脚点。

二、神化变通之妙

实际上,阴阳不测的混沌机制就是万物神化之规律,也是神化万物的根本机制。正如《周易·说卦》所说的那样:"神也者,妙万物而为言者也。"只有把握了混沌机制,才能了解万物发生发展的根本规律。《周易·系辞》指出:"易,穷则变,变则通,通则久。"因此,像生命现象这样无比复杂事物之所以能够产生,根本动因也就是混沌"神化变通"的结果。

那么何为"神化"?《张子正蒙·神化篇》说:"神,天德;化,天道。德其体,道其用,一于气而已。"(张载,2000:114)毫无疑问,张载确实把"神化"看作是万物发生发展的根本法则。所谓"神化",如果用生命科学的话讲,就是事物创生机制。

在生命起源、演化和繁荣的进程中,生命机制的形成和发展全部源自混沌边缘效应的创生机制。比如形成了自催化超循环的代谢机制,直接导致了生命的起源,这离不开混沌边缘效应。再比如形成了生物多样性的平衡机制,则导致了复杂生态系统的有序性,也离不开混沌边缘效应。

通常科学家们将事物发生发展从无序走向有序的过渡称之为混沌边缘阶段,并且发现新事物的创生往往经历这一个混沌边缘阶段。须知,新事物创生这一过程完全出于自发,是突变分岔涌现的结果。因此万物的流转生化(发生与演化),除了自为之外,别无他途。所以乾卦《象传》强调"自强不息",乾卦《文言》强调"或跃在渊",都是强调自为之道。

创生新事物的混沌边缘也就是从无序到有序那个涨落之几发生的地方。于是创新性的种子便成长为开放的、源源不断的创生之花果:"生命似乎一只脚踩在了充斥着日常物品的经典世界中,另一只脚陷在了奇怪而特别的量子世界中。我们想说的是,生命其实生活在量子的边缘。"(艾尔-哈利利,2016:第35页)这里量子的边缘是指从量子世界到经典世界的过渡,就像从无序到有序的混沌边缘一样,将量子相干性带入宏观生命体系之中。

从事物创生运作的内在机制来分析,混沌边缘创生复杂生命所依凭的机制就是所谓自组织机制。美国科学家考夫曼指出:"这些横扫生境、纵跨时间的雪崩般的生生灭灭。其形式多多少少是自我组织、集体发生的现象,多多少少是复杂性原理的自然表达,这些原理正是我们所要探求的。"(考夫曼,2003:17)又说:"我在这里提出了一个与之反对的假说:见之于个体发生学中的那个美丽的秩序是自发产生的,是那个令人惊叹的自组织规律的自然表达,那个自组织的过程充斥于非常复杂的协调网络中。"(考夫曼,2003:31)

自组织就是神化万物的自然机制,是事物进化过程中固有的内在属性。"自组织是一个进化场中的自组织(形态发生),这个物质的基本属性的有力而简短的表述。因此,自组织不仅仅是物质的积累,而是一个物质实体的内在属性。自组织是演化物质的创造性潜力所在——并且这适用于一切物质。"(克拉默,2000:234-235)

从生物演化机制上看,无论是体现自催化机制的细胞代谢,还是体现自适应机制的物种进化,甚至是体现自相干机制的生态共生,全都离不开生命演化的自组织过程,这便是大自然的神化之机。这种跨越尺度自组织机制的全面展现,实际上也是复杂事物自我整体性展现的使然。

因此,自组织机制是一切事物发生发展的固有本性,也是导致复杂事物出现的必然途径。如果加以归纳,那么复杂事物自组织机制的具体表现在这样三个方面:"一是在给定环境条件下,具有一种进行自我组织的特殊能力;二是与环境进行连续交换,从而与环境共同进化;三是自我超越,能够创造新的事物与现象。"(周昌乐,2016:108)

应该说,自组织机制是一种跨越宇宙尺度的普遍性法则,从微观的原子、分子到中观的可见事物,直到宏观的星系云团,支配着所有尺度事物的发生发展。因为宇宙一切事物从根本上讲都是自生自化,并整体关联在一起,相互依存、相互作用、相互推动地共同演化。如果加以区分的话,自组织机制包含着自催化、自复制、自适应、自更新、自涌现、自反映等具体的作用机制。

所以自组织才是宇宙一切事物演变的不易法则:"实际上,自宇宙大爆炸以来,自组织就是物质的一个根本属性。这意味着物质在诞生初始就是先验性充满着精神'种子'的,即在物质的内部(四种固有的作用力及其相互作用)就携带着自组织机制,并必然地因而演化出智慧生命。"(周昌乐,2016:109)因此,自组织的这种非线性作用机制确实是复杂事物产生的动因。

现在我们可以明确,导致共同进化的生态层级体系发生发展的根本机制就是建立在混沌边缘效应之上的自组织机制。在这种自组织机制的支配下,生态层级体系的宏观进化和微观进化相互影响地同时进行,从而导致新事物的不断涌现。这种不断涌现新事物的自组织机制又促进着生态系统中生命形态向着越来越高级的阶段发展,使其拥有越来越高自主性、越来越强大的自决性。

正是在不断自我更新的自组织机制驱动下,在地球的生态系统不断演化过程中,最后产生我们人类这样的智慧生命,并拥有了自我反应能力的意识活动。正如詹奇所言:"意识是人脑固有的,但不是在固定的空间结构中,而是在系统自组织、自更新和进化的过程中。"(詹奇,1992:182)

从混沌到有序,再从有序到相干,层级自组织跃迁机制的展现成为一种必然过程。事实上,在生命自然进化过程中,只要自组织系统足够复杂,都会拥有自涌现能力,从而产生不同水平的自决能力。因此,从根本上讲,没有混沌边缘效应这种神化机制,就没有自组织系统的自涌现能力,也就不可能产生新事物,更不可能拥有自决能力,于是我们人类这种智慧生命所拥有的自反应意识能力也就根本无从谈起。对此,格里芬指出:"在原子的层次上,自决是微不足道的。在更高层次的有机体中,自决则加强。"(格里芬,1995:97)事实上也确实如此,随着层级自组织系统的不断升级,形成的复杂系统的自决能力也随之不断加强。反过来,复杂系统拥有了越来越强大的高层级自决能力,其对低层级行为表现的反向制约也越来越强大。

因此,从根本上讲,建立在混沌边缘效应之上的自组织机制确实是一切复杂事物神化的动因。于是当我们通过科学追根溯源,了解复杂事物的自组织机制,也就可以明白易道所谓"神化变通"的内涵意义。

三、整体演化之道

正是在混沌神化的这种自组织作用机制的支配下,我们的宇宙不但产生了物质世界,同样也产生了繁复的生物世界。比如就复杂的生命现象而言,就是自组织混沌边缘的创新性结果。沃尔德罗普在《复杂》一书的"概述"中指出:"混沌的边缘就是生命有足够的稳定性来支持自己的存在,又有足够的创造性使自己名副其实为生命的那个地方。混沌的边缘是新思想和发明性遗传基因始终一点一点地蚕食着现状的边缘的地方。"(沃尔德罗普,1997:5)这便是道法自然的结果。宇宙的诞生是如此,生命的演化也是如此,可以说:"生命的存在归功于自然选择,因此一种可能的定义是,通过自然选择能够进化的物质就是生命。"(里德利,2004:7)

不同的是,在易道思想的阐述中,由于特别强调阴阳和合的"生生不息",也还包括生物不断进化繁衍的论述。或者说易道也是一切生物,特别是有性生物繁衍之道,即《周易·系辞》所言:"天地絪缊,万物化醇,男女构精,万物化生。"这里的"男女构精,万物化生"是指有性繁衍,也归于阴阳和合之道。因此也就有了《太极图说》中"二气交感,化生万物"之说(周敦颐,2000:48)。所以《周易·系辞》说:"乾道成男,坤道成女。乾知大始,坤作成物。"男女是指乾坤,而"乾坤变通者,化育之功也。见象形器者,生物之序也"(朱熹,2002:242)。从生物学意义上讲,有性繁衍是导致生物大爆炸的一个重要原因,所谓"万物化生"。

当然化生万物有同有异,有聚有分,有如《周易·系辞》所言:"方以类聚,物以群分,吉凶生矣。"但从根本上讲,混沌就是纠缠一体。《易纬·乾凿度》云:"气形质具而未离,故曰浑沦。浑沦者,言万物相浑成,而未相离。"(林忠军,2002:82)须知,神化机制遵循一阴一阳之易道,因此神化也代表万物纠缠之本性,乾坤合而屈伸之谓性。神化作用无处不在,乃跨越尺度作用者,生命演化生息,无不遵循之理,所以万物无不体现着整体关联性。美国科学家克拉默指出:"生命作为系统整体的性质,已随着剖分的进行而消失殆尽。所以每当我们兴趣所在是生命本身(即生命网络的主要属性)时,由于生命组成部分之间的相互依赖性,我们不能对这个生命网络进行剖分。"(克拉默,2000:19)应该说,整体关联性反映在生命生长过程的动态反馈作用之中,并因此导致生命网络丰富形态(各种混沌态)的产生。

我在《明道显性》一书中就指出:"生命演化是一个自组织过程,强调自然生命演化的自组织,就是强调生命系统是一个整体,具有相互依赖和统一的整体关联性。生命的价值就存在于这个完整的体系之中,而不是存在于构成生命系统整体的构成之中。哪怕是独立的一个生命个体,也是作为整体生态环境这个整体中的一员而存在的,个体的生存价值只有投身于这个整体的复杂关系网中才会有意义。反之亦然,离开了构成成员的整体也不存在,整体系统的意义从根本上取决于全部成员及其相互作用。"(周昌乐,2016:108)

在宏观生命网络系统中,体现这种整体性机制的就是所谓相干性。相干性是指生命内部组织之间、生命与生命之间、生命与生态之间固有的关联性,导致的结果就是整个生态系统都是有机关联成为一个整体。睽卦《象传》说:"天地睽而其事同也,男女睽而其志通也,万物睽而其事类也。睽之时用大矣哉!"是的,"虽异而同",生物多样性背后则有着同一性规律的支配,而维持同一性便是这相干性的根本机制。

体现这种相干性的一个重要推论就是不管一个系统中两个粒子也罢、两个生理组织也罢、两个生命个体也罢,乃至两个生态系统也罢,都是固有关联在一起,动一牵百,无法分离。用《周易·系辞》的话说就是:"唯神也,故不疾而速,不行而至。"我们的量子通信就是利用了这种纠缠性,所以可以"不行而至"。日常生活中大量自发的同步现象也是利用这种相干性,所以可以"不疾而速"。所有这些现象的发生都是固有整体关联性使然,即所谓非局域性。为什么,因为"神无速,亦无至,须如此言者,不如是不足以形容故也。"(程颢、程颐,2000:167)

"神化变通"不仅仅是把握生命系统相干性的关键,也是把握社会系统相干性的关键。因为事物相干性的整体关联性具有跨越尺度自相似性普适意义,社会治理需要依据相干性的整体思想来进行。

群体社会的生存发展也一样需要遵循这样的自组织法则,可以称之为自然游戏法则:"自然游戏实际上就是环境中谋生的方式。也就是说,自主主体能为了自身的利益而行动,它们之所以习惯这样做就是为了在

环境中谋求生存。……事实上,生物圈中所有的自主实体都是如此。"(考夫曼,2004:93)

在人类社会中,不管是个体还是群体,都要寻找适合自身发展的生态位,就成为必要的谋生策略。结果整个社会必然尽可能地形成多样化生存方式,占据所有可能的生态位分布态势。人类社会的多元文化社群最符合生态系统的概念,有着复杂的文化相互作用。文化的进化也如物种进化,增加多样性也是为了更好地控制环境,使人类生存条件得到改善。由人类社会的整体关联性产生的种种社会关系,可以映射到生态系统中种种关系,其核心关系就是体现相干性的共生关系。

人类社会的市场经济也同样是自组织机制在起作用,就是那只"看不见的手"。这种自组织机制,就是一种群体自组织,通过协商约束,涉及群体心智的自涌现。跟生态系统一样,一些超级思维很难直观显明地看出来,其隐藏在群体系统之中。然后通过生态系统的自组织机制和竞争适应机制,涌现式地形成经济政策的选择。

因此,在市场经济主导的企业组织体系中,唯有集群自组织才是创新的根本机制,发号施令式的外加威权控制下的等级系统,不可能具有创造性活力:"混沌表明,真正的公司与其说是等级结构,不如说是奇怪吸引子;与其说是权力中心,不如说是开放的非线性系统——与其赖以生存发展的环境不可分割,受制于环境的演变以及人员流动的涨落。事实上,微妙影响和混沌反馈在组织内部无时无刻不在起作用。"(布里格斯,2001:68-69)

乾卦用九卦辞说:"见群龙无首,吉。"对此,乾卦《象传》说:"'用九',天德不可为首也。"而乾卦的《文言》进一步阐释说:"乾元'用九',天下治也。""乾元'用九',乃见天则。"一个充满创新活力的群体组织,一定是基于"群龙无首"自组织机制之上的群体组织,唯有这样,员工的创造性热情才能够得到最好的激发:"参与到充满生机的自组织工作场所或生活在自组织民主中,我们个体的创造力造就了系统,反过来也受到系统的激发,难道这一切不是至关重要吗?"(布里格斯,2001:70)

于此推及整个人类社会,当我们面临棘手的全球问题时,是不是也要遵循大自然的根本法则,多一些富有创新性的组织,少一些对创新性思想的制约！正如布里格斯早在20多年前说的那样："在全球超过50亿（现在已经多达80亿）人口的现实情境中，创造出这种类型的组织，事实上属于人类面临的最大的挑战之一。有充分的理由相信：地球的命运掌握在我们人类的手里，就看我们以哪种方式组织起来，培养创造力而非造成隔阂。"（布里格斯，2001：70）引领人类未来发展的任何解决方案，一定是遵循天道法则的方案，否则人类就会被自然所淘汰。

归纳起来，混沌科学刻画的是事物发生发展的非线性过程中所蕴含的规律，大致结论有：（1）复杂事物的发生发展都遵循非线性相互作用之规律；（2）在事物发生发展中，初始条件的微小扰动往往会导致完全不同的结果，因此预测事物发展的长期行为是不可能的；（3）自组织、自涌现、自相干等是复杂事物发生发展的必然现象与规律；（4）复杂事物发生发展具有跨越尺度自相似性，不同层级、不同方面和不同尺度无处不在，无时不是遵循着共同的规律法则；（5）事物发生发展整体相互关联，整体与部分共同演化发展。

《周易·系辞》说："是故形而上者谓之道，形而下者谓之器。化而裁之谓之变，推而行之谓之通。举而措之天下之民，谓之事业。"神化之道创生万物之器，无不是适变、推行、会通的结果，其中包含着非线性机制，此乃恒久之道。

所以恒卦《象传》说："恒，久也。刚上而柔下，雷风相与，巽而动。刚柔皆应，恒。恒，'亨，无咎，利贞'，久于其道也。天地之道，恒久而不已也。'利有攸往'，终则有始也。日月得天而能久照，四时变化而能久成，圣人久于其道而天下化成。观其所恒，而天地万物之情可见矣。"神化之道乃天地恒久之道，蕴含在斗转星移（空间）、四时变化（时间）、事物化成之中。

第三节　万物情状比类

量子论、宇宙学使我们明白了非生命世界起源和演化的法则，而进化论、混沌学则让我们清楚生命世界起源和演化的法则，现在唯一尚不清楚的就是如何把握这个阴阳不测运作的世界，以至我们能够把握天地人殊途同归的根本法则！好在天道、地道与人道同一，无论是什么事物对象，无论在什么样的尺度下，我们认知的宇宙根本法则别无二致，所谓万变不离其宗，均有共通遵循的规律。因此关键是要学会把握这其中的变通规律，以为我们所遵循。《周易·系辞》说："化而裁之存乎变，推而行之存乎通，神而明之存乎其人（韩康柏注云：体神而明之，不假于象，故存乎其人）。"所有的化裁之变和推行之通，最后都要存乎"神明之人"。

一、自相似性原理

通常随时间变化的事物可以看作是一个动力学系统，比如星系演化、气候变化、股市涨跌、人生跌宕、情绪起伏、草木荣枯等等。对于给定初始条件，如果随着时间的演变，系统趋向于某个确定的状态，我们就称该状态是系统的吸引子。一般而言，对于简单的线性系统，其吸引子往往非常稳定，不受初始条件的扰动而改变。而对于复杂系统，其吸引子往往对微小的扰动敏感，会形成难以预测的混沌吸引子。

非常有趣的是，混沌吸引子构成的点集，通常都是被称为分形的一些"不规则图形"。这样也就将混沌与分形联系了起来，并可以通过分形几何学来更好地认识复杂事物的本性。这个本性就是事物跨越尺度自相似性。我们在第二章第二节里介绍美国数学家曼德布罗特教授所提出的分形几何学中已经熟知的了。

确实能够发现事物跨越尺度自相似性这种基本规律是一个伟大的发现。美国科学家格莱克指出："分形的意义是自相似。自相似是跨越不同尺度的对称性，它意味着递归，图案之中套图案。"（格莱克，1990：110）也就是说，大尺度的模式在其构成部分以更小尺度的形式再现。比如行星围绕恒星运转与卫星绕着行星运转相似，城市运作结构与国家运作结构相似，树枝分布形状与其叶脉相似，等等。甚至在微观的量子世界中也同样体现着跨越尺度自相似性这种基本规律。

比如电子的量子路径，就体现了跨越尺度的自相似性。科学家研究得出：不规则的量子路径，正好处于一条简单曲线和充满整个二维空间的分形中间，其分形维数是 $D=1.5$。所谓动态中道，乃是量子运动轨迹所适切的分形维数。当然根据海森堡不确定原理，必然如此。因此电子对应的运动轨迹也一定是不可预测的混沌现象,即这样的量子路径(或行为轨迹)一定是一个混沌吸引子,可称为量子分形轨迹,由零点能动力所驱动。说不定宇宙物质分布也是一个分形集,也即宇宙物质分布是分形性的分布,是大爆炸扩张出来的一个混沌吸引子。物质是能量不均匀分布的结果,分布规律应该满足分形几何学原理。

大自然到处体现出来的形态都具有分形结构,特别是复杂的生物系统更是如此。正如格莱克所指出的:"理论生物学家们也开始推测,在形态发生过程中,分形尺度不仅是常见的,而且是普遍的,他们认为理解这些模式如何编码和处理,已经成为对生物学的主要挑战。"(格莱克,1990:119)

可以这么说,在复杂事物现象与规律的研究中,非线性科学发现一个共性,就是多尺度跨层次的自相似性。所谓自相似,就是指事物的整体与其部分之间遵守某种共同的组织规律,这也是自然生物界普遍遵循的变通法则。小到生物形态的分形刻画,生物结构的层级递归,大到层级复杂生态系统的形成,都体现了这种跨越尺度的自相似性规律。

从某种意义上讲,先圣们形成的易书之所以能够有效地刻画天地万物根本之道,就是因为利用了这种跨越尺度的自相似性原理,通过取象比类来做到"类万物之情"。正如《周易·系辞》所记载的那样:"古者包牺氏之王天下也,仰则观象于天,俯则观法于地,观鸟兽之文与地之宜,近取诸身,远取诸物。于是始作八卦,以通神明之德,以类万物之情。"目的就是要把握事物的变化规律。所以《周易·系辞》说:"圣人设卦观象,系辞焉而明吉凶,刚柔相推而生变化。"又说:"参伍以变,错综其数,通其变,遂成天下之文;极其数,遂定天下之象。"强调的都是通过取象比类来"类万物之情"。

其实,通过卦象来比类天道万物之情状,是《易》之为书的根本出发点。《周易·系辞》说:"子曰:'书不尽言,言不尽意。'然则圣人之意,其不可见乎?子曰:'圣人立象以尽意,设卦以尽情伪,系辞焉以尽其言,变而通之以尽利,鼓之舞之以尽神。'"又说:"是故夫象,圣人有以见天下之赜,而拟诸其形容,象其物宜,是故谓之象。圣人有以见天下之动,而观其会通,以行其典礼,系辞焉以断其吉凶,是故谓之爻。极天下之赜者存乎卦,鼓天下之动者存乎辞。"无论是立象、设卦、系辞，还是变通、尽神，都是为了刻画和推测不同尺度事物之规律。

当然，跨越尺度的自相似（比类）只是相似，不是相等，其中便有变化蕴含其中。所以《周易·系辞》说："在天成象，在地成形，变化见矣。"在易道中，不变的根本之道就是"跨越尺度的自相似性"这样共通的"不易"法则；把一切变化规律都归结为乾坤的"阴阳合德"，就是所谓的"简易"原则。而具体引起"刚柔相推而生变化"这样法则的运用，是为"变易"规则。遵循"简易"原则，反映"不易"法则，运用"变易"规则来相推万物变化规律，就是易书的宗旨，所以更多的时候易道是指"变易"规则的运用。程颐在"易序"中指出："《易》，变易也，随时变易以从道也。"（梁韦弦，2003：359）这里所谓"以从道"就是指跨越尺度自相似性的"不易"法则。

其实，跨越尺度的自相似性也是大自然复杂事物呈现的奥秘所在。一方面，我们的大自然无处不在都展现着分形的奥秘。另一方面，跨越尺度的自相似性正是万物构成的内在规律，从宇宙、生命、心智，无不存在着这种构成性质。计算机器之所以能够处理无限信息，运用的也不过就是类似分形嵌套的递归规则。

应该说，正因为分形的这种跨越尺度的自相似性（不易），使得用简单规则（简易）来产生复杂分形成为可能（变易）。考虑到分形就是混沌吸引子，这也使得采用简单数学规则就能够产生具有复杂行为的混沌现象。

曹天元在《量子物理史话》中指出："最近有科学家提出，宇宙的确在不同的尺度上，有着惊人的重复结构。比如原子和银河系的类比，原子和中子星的类比，它们都在各个方面——比如半径、周期、振动等——展现出十分相似的地方。如果你把一个原子放大 10^{17} 倍，它所表现出来的性质就和白矮星差不多。如果放大 10^{30} 倍，据信，那就相当于一个银河系了。当然，相当于并不是说完全等于，我的意思是如果原子体系放大 10^{30} 倍，它的各种力学和结构常数就非常接近于我们观测到的银河系。还有人指出，原子应该在高能情况下类比于同样在高能情况下的太阳系。……这种观点，即宇宙在各个层次上展现出相似的结构，被称为'分形宇宙'（Fractal Universe）模型。在它看来，哪怕是一个原子，也包含了整个宇宙的某些信息，是一个宇宙的'全息胚'。"（曹天元，2011：76）

在包含众多不同形态星系的宇宙生态中,这样的跨尺度自相似性与我们地球上多样性生态系统一样,都可以称之为"多样性(diversity)中的相似性":"整个有机世界到处都可见令人惊讶的基层关系,各群生物间既不相同又具有明显相似之处。"(克罗宁,2000:10)这便是生态环境非线性适应的必然规律,甚至可以超越这些阶层相似性,体现跨越尺度的自相似性,这就是大自然的秘密法则。用易书的话讲,就是不易法则。

这种不易法则体现跨越尺度普遍规律的中国古代圣贤的说法,就是"理一分殊"的观念。根本法则(天理)体现在一切事物的现象之中,这种道(理一)在物上分殊的关系,就有如同月与其在水中倒影的关系,所谓"千江有水千江月"。这千江所共的一月可以比喻为共通的"理一",而千江倒影的无数水中之"月"就是变化的万千"分殊"。

或者也可以用西方印章与印痕的关系来说明这种"理一分殊"道理:"这并不是因为印章本身,因为印章自己是向每个印痕全部地或同等地输送了自己。但接受印压的物质是不同的,所以那同一个完全一样的原型产生的印痕便不同了。"(狄奥尼修斯,1998:14-15)如此,我们便可以更好地了解事物变易的不易之道。

二、几微变化规律

问题是知道变通法则是一回事,如何"神而明之存乎于人"来运用法则应对复杂事物的变化则是另一回事。根据英国物理学家莱格特在《物理大爆炸》中得出的结论:"智慧生物生存的一个必要条件是自然界中所有的基本物理常数都必须是它们现在的值,或者至少与现在的值极度接近。人择原理把这个说法反过来说,这些基本常数之所以有它们现在的值,是因为如果不是这样的话,我们就不会在这里考虑这个问题了。"(莱格特,2017:157)这里人择原理强调的就是,我们对这个世界的描述其实就出自我们自己,又用来说明我们所处的宇宙便是如此这般,其实我们对世界的描述只是描述自己,并非世界实在本身。顶多只是我们所认识的可知世界部分,受制于人类认识能力的局限。

按照人择原理,人类存在这个事实本身,决定了宇宙为什么看起来是这样而不是那样。或者说,我们的意识观察了存在的宇宙,而这个宇宙又诞生了我们。宇宙赋予我们的意识自反映能力，而正是这种意识自反映能力创生了意识到的宇宙！这叫自明性，是一种超逻辑的自明现象。

因此仅仅依靠科学的理性认识是不可能用来应对复杂事物的变化的，特别是量子理论对微观世界的概率解释和不确定性，导致了经典世界因果律的失效，而互补原理和测不准原理又导致了世界客观性和实在性的丧失。现在非线性科学的混沌效应又对可预测性说出了"不"，而哥德尔定理则否定了非此即彼性的普遍有效性。于是整个经典科学构建的大厦彻底倒塌了。也就是说，理性思维有局限性，不可能自足地为人生复杂境遇提供终极的指导。特别是因为人与环境的整体关联，事情的成败，非个人力量所决定，而是环境一切因素之积聚的总和力量所使然。科廷汉就指出："科学至多只不过是减轻，但绝不会完全清除人类与生俱来的脆弱，这是他们试图逃避的一个事实。……古代和现代伦理哲学共同分享的观点是：有理性的主体能够对自己的行为做出自满足的决定，并由此骄傲地得出人生真谛。但是这只是幻想。"（科廷汉，2007：119-120）

那么如何才能把握变化之道，以能够把握我们的人生而赢得幸福生活呢？在《周易·系辞》中，孔子给出的答案是："知几，其神乎？君子上交不谄，下交不渎，其知几乎？几者，动之微，吉之先见者也。君子见几而作，不俟终日。《易》曰：'介于石，不终日。贞吉。'介如石焉，宁用终日，断可识矣。君子知微知彰，知柔知刚，万夫之望。"又说："颜氏之子，其殆庶几乎！有不善未尝不知，知之未尝复行也。"不难得知，所有这一切关键就在知几，要"见几而作，不俟终日"。

几者动之微，不确定纠缠态，是动中有静，静中有动者。黄百家对"几"所作注云："几者动之微，不是前此有个静地，后此又有动之者在，而几者界乎动静之间者。"（黄宗羲、全祖望，1986：484）正好应验了量子学说中能量涨落的波动本性，这正是微观世界发生变化的根本。所以"几"的含义，确切地说，就是动静纠缠态，是赝真空之空性（几率波动性，海森堡测不准原理使然）。

同时，"君子知微知彰"所讲述的原则，不仅仅微观世界是如此，即使是宏观世界，也同样是遵循"神无方"规律，这就是混沌科学所揭示的非线性发生发展规律。根据混沌科学，微小的扰动可以导致完全不同的结果。

易道描述中的"几",便是"阴阳不测"之"神"的真正蕴意所在,所以说"知几其神乎"。

《张子正蒙·神化篇》指出:"凡圆转之物,动必有机。既谓之机,则动非自外也。"(张载,2000:101)注意,这里的"机"是"几"的通假字,即所谓内在的涌现机制。从量子世界涌现出经典现象,或从分子结构中涌现出化学性质,到生物进化中涌现的生命现象和规律,再到大脑神经网络复杂系统涌现意识,微小之几都无不起到了关键作用。

为了警示世人重视这种微小之几所起的作用,《周易·系辞》指出:"善不积不足以成名,恶不积不足以灭身。小人以小善为无益而弗为也,以小恶为无伤而弗去也。故恶积而不可掩(掩),罪大而不可解。"坤卦《文言》也说:"积善之家,必有余庆。积不善之家,必有余殃。臣弑其君,子弑其父,非一朝一夕之故,其所由来者渐矣,由辩之不早辩也。"可见微小之几不断放大导致的后果确实非常严重。

应该说,微小变化所起的关键作用无所不在。在某种意义上讲,"阴阳不测"的根本所在就是对微小变化的不可把握之上。因此,变化不测是万物发生发展的本性,这也是混沌动力学的科学结论。

反过来说,要想逢凶化吉,要把握变化之道,就要善于把握那动微之几。所以《周易·系辞》说:"夫易,圣人之所以极深而研几也。唯深也,故能通天下之志。唯几也,故能成天下之务。"几,微小征兆,君子善于发现微小征兆,故能"通天下之志",并且"能成天下之务"。

《张子正蒙·神化篇》解释说:"知几其神,由经正以贯之,则宁用终日,断可识矣。几者,象见而未形也。形则涉乎明,不得神而后知也。"(张载,2000:121-122)在《张子正蒙·至当篇》中又说:"易简理得则知几,知几然后经可正。天下达道五,其生民之大经乎!经五则道前定,事预立,不疑其所行,利用安神之要莫先焉。"(张载,2000:169)强调知几是"生民之大经",即人生的根本途径,首先是要懂得知几。因此"易简理得则知几",其为"利用安神之要"。

周敦颐在《周子通书·圣》中说得更为透彻:"寂然不动者,诚也。感而遂通者,神也。动而未形,无有之间者,几也。诚精故明,神应故妙,几微故幽。诚、神、几,曰圣人。"(周敦颐,2000:33)诚者空寂谓道,神者阴阳不测,几者波动纠缠性,三者体用混而为一,唯圣人能达。诚之体为空寂,为忘忧状态;诚之用为神道,一阴一阳之变化,空性之波动起居,意识变化之法则;诚之应为几和,变化之测量征兆,动静有无之叠加者,和也。故周敦颐在《周子通书·慎动》中又说:"动而正曰道,用而和曰德。"(周敦颐,2000:33)

那么具体如何达"极深而研几"呢?《周易·系辞》说:"《易》曰:'憧憧往来,朋从尔思。'(韩康伯注云:天下之动,必归于一,思以求朋,未能一也。一以感物,不思而至。)子曰:'天下何思何虑? 天下同归而殊途,一致而百虑,天下何思何虑? 日往则月来,月往则日来,日月相推而明生焉。寒往则暑来,暑往则寒来,寒暑相推而岁成焉。往者屈也,来者信也,屈信相感而利生焉。'"意思是说,非靠思虑所能致,而是要顺从自然,无为而成。《张子正蒙·神化篇》说:"神不可致思,存焉可也;化不可助长,顺焉可也。存虚明,久至德,顺变化,达时中,仁之至,义之尽也。知微见彰,不舍而继其善,然后可以成人性矣。"(张载,2000:121)天地之道,不为而善始,不劳而善成,此乃简易之道。

所以周敦颐在《周子通书·诚几德》中说:"诚无为,几善恶。"(周敦颐,2000:31)而且在《周子通书·思》中进一步指出:"无思,本也;思通,用也。几动于此,诚动于彼,无思而无不通,为圣人。不思,则不能通微;不睿,则不能无不通。是则无不通生于通微,通微生于思。故思者,圣功之本,而去凶之几也。"(周敦颐,2000:35)注意,这里的"思"是指理性反思能力,属于觉知意识。一方面,要无为而为,顺其天道;另一方面,则要通过直觉体悟去除"妄念"(几善恶)来达到"无思而无不通"的"诚无为"圣人之境。

明儒洪垣在《理学闻言》中说:"志在几先,工夫则于几时,原非起念。"(黄宗羲,1986:931)也就是说不是思虑起念,而关键在于日用集义(积善去恶),然后通过精义入神把握动微之几,此即所谓"知几其神乎"。

高忠宪对此解释是:"见事之几微,则事得其宜,动而不括矣,故能屈伸顺理,身安而德崇。《易》曰:'知几其神乎!''精义入神'者,知几而已。精义入神妙处,使事理素定于内而用乃利,豫利吾外而内乃安。盖内外交相养,皆崇德之事。"(黄宗羲、全祖望,1986:686-687)意思是说,"括"造成否塞,唯有见几而作,"动而不括",方能够"屈伸顺理,身安而德崇",从而可以"精义入神妙处",内外皆利安等等。

总之,神几太和者,乃宇宙万物相感变化之道,假物而显。神为易道之妙用,几为动静之显微,变化之根归为易道。再次引用张载在《张子正蒙·太和篇》中所论:"太和所谓道,中涵浮沉、升降、动静相感之性,是生氤氲、相荡、胜负、屈伸之始。其来也几微易简,其究也广大坚固。"(张载,2000:85)此既是神几之论,也是自组织规律之论,更是简单与复杂同显性之论。

三、一体两面思想

通过上述系统的讨论分析中我们不难看出,在中国古代朴素天道观的形而上学论述中,易道思想与当代西方科学思想与成果是最为接近的思想体系。在看待宇宙万事万物的发生发展过程中,易道圣学所倡导的是一种"一体两面"的天道观,特别适合坚持太极一元论又能解释阴阳二元性的需要。

作为终极本体之"易"是虚而不实,所谓"易无体",但无体之"易"却有"太极"之一体,所谓"易有太极"。然后太极可生"两仪"之阴阳,所谓"是生两仪",但所生两仪之阴阳不但具有"阴阳不测"之"神无方",而且阴阳互根复归于一体,所谓"一阴一阳之谓道"。正是在这种一体两面天道观的指导下,《易传》构建了一个描述天地万物发生发展规律的思想体系,其所论述博大精深的主要内容可以归纳为如下三个方面。

(1)是一种自创论的宇宙观。认为万物发生发展的本源在于易道,是生生不息之易的结果,也是阴阳相互作用的结果,此乃不易之道。当代科学也一样,反对神创论和心创论,认为宇宙是自发产生的结果,是道法自然的结果。

(2)强调事物发生发展的变化之道。特别是指出了无处不在的变化(变易)、变化的不可预测性(阴阳不测)、非线性混沌效应(神几作用),"易"字本身的含义就意味着"变易"。这种动态变化、生生不息的演化思想,也普遍存在于当代科学之中,如量子论、相对论、宇宙学等物理科学,进化论、遗传学、生态学等生命科学,以及突变论、分形论、混沌学等非线性科学。

（3）全面覆盖了当代西方科学的核心观点。易道圣学中体现当代科学中的许多核心观点，比如量子理论中的测不准原理、波粒二象性现象、量子纠缠性等，混沌科学中微小扰动的蝴蝶效应、跨越尺度的自相似性、自组织发生发展规律等，以及宇宙学说的大爆炸思想、能量守恒及其表现形态、生物不断繁衍进化等等。

值得肯定的是，在古代中国儒释道三家思想格局中，易道圣学所创导的天道观无疑最为完备。比如佛教因为强调万法唯识论，根本就没有涉及天道学说。而道家虽然也有系统的天道学说，但往往停留在静态消极的角度阐发其中的奥义，不及易道圣学积极动态变化的天道观完善。生生不息之易，阴阳不测之神，吉凶先见之几，三位一体，更加符合宇宙运行法则，所以比老庄之道更为高明！

问题是在当代西方科学背景下来看待古老易道所倡导的阴阳合一天道观，是否依然具有引导未来人类社会更好发展的价值呢？从科学背景衍生而来的当代哲学学派较少主张非物理主义立论，而多半采取如下三种哲学学说。

第一种代表非心灵论的主张是物理主义学说。物理主义致力于心理的整体性和具身性理解，但不必假设心理活动需要还原为化学和物理过程。它支持"非还原的物理主义"(nonreductive physicalism)的一系列理论。依照此观点，尽管人整个由物质构成，但脑足以复杂，能够支持对行为产生实在影响的心理属性和经验的突现现象。

第二种代表平行论观点，称为"突现的二元论"(emergent dualism)。这一观点认为物理实在是首要的，但通过它产生了一个全新的实在——心理或灵魂。这似乎又回到了笛卡尔的二元论，但实际上不同，因为在这一理论中，物理先于心理。

第三种代表相互作用论观点是"两面一元论"(dual-aspect monism)，相当于易道的"一体两面"论。在这里，术语"一元论"的意思实质上就是物理主义，但修饰语"两面"强调对人性的充分描述至少需要两种水平（或两个方面）。这两个方面中，一个是指神经科学提供的物理（生理之身，属阴）描述，另一个是指由心理学研究的并表现在我们主观经验中的心理

(心理之心,属阳)描述。

在上述三种科学哲学观中,英国神经科学家吉福夫斯和美国神经科学家布朗在《神经科学、心理学与宗教:人性的迷幻与现实》中认为第三种"两面一元论"无疑是正确的选择。他们指出:"总之,我们认为一种不可还原的内在相互依存是探讨我们生命的心身关系的一种有益途径,它不需要二元论,但能表明二元性。换句话说,心理(和灵性)嵌入在我们的身体系统,并依赖我们的身体系统。然而心理事件需要不同水平的主观和客观描述。"(吉福夫斯,2014:102)于此可见,易道所强调的一体两面天道观是多么具体前瞻性,即使在当代科学昌明的时代,依然闪耀的智慧的光芒。无怪乎一经形成,一直成为中华圣学主流的本体哲学观。

回顾圣学思想发展历史,在圣学传统中一直存在两种本体论哲学思想的沿袭。一种是易道传统的天道观,一种是思孟学派的心性论。孔子、易传诸派到两宋道学和理学都是偏向于易道传统的天道观,而孟子、李翱到陆王心学都是偏向于思孟传统的心性论。易道传统的本体论更倾向于一体两面的观点,可以吸纳心性本体的思想,而思孟传统则通过排除外在天道,使之归为心性之源来建立唯心一元论。道学或理学,其实都是一体两面本体论的,而作为道学或理学思想在心性修炼方面的发展,湛若水的随处体认天理,其持有的也是一体两面本体论立场。

比如易道的"易有太极,是生两仪"这种一体两面的哲学观,后来被宋明性理合一学派所继承。首先周敦颐在《太极图说》中继承了这种哲学观,认为"无极而太极。太极动而生阳,动极而静,静而生阴,静极复动。一动一静,互为其根;分阴分阳,两仪立焉。……二气交感,化生万物,万物生生而变化无穷焉"(周敦颐,2000:48),只不过这里将"易有太极"改为了"无极而太极",突出了"易无体"的虚空性。

到了《周子通书》,周敦颐进一步将太极之理与至诚之性相合,故《周子通书·诚上》曰:"诚者,圣人之本。大哉乾元,万物资始,诚之源也。乾道变化,各正性命,诚斯立焉,纯粹至善者也。"(周敦颐,2000:31)诚源于太极之源,立于乾道变化。诚者,天道也,通达人道之性,而成性之为圣。

同周敦颐观点一样,程颢也推崇易道本体论,强调天道与人心不可分,认为只是角度不同,才会有许多不同描述称名。比如《明道学案》语录说:"上下千百岁中,若合符契,言天之自然者谓之'天道',言天之赋予万物者谓之'天命'。"(黄宗羲、全祖望,1986:548)"盖'上天之载,无声无臭',其体则谓之易,其理则谓之道,其用则谓之神,其命于人则谓之性,率性则谓之道,修道则谓之教"(黄宗羲、全祖望,1986:549)"在天为命,在义为理,在人为性,主于身为心,其实一也。"(黄宗羲、全祖望,1986:551)强调的都是性理合一的立场。注意,不管性命合一论还是性理合一论,都可以归结到内外合一,都可以看作是易道一体两面论的发展。

正因为性理是合一的,因此程颢将《周易·说卦》中"穷理、尽性,以至于命"三件合并为一,指出:"'穷理、尽性,以至于命',三事一时并了,元无次序,不可将穷理作知之事。若实穷得理,即性命亦可了。"(黄宗羲、全祖望,1986:552)于是只要明识这内在至诚之仁性,便可以明悟天理或天道了,所谓"只心便是天,尽之便知性,知性便知天,当处便认取,更不可外求"(黄宗羲、全祖望,1986:552)。

白沙对于天道万象,也持道心一元之论。白沙在《仁术论》中指出:"天道至无心。比其着于两间者,千怪万状,不复有可及。至巧矣,然皆一元之所为。圣道至无意,比其形于功业者,神妙莫测,不复有可加。亦至巧矣,然皆一心之所致。心乎,其此一元之所舍乎!"(陈献章,1987:57)只不过陈献章将这一元归结于性理合一的心性之上了。

到了陈献章的亲传弟子湛若水那里,更是把周程性理思想发展到了极致。湛若水推崇周程,首先继承的就是性理合一的天道观。湛若水在《新语》中说:"宇宙间一气而已,自其一阴一阳之中者谓之道,自其成形之大者谓之天地,自其主宰者谓之帝,自其功用者谓之鬼神,自其妙用者谓之神,自其生生者谓之易,自其生物而中者谓之性,自其精而神、虚灵知觉者谓之心,自其性之动应者谓之情,自其至公至正者谓之理,自其理出于天之本然者谓之天理,其实一也。"(湛若水,2014:104)湛若水认为:"本心、宇宙一也。今夫火之光与其所照,一而已矣。故不知本心者,不足以语天地万物同体之理;不知天地万物同体者,不足以语本心之全。夫何异?"(湛若水,2014:79-80)这里论述的无非是说,本心之性与宇宙之理,是一非二,就像火与光一样,不可分割。

当然,《周易》毕竟是两千多年前的产物,虽然在天道根本法则的认识上有着不亚于当代科学的见解,但在具体事物规律及其运用上大多是错误的,根本无法形成具体的技术手段来推动科学技术的进步。因为科学具有可证伪性和批判性思维,可以不断扬弃错误的假设或理论,从而推动科学理论的更新发展,唯有这样才能不断完善科学理论。而易道思想体系,缺乏的正是可以不断更新错误的实验手段。

正因为这样,《周易》所给出的天道认识并没有被西方主流科学界所重视,甚至将其看作是对自然规律的虚伪解说。李约瑟在《中国科学技术史》第二卷"科学思想史"中论及《周易》时就是如此认为。他指出:"《易经》经过若干世纪,由于每个象征已变得有了一种抽象的含义,所以这样的归因就自然有了诱惑力,并且省去了进一步思考的一切必要性。在某种程度上,它类似于中世纪欧洲占星术上的各种虚伪解说,但是象征意义的抽象性赋予它一种骗人的深奥性。我所即将看到,这个体系中的六十四个象征提供了一组抽象的概念,可以归纳任何问题研究在自然现象中都必定要发现的大量事件和过程。"(李约瑟,1990:351)

李约瑟认为,之所以易道解释自然具有这种"骗人的深奥性",完全在于其高度的抽象性,他因此指出:"解释越抽象,全部系统就越具有一种'概念库'的性质,大自然中一切具有现象事件都可以归因于它。在这多达六十四个卦之中,如果不能为差不多任何一种自然事件都找到一种伪解释,那就会是怪事了。"(李约瑟,1990:356)

我认为李约瑟之所以有这样的观点,是因为他对易道核心思想没有做深入研究的结果,只是看到了六十四卦表象,没有认识在这表象所运用取象比类方法所要揭示的、蕴含的根本法则。应该指出,在科学水平落后的《周易》时代能够揭示自然根本法则,这并不奇怪。须知在任意尺度,人们都可以获得同样万物之理的认知。现代科学在量子微观和宇宙宏观发现的普适理论,一定也会体现在常观尺度的事物变化之中。所以《周易》的作者不自觉地依据自然体现出的这种跨越尺度自相似本性,通过对身边可见事物的观察与推测,发现其中共同的普适原理,并用取象比类的话语方式表达出来。

进一步,从人择原理的角度,我们所得出的一切,不但是宇宙所规定好了的结果,也是事后诸葛亮式的结果。或者说,我们的存在本身决定了宇宙法则必然是如我们所愿的如此这般，否则人类也不可能产生，也就是无所谓宇宙法则的认识。正是因为我们描述了孕育出我们的宇宙，宇宙才是我们所看到的那个样子！

这里面就存在自指，于是便归结到古人与今人同源性的精神本性，以及衍生出来的意识，意识又反观宇宙，发现了其中的"法则"。因为不管是古人还是今人，是科学还是人文，观测都源自人的主观意识，这便是所谓同源性意识是根本归宿。应该说，这同源性的意识活动，正是产生一切科学与人文思想的根源。从这个意义上讲，两者的思考具有殊途同归的结果，也就不足为奇了。

因此，从根本上讲，就宇宙终极法则而言，是不可能单靠概念分别式的方法所能观测到，而要体悟那根本之道，唯有通过震绝心路之途得以显现。因为观测只能显现宇宙因为观测而塌缩的一种呈现，而这种呈现的真实性又是依赖于"人择原理"，归根结底就是主观性的呈现，这无疑又会陷入"意识"之中！说到底，其荒唐性都是概念分别的结果！注意，意识返观创生了意识的宇宙，这叫自明性，是宇宙精神存在的最好脚注。

这就是为什么《周易》的作者不是去解释具体的自然事件（当然他们也解释不清楚），而是回到内心修养的指导之上，形成了一种系统的洗心方法。应该说，这是一份宝贵的精神遗产，只要我们对其去芜存精来加以发扬光大，用先进的科学思想和方法来加以改造，就可以为医治精神缺失、心理疾病和萎靡情绪提供全新的途径，为当代社会民众赢得健康幸福生活做出贡献。此时倒是可以充分发挥《周易》"概念库"作用，而李约瑟所说什么"伪解释"也就不会成立了。

由此可见，在当今科学昌明的时代，如何引入当代科学成就，更好地弘扬发展易道思想，从而将中国古代与此相关的易道圣学发扬光大，使之更好地适应现代社会发展的需要，就成为一项十分重要的文化事业。我们期待有更多精通科学理论的学者加入这伟大而宏伟的工程中，为中华文明的复兴做出贡献。

第四章 人道修养

关于人道修养,《周易·说卦》指出:"昔者圣人之作《易》也,幽赞于神明而生蓍,参天两地而倚数,观变于阴阳而立卦。发挥于刚柔而生爻,和顺于道德而理于义,穷理尽性以至于命。"这里所说的"和顺于道德而理于义,穷理尽性以至于命",就是"将以顺性命之理"来成就易道所立仁义合一心性的修养途径。于是《周易·说卦》明确指出:"立人之道曰仁与义。"自然就成为《易传》人道修养的目标。

第一节 易道洗心宗旨

首先我们对人道心性修治宗旨来进行诠释。归纳起来,易道圣学所反映出来的人道心性修治宗旨,强调在时中思想指引下的易道洗心原则。具体心性修治论述包括洗心藏密归指、精义入神措施和穷神知化境界等三个方面,下面我们就易道圣学中的相关论述,分别加以做稍微详细的展开说明。

一、洗心藏密指归

关于《周易》中的时中思想,直接受到"中庸之道"思想影响。一个明证就是艮卦《象传》所言"君子以思不出其位",本于《论语·宪问》中曾子所言"君子思不出其位"(何晏,1999:196),也与《礼记·中庸》"君子素其位而行,不愿乎其外"(郑玄,1999:1431)的思想一致。

不同的是,《周易》强调"恪守中道,进德修业"是一种积极性的"中庸之道",并从适时性动态变化的天道角度加以引申发挥。因此,比较注重中庸之道和与时偕进的结合,形成"时中"的心性修治思想。

"时中"的提法最早见于《礼记·中庸》,其转述孔子的论述说:"君子中庸,小人反中庸。君子之中庸也,君子而时中。小人之(反)中庸也,小人而无忌惮也。"(郑玄,1999:1424)在《周易》中,特别是《彖传》尤其强调中位为贵和因时而动,显然是传承了孔子以来的一贯思想,并加以拓展了。

从《彖传》与《象传》对六十四卦的全部解释中不难看出,都是充分贯彻了"时中"原则。或者说都是既强调"中道"思想,又强调"因时"原则。所谓"时中",讲的就是"随时变易以从道",是随时而中。因此,易道圣学的中庸之道,从本质上就是时中之道。

一方面,就中道思想而言,在每个卦象的阐释中特别突出中位的重要意义。以重卦为言,贵二与五中间爻位,而轻初与上两端爻位;以经卦为言,则又贵其中爻。所以《周易·系辞》强调指出:"二与四同功而异位,其善不同,二多誉,四多惧,近也。柔之为道,不利远者,其要无咎,其用柔中也。三与五同功,而异位,三多凶,五多功,贵贱之等也。其柔危,其刚胜邪?"比如对坤卦"六五"中位的《象传》解释是"'黄裳元吉',文在中也。"坤卦《文言》对此进一步引申为:"君子黄中通理,正位居体,美在其中,而畅于四支。发于事业,美之至也。"强调的就是贵中思想。

另一方面,《周易》中的"时中"是将"时"与"中"联系起来看待,强调因时动态的中道观。比如蒙卦《彖传》说:"'蒙,亨',以亨行,时中也。"大有《彖传》说:"其德刚健而文明,应乎天而时行,是以'元亨'。"升卦《彖传》说:"柔以时升,巽而顺,刚中而应,是以大亨。"以及艮卦《彖传》说:"时止而止,时行则行,动静不失其时,其道光明。"所强调的都是"因时而动"的思想。

除了贯彻"时中"的这一心性修治原则外,更重要的是,《周易》人道修养都是围绕"成性存存,道义之门"这一宗旨来展开论述的。我们知道,从《文言》、《彖传》、《象传》对六十四卦的解释看,其主要是根据天道变化规律来指导人事及其道德修养的垂教。因此《周易》特别要求人们据此来提高自己的道德精神的修养水平,以达到"成性存存"的目标。

那么所存之性是何性呢？自然是要遵循易道法则来显现天赋之心性。《周易·系辞》指出："一阴一阳之谓道,继之者善也,成之者性也。"也就是说,天道所赋人性便是这本善之性,这是人道之本。这样一来,易道就是放之四海而皆准的根本之道,具有跨越天地人的普适法则。毫无疑问,按照这样的立场,天地万物无不是遵循"一阴一阳之谓道"的这种易道根本法则而"孕育化生"而来。

这里所谓"成之者性也"或简单说"成性",不但是指宇宙精神本性,也是宇宙精神投射人心的本善之性,是天人合一之性。此性是一体两面的仁与智叠加,所以《周易·系辞》接着说："仁者见之谓之仁,知者见之谓之知",阴仁阳智合一之性,人人该备,先天而成,是为人心本善之性,只是"百姓日用而不知",所以"君子之道鲜矣"。

于是要唤起百姓这种本善之性,就需要于遵循易道来洗心,要藏易道于内心。在《周易·系辞》中指出："圣人以此洗心,退藏于密,吉凶与民同患。神以知来,知以藏往。其孰能与此哉！古之聪明睿知神武而不杀者夫！是以明于天之道,而察于民之故,是兴神物以前民用。圣人以此斋戒(韩康伯注云:洗心为斋,防患为戒),以神明其德夫。"这便是易道洗心的宗旨,即"洗心藏密"。

比如在《新泉问辩录》中门人周冲向湛若水问如何学易,如何是功夫要约处？湛若水回答说："体认天理,终日乾乾,便是学易。一部《易》只说圣人以此洗心,退藏于密、圣人以此斋戒,以神明其德夫,更有何事？"(湛若水,2014:368)无独有偶,明儒聂豹对此也指出："要圣人体《易》之功,则归重于'洗心藏密'之一语。洗心藏密所以神明其德也,而后神明之用,随感而应,明天道、察民故、兴神物以前民用,皆原于此。"(黄宗羲,1986:267)可见"洗心藏密"确实是易道心性修治的归指所在。

唐代李鼎祚在《周易集解》中对"洗心藏密"注解时说道："神以知来,智以藏往。将有为也,问之以言。其受命也,应之以响。无有远迩,遂知来物。故能穷理尽性,利用安身。圣人以此洗心,退藏于密。自然虚室生白,吉祥至止。坐忘遗照,精义入神。口僻焉不能言,心困焉不能知。微妙玄通,深不可识。《易》有圣人之道四焉,斯之谓矣。"(李道平,1994:4-5)此即便是洗心藏密关涉秘密认知的详尽论述,即所谓"口僻焉不能言,心困焉不能知。微妙玄通,深不可识"。总之,是非智力可达。

既然洗心藏密就是宗旨,又何为"神明其德"呢?其实这"神明其德"不是别的,就是心性本体,乃所复本善之性。所以明儒王畿在《致知议辨》中发挥道:"洗心退藏于密,只是良知洁洁净净,无一尘之累,不论有事无事,常是湛然的,常是肃然的,是谓斋戒以神明其德。神知,即是神明,非洗心藏密之后,方有神知之用也。"(黄宗羲,1986:268)这里的"神明"就是心性精微之明,与《礼记·经解》所说《易》教的"洁静精微"要义是一样的。

易道的所谓"洗心"就是纯其心。就像人们购置了一件崭新的衣服,穿在身上日子久了,难免就会引蔽习染,沾上许多污垢,于是就需要浆洗,恢复其本来面貌。人心也如此,原来心性本善,如果不加护持,同样也会引蔽习染,沾上许多不良习气、妄念和贪欲,于是也要浆洗一番,使其纯净,恢复本善神明之性。

明儒孙慎行作《慎独义》有《如神》篇说:"洗心者,戒慎恐惧也。心本纯一,愈戒惧则愈无庇者也。退藏者,所不睹不闻也。心本内敛,愈戒慎则愈不放者也。心犹近前,洗之而退以藏则后,故云密。"(黄宗羲,1986:1446)也就是说通过《中庸》所说的"戒慎恐惧"来维护原本纯明的心性,这便是"洗心"。而所谓"退藏",就是回归"不睹不闻"的秘密认知之本。

二、精义入神措施

洗心就是要将所有习气、妄念和贪欲等所谓思虑统统洗涤干净。那么问题是洗心的具体措施又是什么呢?对此《周易·系辞》特别指出:"《易》曰:'憧憧往来,朋从尔思。'子曰:'天下何思何虑?天下同归而殊途,一致而百虑,天下何思何虑?'"按照这样的论述,洗心就是要将"憧憧往来"之思虑,通过"朋从尔思"的途径来达到"百虑一致"的"殊途同归"之无思无虑。

注意,"朋从尔思"的"思"是指理性反思能力。周敦颐在《周子通书·思》中指出:"《洪范》曰:'思作睿,睿作圣。'无思,本也;思通,用也。几动于此,诚动于彼,无思而无不通,为圣人。不思,则不能通微;不睿,则不能无不通。是则无不通生于通微,通微生于思。故思者,圣功之本,而去凶之几也。"(周敦颐,2000:35)因此要想无思无虑,关键在于"思"(理性反思能力)之"睿"(获得悟识智慧)。

从当代脑科学的角度看,就是要学会用批判性理性思维去反思一切文化思想观念,除去自己头脑中的不良观念(所谓解蔽),把符合人生健康福祉的观念维护起来。如果缺少了理性反思能力,行为决定必然更多地倾向于基因和模因复制子的利益实现。反之,则更多地倾向于个体的利益实现(幸福健康长寿地生活)。

更加完整地可以这么说,只有在理性反思的基础上,进一步通过秘密认知途径,才能消除种种基因和模因干扰而达成无思无虑之境,才能从根本上摆脱基因与模因的控制和束缚。唯有这样,才能体验到一个自然心流过程,这才是真正美好的生活状态。因为生活的困惑多半是受到基因与模因的摆布,特别是那个私意"自我"复合体造成的模因:"人类要走向成熟,自我就必须死亡,然后诞生——深层的自我——尽管这很痛苦,也很艰难,并且危险满布。"(罗,1998:22)消除"自我"模因才能去除烦恼而任运自在。

此时就需要秘密认知的悟识能力来破除内心枷锁,才能获得自我觉醒而达成自在之境。因为所有"憧憧往来"的思虑都是使个体丧失控制权的观念在作祟。因此,个体必须自信自立,具有反观意识的悟识能力,连"自我"模因也加以消解,才能彻底摆脱各种不良观念的操纵。因为摆脱基因控制的人,靠的是觉知意识能力,但这还不够,还要摆脱模因束缚,就需要反观意识的悟识能力,才能任运自在。

实际上,只有通过理性反思并进一步拥有悟识能力,才能达成"思作睿"而拥有"精义"之心。唯有达此境界,人们才会成为自己的主人,从而识取自己仁爱本性,这就是易书所说的"精义入神"的途径。注意,易书中的"精义"相当于量子纠缠之微,而"入神"相当于"感而遂通"唤起本善之性。如此便可以透彻地理解《周易·系辞》所言的:"精义入神,以致用也(韩康伯注云:精义,物理之微者也。神寂然不动,感而遂通,故能乘天下之微,会而通其用也)。利用安身,以崇德也。过此以往,未之或知也。穷神知化,德之盛也。"就是通过致用的"精义入神",最终可以达成盛德的"穷神知化"境界。这就是为什么说"精义入神"是易道洗心途径的原因所在。

明儒徐问在《读书札记》中说:"《易》所谓'精义入神',观其会通是也。"(黄宗羲,1986:1243)明儒周汝登有《证学录》则说:"洒扫应对进退末也,精义入神亦末也,能知'洒扫应对进退精义入神'者,本也。"(黄宗羲,1986:858)就是说要将"精义"之心,会通生活践行之中,这便是"精义入神,以致用也"。所以宋儒杨时在《龟山文集》中说:"夫精义入神,乃所以致用;利用安身,乃所以崇德。此合内外之道也。"(黄宗羲、全祖望,1986:953)可见"精义入神"是成己之仁,为了"以致用也";"利用安身"是成物之智,指向"所以崇德"。两者互为阴阳一体,故说"合内外之道"。

有了"精义入神"致用之手段,就可以清除所有累情之思虑。明儒李经纶在《正心原》中说:"圣人之心,所不累者身之情,所欲察者天之理,无思无为者洗心以神德,思睿作圣者精义以穷神。累情之心,为意必,意必则私,私则动;精义之心,为性命。性命则公,公则平,何动之有哉?"(黄宗羲,1986:1259)这里的"意必"就是孔子所指出的"毋意、毋必、毋固、毋我"中的"意必"等妄念。想要"思睿作圣者",就是要将"累情之心"纯化为"精义之心",方法就是"精义以穷神",即所谓"精义入神"。

如此才能够回到周敦颐"纯其心"之上。周敦颐认为心性修治不过就是:"纯其心而已矣。仁义礼智四者,动静言貌视听无违,之谓纯。"(周敦颐,2000:36)无违道,无违仁,是谓纯,从而使人人可成为圣贤。易道洗心的宗旨便是如此,就是要"是以明于天之道,而察于民之故,是兴神物以前民用",从而达成"以神明其德"的目的。因此,援天道而内藏于心而修养道德,就是易道洗心的根本原则。

这就是为什么罗洪先在《答唐一庵》书信中曾这么说:"《易》言洗心,非为有染着;《易》言藏密,非为有渗漏。除却洗心、藏密,更无功夫。十分发挥,乃是十分紧固,方是尧、舜兢业过一生处。"(黄宗羲,1986:406)洗心是为了除去"染着",藏密是为了防止"渗漏",所以尧舜之圣境达成,不过就是洗心藏密功夫。

如果从洗心藏密的得失而言,就是减损去除"累情",增益维持"精义",以顺乎天地所赋予之本善之性(入神)。所以易道洗心体现的也就是损益之道,损卦《象传》说:"君子以惩忿窒欲。"益卦《象传》说:"君子以见善则迁,有过则改。"易道洗心一方面是要"惩忿窒欲",此为减损去除其累情之习气;另一方面则要"迁善改过",以增益维持其精义之心力。周敦颐在《通书·乾损益动》中说:"君子乾乾不息于诚,然必惩忿窒欲、迁善改过而后至。乾之用,其善是,损益之大莫是过,圣人之旨深哉!吉凶悔吝生乎动。噫,吉一而已,动可不慎乎!"(周敦颐,2000:40)注意周敦颐这里的"诚"就是易道所成之"性",至善心性。

精义入神途径到了程颢那里就变成了持敬涵养(维持精义之心)和默识本性(达成入神之性)相得益彰之法。程颢倡导"学者须先识仁(达成入神)",具体途径就是"以诚敬存之而已,不须防检,不须穷索(维持精义)"(黄宗羲、全祖望,1986:540)。对此,程颢平时语录指出:"学者识得仁体,实有诸己,只要义理栽培。如求经义,皆是栽培之意。"(黄宗羲、全祖望,1986:561)而所谓义理栽培,主要在于"持敬涵养":"学者须敬守此心,不可急迫,当栽培深厚,涵泳于其间,然后可以自得。但急迫求之,终是私己,终不足以达道。"所谓"学在知其所有,又在养其所有。若不能存养,只是说话"(黄宗羲、全祖望,1986:557)。

持敬涵养的具体日用功夫就是洒扫应对,程颢强调持敬就是孔子所说的"居处恭,执事敬,与人忠"。他认为:"此是彻上彻下语,圣人元无二语。"(黄宗羲、全祖望,1986:562)对此,程颢一再强调持敬的重要,如"敬胜百邪"(黄宗羲、全祖望,1986:556)、"毋不敬,可以对越上帝""天地设位,而易行乎其中',只是敬也。敬则无间断"(黄宗羲、全祖望,1986:557)。当然,持敬也要恪守中道,即"理则极高明,行之只是中庸也"(黄宗羲、全祖望,1986:562),所谓"执事须是敬,又不可矜持太过"(黄宗羲、全祖望,1986:557)。实际上,从脑科学原理看,持敬就是培养觉知能力,从而有助于唤起悟识意识,然而可以达成精义入神的境界。

对于易道洗心的默识本性,程颢认为无非就是收其放心:"圣贤千言万语,只是欲人将已放之心,约之使反,复入身来,自能寻向上去,下学而上达也。"(黄宗羲、全祖望,1986:556)心中无事,自然"反身而诚",因为程颢在《识仁篇》中说:"良知良能,元不丧失。"(黄宗羲、全祖望,1986:541)所以他进一步指出:"良知良能,皆无所由,乃出于天,不系于人。"(黄宗羲、全祖望,1986:559)并认为:"'万物皆备于我',不独人耳,物皆然。都自这里出去,只是物不能推,人则能推之。虽能推之,几时添得一分?不能推之,几时减得一分? 百理具在,平铺放着。"(黄宗羲、全祖望,1986：562)所以所谓"识仁",就是要默识自己仁性而入神。

程颢的识仁之法最能体现在其《定性书》的论述之中。针对张载所提疑问："定性未能不动,犹累于外物,何如?"(黄宗羲、全祖望,1986：546)程颢写了《定性书》给予答复。《定性书》说："所谓定者,动亦定,静亦定,无将迎,无内外。……故君子之学,莫若廓然而大公,物来而顺应。……(内外)两忘,则澄然无事矣。无事则定,定则明,明则尚何应物之为累哉!"(黄宗羲、全祖望,1986：546-547)定性无论动静,不过物来顺应而达成廓然大公之境界而已,这才是识仁的本意。

所以默识本心之仁性,便是知止执中。对此明儒李材有透彻的分析,他在《答李汝潜》书信中说："知止执中,盖是一脉相传,故程伯子以为'与其是内而非外,不若内外之两忘'。内外两忘,不专形容未感时气象,无我无人,廓然而大公,物来而顺应,心溥万物而无心矣,常止矣。仁敬孝慈信,随感流行,自然发皆中节,真所谓不识不知,顺帝之则也。"(黄宗羲,1986：670-671)知止执中不是要一味止于静定,而是通过时中动定更好地唤起本性,用易书的话说,就是"精义入神,以致用也"。

三、穷神知化境界

前面我们已经提及,通过致用"精义入神"可以成就"穷神知化"的盛德。那么何为"穷神知化"呢? 程颢指出："'穷神知化',化之妙者,神也。(刘蕺山曰：神更不说体。精义入神,以致用也。神无方,化之妙处即是,故以用言。)"(黄宗羲、全祖望,1986：549)《张子正蒙·神化篇》则说："大,可为也;大而化,不可为也,在熟而已。《易》谓'穷神知化',乃德盛仁熟之致,非智力能强也。大而化之,能不勉而大也。不已而天,则不测而神矣。"(张载,2000：118)是的,神会天道,非智力可达,需要"退藏于密"的秘密认知,方能达成"穷神知化"的盛德境界!

非智力可达的"穷神知化"境界唯有"默而成之"。《周易·系辞》说："圣人有以见天下之动,而观其会通,以行其典礼,系辞焉以断其吉凶,是故谓之爻。极天下之赜者存乎卦,鼓天下之动者存乎辞。化而裁之存乎变,推而行之存乎通,神而明之存乎其人。默而成之,不言而信,存乎德行。"因此,想要"不言而信,存乎德行",关键在于"默而成之"。

何为"默而成之"呢?"默而成之"也是孔子在《论语·述而篇》所说的"默而识之",只不过"成之"意在目标,而"识之"意在途径。明儒陈致和所著《崇闻录》说:"默识,正识认之识。"(黄宗羲,1986:692)这里所谓"正"者,勿忘勿助,所以说,默识即是秘密认知,也即有"退藏于密"之意。

因为对于心性之神,因其"阴阳不测"之故,不可智用分析而只可默识。明儒潘士藻有《闇然堂日录》说:"默识二字,终身味之不尽。才涉拟议,非默识;才管形迹,非默识;才一放过,非默识;才动声色,非默识;才以意气承当,非默识。终日如愚,参前倚衡,如见如承,亦临亦保,此默识景象也。"(黄宗羲,1986:837)唯有心领神会,秘密认知,方是默识的景象。

宋儒胡宏在《与孙正孺》书信中则说:"见处要有领会,不可泛滥;要极分明,不可模糊。直到穷神知化处,然后为是。"(黄宗羲、全祖望,1986:1382)明儒王襞在《东崖语录》中说得更加分明:"人人本有,不假外求,故曰'易简'。非言语之能述,非思虑之能及,故曰'默识'。本自见成,何须担荷?本无远不至,何须充拓?会此,言下便了了。"(黄宗羲,1986:723)这里的"领会"也好,"非言语之能述,非思虑之能及"也罢,实际上指的都是秘密认知能力,非公共认知所能把握(周昌乐,2016:176-184)。

易道赋予人者为心性,洗心然后退藏于密,就要通过秘密认知的"默识"来成就心性的显现。宋儒范浚在《存心斋记》中说:"学者,觉也。觉由于心……至若藏心于渊,则必有事焉而勿正。能于勿忘勿助之间,默识乎所谓至静者,此存心之奥也。"(黄宗羲、全祖望,1986:1443)在《讷斋记》中又说:"古之学者,用心于内,深造自得,默识神解,何暇事无益之言哉!"(黄宗羲、全祖望,1986:1443)

知性知天,需要自己"默而识之"。程颢指出:"性与天道,非自得之则不知,故曰'不可得而闻'。大抵学不言而自得者,乃自得也;有安排布置者,皆非自得也。"(黄宗羲、全祖望,1986:560)一句话就是:"元来只此是道,要在人默而识之也。"(黄宗羲、全祖望,1986:549)于是程颢首先给出了《识仁篇》,作为内圣修持的纲要。

陈白沙也认为诚心的所在就是"安土敦仁",其方法则唯有"默而观之"。陈白沙在《安土敦乎仁论》中说:"寓于此,乐于此,身于此,聚精会神于此,而不容或忽,是之谓君子'安土敦乎仁'也。……是则君子之安于其所,岂直泰然而无所事哉?盖将兢兢业业,惟恐一息之或间,一念之或差,而不敢以自暇矣。"(陈献章,1987:56-57)因而其有微妙之几,故唯有"默而观之",反身而诚,方能成之。

那么如何"默而观之"呢?湛若水认为唯有"虚灵默识"方能"廓然感通"。在《雍语》中,湛若水有《雅言》之说:"胸中无事,斯天理见矣。"(湛若水,2014:124)在《示诸学者》诗中又说:"心无一物,天理见前。何为天理,本体自然。廓乎浑兮,四时行焉。勿忘勿助,圣则同天。"(湛若水,2014:1556)这便是所谓默而成之的境界。

因此,默而成之的境界就是"默识天性"(天命之谓性,所以天性就是本善之性),也是易道洗心所要达成的最高境界,即《礼记·中庸》所说的"成己,仁也;成物,知也。性之德也,合外内之道也,故时措之宜也。"(郑玄,1999:1450)明儒黄佐在《与徐养斋》书信中说:"生愚以为此乃默识天性,而操存涵养之学,以此训人,以此修道立教,无非中庸之为德,合内外之道,即《易》所谓'默而成之,不言而信,存乎德行'。"(黄宗羲,1986:1201)可以说就是对"默识天性"合内外之道的说明。

用现代意识科学的原理来说,"天性"就是宇宙精神(或称为宇宙意识或称纯粹意识),"默识天性"就是达成纯粹意识的显现。美国心理学家梅多将其看作是超越个人的意识王国,并指出:"超越个人的意识王国正好位于被比喻为冰山的基脚之下。现在,意识就是海洋,个人意识(冰山)停留在这个海洋里,不过仍旧能回归到它自己的冰山去。作为一种分裂的实体,自我意识是容易丧失的,时间、空间以及因果关系都毫无意义。感受到自己是巨大'能力'的一部分或与之有联系,这是常事。神秘主义可以说就从这里开始。"(梅多,1990:230-231)

在个人意识冰山之中,海平面之上是显意识,海平面本身是前意识,海平面之下是潜意识,可以爆发超觉醒。当我们的觉知意识下潜深入到潜意识之中(这个过程称为下觉醒,即所谓"精义入神"),就会促使超觉醒爆发,从而超越个人的意识王国,达成超越宇宙意识的层次(穷神知化)。"在超越宇宙意识的层次上,我们的冰山再也不存在了,一切都成了海洋,自我意识也消失了。"(梅多,1990:231)所谓进入到无内外(消除了空间意识)、无将迎(消除了时间意识)、无物我(消除了自我意识)。

最后就是终极状态,连"海洋性"也消失了,达到的状态就是空无:"空无是意识的最后阶梯,是体验本身的丧失,并非所有的神秘主义者都承认这种状态。一个人要么从神秘着迷,要么从没有萌芽的'定'达到这种状态。在中国思想界,道就是大千世界所赖以存在的最早的空虚。"(梅多,1990:232)如此就达成了默识会通的境界。

当然,默而成之非一朝一夕之事,需要长期积累方能有忽然会通之时。明儒王时槐在《答周守甫》书信中说:"学者终日乾乾,只是默识此心之生理而已。时时默识,内不落空,外不逐物,一了百了,无有零碎本领之分也。"(黄宗羲,1986:474)当然不是向外求索而是向内会通方是正道。明儒耿定向《天台论学语》说:"吾人合下反身默识,心又何心?惟此视听言动所以然处,便是此心发窍处也。此心发窍处,便是天地之心之发窍处也。"(黄宗羲,1986:821)就在日常生活中反身默识自己的一切"视听言动",久之自然就会有"此心发窍"时,从而默识天性。

因此,所谓反身默识,就是从当下体认天理。明儒耿定向在《楚倥论学语》中说:"默识,识天地之化育也。夫囿于造化之中,而不自识者,凡夫也。识之,而出入造化者,圣人也。"(黄宗羲,1986:828)只有将天地造化之理了然于心,融会贯通,澄之又澄,隐密于无形,自然就是默识会通之时,从而真正达成"穷神知化"的境界。

明儒高攀龙语录指出:"默坐澄心,体认天理,谓默坐之时。此心澄然无事,乃所谓天理也。要于此时默识此体云尔,非默坐澄心,又别有天理当体认也。"(黄宗羲,1986:1405)又说:"当下即是此默识要法也。然安知其当下果何如?朱子曰:提醒处,即是天理,更别无天理。此方是真当下。"(黄宗羲,1986:1408)更加全面地说,从艮背行庭之"默坐澄心"到默识会通之"体认天理",将两者汇通起来,此便是"洗心藏密"之宗旨。

于是就可以达到《周易·系辞》所说的:"显道,神德行(韩康伯注云:由神以成其用),是故可与酬酢,可与佑神矣。"体认天理,顺乎天道而行人事,这样才能够如大有上九爻辞所言"自天佑之,吉无不利"。对此,《周易·系辞》阐释说:"《易》曰:'自天佑之,吉无不利。'子曰:'佑者,助也。天之所助者,顺也;人之所助者,信也。履信思乎顺,又以尚贤也。是以自天佑之,吉无不利也。'"不是要祷告上苍、听天由命,而是默识天理、顺天而为,然后天自当佑之,这样才能真正实现"吉无不利"。

如此才能够如明儒万廷言在《万思默约语》中所言:"《大易》艮背之旨,洗心之密,皆先此为务,润身润家、国、天下,一自此流出。不然,即见高论彻,终属意气,是热闹欲机,人己间恐增薪樵耳。"(黄宗羲,1986:509)易道洗心就是要纯其心,然后润身、润家、润国、润天下,一一自此"纯心"中流出。不但可以独善己身,而且可以修身以达而兼济天下。

总之,易道洗心之要就是损益纯心、艮背澄心、退藏于密,然后借助于"精义入神,以致用也。利用安身,以崇德也",最后再通过"精义入神"唤起本善心性的最高境界,就是达成内仁外智相合一体(默识会通),便可以成就"穷神知化"的盛德境界。正如明儒何迁《论学语》所言:"退藏于密,神智出焉,惟洗心得之,乃见天则。天则无本末,然其主不藏,则其几不生,退藏其至乎？洗心要矣。"(黄宗羲,1986:927)何迁这段对易道洗心之要做出的归纳,可谓言简意赅。

第二节 乾坤简易方法

如果说易道洗心法则是不易之道,那么乾坤简易之法,便构成了具体修持途径。我们已经知道,《周易·说卦》强调"立人之道曰仁与义",就像立天之道强调阴与阳相辅相成一样,立人之道(人性修养)关键在于仁与智(义)的相辅相成,即一体两面的仁智合一之道。这就是易道圣学给出的仁智双运治心途径。《易纬·乾凿度》说:"乾坤相并俱生。"(林忠军,2002:82)又说:"天动而施曰仁,地动而理曰义。"(林忠军,2002:86)故"乾刚常动,坤柔常静"(李道平,1994:542)。本节我们就来阐释乾动坤静的仁智双运治心修持途径。

一、仁智双运法则

需要注意,在古文中"义"者"宜"也,所谓运智之宜是为义,乃藏用之智。而仁与智互为其根,合而为一是为易道所成之性。只是因为"百姓日用而不知",加以分别对待、支离破碎,才会"仁者见之谓之仁,知者见之谓之知"。因而只有保持寂然不动之纠缠态,"显诸仁,藏诸用",无过无不及,方为成圣之道。所以《周易·说卦》强调如此才能"将以顺性命之理"。

于是要"顺性命之理"回归至善之心性,就需要显仁藏用,才能成就盛德大业。所以《周易·系辞》说:"显诸仁,藏诸用,鼓万物而不与圣人同忧,盛德大业至矣哉!富有之谓大业,日新之谓盛德。"这里,所谓盛德,就是自强不息之德。所谓大业,就是厚德载物之业,就是要回归到"效天法地"的易道宗旨之上。正如《周易·系辞》所言:"子曰:'易,其至矣乎?夫易,圣人所以崇德而广业也。'知崇礼卑,崇效天,卑法地。"

既然如此,自然易道也必然成为人生修养之圭臬。《周易·系辞》指出:"天地设位,而易行乎其中矣。成性存存,道义之门。"所谓"成性存存",乃为至善心性成就之存,便是"道义之门"。具体的途径就是运用《易传》所揭示的易道来洗心,所谓"显诸仁,藏诸用",乃人道仁智修身之法。用康有为在《大同书》中的话讲就是:"故仁智同藏而智为先(所谓藏诸用),仁智同用而仁为贵矣(所以显诸仁)。"(康有为,2009:3)

"显诸仁"是"以此洗心"的目的,便要"行"(践行君子学道以爱人),重在体验;"藏诸用"则是要"退藏于密",先须"知"(获得秘密认知能力),重在默识。须知,阳爻喻知(智),阴爻喻仁,刚柔相摩,一动一静,八卦相荡,是易道洗心途径。注意,刚者,知(智)也;柔者,仁也。故"刚柔相摩"是指(体)仁(用)智双修之旨。

在《周易》中,易道一体两面的一阴一阳,主要是通过乾坤相辅相成的两卦体现出来。《周易·系辞》对此有明确说明:"乾坤,其易之蕴邪!乾坤成列,而易立乎其中矣。乾坤毁,则无以见易。易不可见,则乾坤或几乎息矣。"对于人道修养而言,在《周易》中,乾藏智用,坤显仁能,于是就可以通过乾坤两卦的象征论述来说明易道洗心的简易之法。

其实,关于这样的结论在《周易·系辞》就有断言。比如"乾以易知,坤以简能"。这里的"知"就是"智用"(智为显现之用),这里的"能"便是"仁能"(仁为潜在之能),两者合一便是变通简易之门户。李道平在《周易集解纂疏》中指出:"乾为大明,阳息则能明照万物。'天下文明',《乾·文言》谓乾以息阳而知大始,故曰'易知'。阅有容义,坤虚能容,《说卦》曰'坤以藏之',故'藏物'。坤以牝阳而化成物,故曰'简能'。"(李道平,

1994:545)

接着"易则易知,简则易从",此言其"简易"之法则。易知者,可理解者;易从者,符合自然规律者。然后"易知则有亲,易从则有功"。顺万物之情,故说"有亲"。通天下之志,故说"有功"。于此就是:"有亲则可久,有功则可大。可久则贤人之德,可大则贤人之业。"简易之德,则能成可久可大之功业。结果便是"易简而天下之理得矣","易简"就是"易"所刻画的规律,是符合自然的简洁论述。

如果从当代意识科学的角度看,乾智为阳,对应于觉知意识,表现为觉知力的作用。坤仁为阴,对应于感受意识,表现为感受性的呈现;两者一体两面原本就是相辅相成,和合互根而不可分离,合而为心性本体,即太极也。常人只是因为概念分别支离,才会"仁者见之谓之仁,智者见之谓之智"。所以只要两厢和合,乾智(觉知力)的作用必然呈现坤仁(感受性)。反之坤仁的呈现,也一定伴随着乾智的作用。所以《易传》云:"一阴一阳之谓道,继之者善,成之者性也。"这便是乾坤简易之道。所以《周易·系辞》说:"夫乾,确然示人易矣。夫坤,隤然示人简矣。"乾刚坤柔成为万物生成简易之道。

当然,乾坤这样的作用和潜能,"百姓"日用而不知。因为对于承载意识功能的人脑而言,并不能自觉拥有显明的仁智表现。如果将人脑分为情欲为主导的内脑和理智为主导的外脑两个部分,那么比较理想的人脑活动状况应该是两者互根、互惠、互助而维持脑平衡。情欲脑与理智脑相互关系,就像一阴一阳之谓道一样,也是一体两面的体现,只有相互和谐平衡,才能带来健康智慧的整个心脑表现。

如果要用卦象来象征,那么内脑属阴,对应卦象,相当于坎卦。外脑属阳,对应卦象,相当于离卦。不过,坎象外阴内阳,尽管以情欲表现为主,但其中也有觉知作用(中间阳爻作为象征);离象外阳内阴,主要以理智功能为主,但其中也有感受伴随(中间阴爻作为象征)。如果通过两者往来变通作用,就可以将坎离重塑,将坎中之阳与离中之阴互换,就可以回复到乾坤和合状态。这便是易道所强调的乾坤阖辟作用机制。《周易·系辞》说:"是故阖户谓之坤,辟户谓之乾,一阖一辟谓之变,往来不穷谓之通。"

当然,对于百姓而言,这样阖辟往来的变通并不容易。主要原因是对于日常生活而言,情欲脑活跃泛滥,往往直接由基因支配,属于快速自发式反应;理智脑的慢速理智反思可以抑制情欲脑活动的反应,但又受制于模因的束缚,需要悟识能力(即默识会通)来加以过滤模因。所以为了达成乾坤和合状态的呈现,不但需要提高觉知能力(增强前额叶的活性),而且需要通过默识会通来实现(强化理智脑与情欲脑双向沟通)。

脑科学研究发现,默识会通(灵感或顿悟)发生在前扣带回,恰好是情欲脑与理智脑的交汇处。其中前扣带回(ACC)和左腹侧额叶参与顿悟中模因定势的打破,原始脑中的海马参与顿悟中的新异而有效联想的形成,而包括双侧的后部颞中回、枕中回、楔前叶以及左侧海马旁回在内的脑区则参与默识会通的重新调整和定向。

通常认为在人脑中,理智脑是乾智发挥作用的处所,而情欲脑是坤仁显现生发的处所。乾智处于支配地位(万物资始),坤仁属于从属地位(乃顺承天),如果没有乾智的抑制作用(各正性命),坤仁就被欲望蒙蔽,无法含弘光大。当然,乾智要发挥觉知作用(保合大和),而不是俗虑之妄念,就需要去除模因的束缚,才能够保持良好的心理品质(大明终始)。

从上面非常简要的心脑科学分析中不难看出,一方面要提高觉知能力,另一方面更重要的是要通过默识会通这种勿忘勿助的无为之法来达成终极乾坤和合之境。这便是易道洗心的简易之法,所谓"乾坤成列,而易立乎其中矣"。

总之,从当代心脑科学的角度看,易道洗心之心,涉及理智脑(觉知意识为核心功能显现的新皮层)与情欲脑(感受意识为核心功能显现的旧皮层)动态相辅相成发挥作用的平衡会通问题。乾智对应觉知意识的作用发挥,坤仁对应感受意识的显明表现;乾坤阴阳和合关系的默识会通,对应情欲脑与理智脑动态相互作用的无碍沟通,达到动态超稳定状态。如此便可以通过"物来顺应"地应对内外合一的盛德境界(廓然大公)。

二、动静互涵策略

根据易道洗心宗旨,上述的乾智与坤仁双运之法,自然也是动静互涵之法。邵伯温(邵雍之子)语录说:"一动一静者,天地之妙用也;一动一静之间者,天地人之妙用也。……天地之心,盖于动静之间有以见之。……夫所谓密(指退藏于密),所谓斋戒者(指圣人以此斋戒),其在动静之间乎!此天地之至妙者也。圣人作《易》,盖本乎此。"(黄宗羲、全祖望,1986:474)

其实早在孔子那里,就强调仁智动静互涵。孔子说:"知者动,仁者静。"(何晏,1999:79)如果再结合"智为乾,仁为坤",那么对应到易道洗心之上,就是《周易·系辞》所说:"夫乾,其静也专,其动也直,是以大生焉。夫坤,其静也翕(敛),其动也辟,是以广生焉。广大配天地,变通配四时,阴阳之义配日月,易简之善配至德。"专一刚正之乾与收敛柔顺之坤,正是动静相须复性之道。

明儒唐顺之在《明道语略序》中说:"《乾》、《坤》之心不可见,而见之于《复》,学默识其动而存之可矣。是以圣人于《乾》则曰其动也直,于《坤》则曰敬以直内。《乾》、《坤》一于直也,动本直也,内本直也,非直之而后直也。盖其酝酿流行,无断无续,乃吾心天机自然之妙,而非人力之可为。其所谓默识而存之者,则亦顺其天机自然之妙,而不容纤毫人力参乎其间也。学者往往欲以自私用智求之,故有欲息思虑以求此心之静者矣,而不知思虑即心也;有欲绝去外物之诱,而专求诸内者矣,而不知离物无心也;有患此心之无着,而每存一中字以着之者矣,不知心本无着,中本无体也。若此者,彼亦自以为求之于心者详矣,而不知其弊乃至于别以一心操此一心,心心相摔,是以欲求乎静而愈见其纷扰也。"(黄宗羲,1986:603-604)

所谓乾智,"其静也专",指的是静虑专注一境的觉知力;"其动也直",指的行动直遂而不挠的认知力(自强不息)。所谓坤仁,"其静也翕",指的是静虑展现收敛深藏的感受性;"其动也辟",指的行动展现广博厚载的亲和力(厚德载物)。

所谓"广大配天地",是指乾坤和合之易的生生不息;所谓"变通配四时",就是要以"动静不失其时"为变通原则;所谓"阴阳之义配日月",就是指离中之阴与坎中之阳以象日月交互。最后所谓"易简之善配至德",强调的就是如此乾坤易简之善便可达成"至德"之境。因此,乾坤简易之法,自然也是符合动静互涵的根本要旨,其原则就是"静专动直"与"静敛动辟"相辅相成,可以达成默识会通仁智合一的境界。

易道的这种动静互涵的治心思想,后来以周程(周敦颐和程颢)经李侗到陈湛(陈献章和湛若水)的传承发展最为纯正。易道圣学心法以"穷理尽性以至于命"为宗旨,主张天人合一,并强调阴阳动静互含之法。到了周程这里,便得到进一步发展,形成了以性理合一为主导的动静互涵心法体系。后又经李延平延续到了陈湛,终于发展出"随处体认天理"归结处而臻完备。

首先周敦颐在《太极图说》中做了概括性的论述,他指出:"圣人定之以中正仁义,而主静(自注云:无欲故静。)立人极焉。"(周敦颐,2000:48)周敦颐强调内圣之道所谓立人极者,不过就是"中正仁义而主静"。对此,明儒邹守益在《东廓语录》中评说道:"知太极本无极,则识天道之妙;知仁义中正而主静,则识圣学之全。"(黄宗羲,1986:342)

周敦颐的所谓"主静"之说,着重在"慎动",关键就是要把握动静之间的"几"。他的君子慎动就是强调"主静",这样方能"动而无动",到达中正仁义礼智信,而避免离几之邪动,从而入乎正道。当然,"几"是动静之间,"慎动"也不是不动,因此除了主静,周敦颐在《通书·思》中也倡导智慧之思(理性反思能力)。

如果说主静是体仁,那么慎动就是用智,这便是易道心法的动静互涵之道。《周子通书·动静》说:"动而无静,静而无动,物也;动而无静,静而无动,神也。动而无动,静而无静,非不动不静也。物则不通,神妙万物。水阴根阳,火阳根阴。五行阴阳,阴阳太极,四时运行,万物终始。混兮辟兮,其无穷兮。"(周敦颐,2000:37)此即所谓动静互涵之要,动静互根不相分离。

周敦颐的主静立极之说,也被朱熹的老师李侗所继承。在《延平答问》中,李侗就说:"虚一而静。心方实,则物乘之,物乘之则动。心方动,则气乘之,气乘之则惑。惑斯不一矣,则喜怒哀乐皆不中节矣。"(黄宗羲、全祖望,1986:1287-1288)所以"学问之道,不在多言,但默坐澄心,体认天理。若真有所见,虽一毫私欲之发,亦退听矣。久久用力于此,庶几渐明,讲学始有力耳。"(黄宗羲、全祖望,1986:1288)所谓"退听",就是不著于心。

到了陈献章,同样继承了周敦颐的主静立极之说,强调治心当学宗自然,不可急迫,方能超然自得。他在《与湛民泽(湛若水)》书信中说:"古之善学者,常令此心在无物处,便运用得转耳。学者以自然为宗,不可不着意理会。"(陈献章,1987:192)在具体可操作层面,陈献章所贵虚静,提倡静坐之法。在《与罗一峰》书信中首先指出静坐之渊深,说:"伊川先生每见人静坐,便叹其善学。此一'静'字,自濂溪先生主静发源,后来程门诸公递相传授,至于豫章、延平尤专提此教人,学者亦以此得力。"(陈献章,1987:157)又说:"孔子教人文行忠信,后之学孔氏者,则曰'一为要'。一者无欲也,无欲则静虚而动直,然后圣可学而至矣。"(陈献章,1987:147)在《与贺克恭》书信中则说:"为学须从静坐中养出个端倪来,方有商量处。"(陈献章,1987:133)

须知陈献章提倡静坐并非静寂,而是动静相依,随动施静。在《明儒学案》中有陈献章语录说:"夫道无动静也,得之者,动亦定,静亦定,无将迎,无内外,苟欲静即非静矣。故当随动静以施其功也。"(黄宗羲,1996:88)又说:"善学者主于静,以观动之所本;察于用,以观体之所存。"(黄宗羲,1996:88)只是在白沙看来,人生劳碌,要想体悟心性,虚明静一方法更加有效。陈献章在《书自题大塘书屋诗后》中指出:"所谓虚明静一者为之主,徐取古人紧要文字读之,庶能有所契合,不为影响依附,以陷于徇外自欺之弊,此心学法门也。"(陈献章,1987:68)认为"虚明静一"功法,是为"心学法门"。自然这一法门,也被湛若水所强调。

所以在其弟子湛若水看来,"静中养出端倪"是要以"性"会"情",即所谓"性其情",并认为此乃成圣之功。湛若水在《樵语》中说:"存省一心,孰分动静?分则离,一则合。合则无间,无间则无息。"(湛若水,2014:70)同陈献章一样,湛若水所讲之静,不是死寂之静,而是充满生机之静。正如甘泉在正德辛未九月《告二王子》书信中所言:"其勿浮于华,惟其实;勿躁于为,惟其静。静以养实,万化是出。尔毋或弗安于厥司,毋或弗虔于大吏,以乐其天。"(湛若水,2014:1205)湛若水强调的便是要动静着力,而不可一味静坐。

所以湛若水认为:"圣贤之学,元无静存动察相对,只是一段工夫,凡所用功,皆是动处。盖动以养其静,静处不可着力,才着力便是动矣。"(黄宗羲,1986:885)考虑到静坐也是静中体认天理,那么加上"随处"两字,便将治心方法归结到了湛若水倡导的"随处体认天理"之上了。湛若水说:"随处体认天理,兼此二句包了,便是合内外之道。敬以包乎义,义以存乎敬,分明不是两事。"(黄宗羲,1986:896)

到此,湛若水终于将动静互涵之途归结到本体高度,引出"随处体认天理"的主张,强调"默而识之"圣心仁性的归结处。湛若水随处体认天理的治心主张,其实是从陈献章"学以自然为宗"脱化而来。可以说,这样的见解确实非常深刻独到。孔子在《礼记·哀公问》中就有言:"无为而物成,是天道也。"(郑玄,1999:1380)因此要体悟自然天道(天理),自然也当随处体认了。

随处体认天理关键在于勿忘勿助之间求之。有人问:"先生曰'神易无方体,学者用无在无不在之功夫,当内外动静浑然之两忘也。'盖工夫偏于静,则在于静矣;工夫偏于动,则在于动矣;工夫偏于内,则在于内矣;工夫偏于外,则在于外矣。非所谓无在无不在也,非所谓无方体也,非所谓活泼泼地也。切料如此,不知其果然否乎?"(湛若水)先生曰:"神易最可玩,此当以意会,不可以言尽也。当知易是甚?神又是甚?皆于勿忘勿助、无在无不在之间见之,何内外动静之分?会得时便活泼泼地。"(黄宗羲,1986:906)

从当今正念的心理科学角度看,"勿助勿忘"就是要接纳而不做任何刻意判断、对抗和分析。比如在篮球比赛中投三分球就会有这样的情况:"在投三分球之前,阿伦的专注方式是不专注于投球(勿助勿忘)。一旦对这一球想太多,他的表现就会变差。而当他让习惯系统来发挥平日训练的内容时,他就能打出最好的水平。"(斯滕伯格,2018:67)

对于治心也一样。接纳、接纳,唯有接纳,才是平和心态得以持续的根本途径!詹姆斯说:"一个人接受这个世界的态度到底是像斯多葛派的顺受必然事态的态度,或者像基督圣者那样热烈愉快的态度呢:这对于他在情绪上和在实际上有极大的不同。"(詹姆士,2002:38)对于易道洗心而言,同样要赢得美好心态的根本宗旨就是程颢主张的:"动亦定,静亦定,无将迎,无内外。"从而到达"物来顺应,廓然大公"的境界。

勿忘勿助之法要有所成效,其前提是先要有大量的练习,然后勿忘勿助!所谓修行,就是通过大量训练,使良好的思维行为方式成为习惯:"大量练习会使一个行为变得自动,由习惯系统接管。这样就把有意识的、非习惯的系统解放了出来,使它能专心开展别的活动。"(斯滕伯格,2018:67)

主静立极之法对于人脑的调节会起到很好的效果:"当你'清空脑'的时候,你的脑波就以阿尔法波为主,比如在冥想者的脑中就可以检出这种脑波。而反过来,阿尔法波阻断是阿尔法波的消失。一般认为,当一个人在心中看见图像时,就会发生阿尔法波阻断。这不仅包含主动观看四周时的视觉图像,还有我们在头脑中想象某个事物时调动的内心意象。"(斯滕伯格,2018:46-47)甚至通过静虑(冥想),我们真的可以体验那"宇宙意识"状态。英国的马尔科姆·吉福夫斯和美国沃伦·布朗在《神经科学、心理学与宗教:人性的迷幻与现实》中描述过这种状态,并称其为"一体性"(oneness)。他们指出:"在冥想者报告达到了一个全然专注和'一体性'的状态时,两组被试均出现额叶激活的增强和右侧顶叶激活的减弱。右侧顶叶活动的减弱被认为是自我感缺失(absence of a sence of self)体验的神经基础,在冥想状态下有时会出现这种自我感缺失。"(吉福夫斯,2014:73)这里所谓"自我感缺失",就是消除了自我意识。有关静虑和行动可以带来心理品质的明显改善的科学证实参见《通智达仁》第九章第二节(周昌乐,2018)。

从更高的境界上看,动静互涵之法也是达到圣境的根本途径。《周子通书·圣学》指出:"'圣可学乎?'曰:'可。'曰:'有要乎?'曰:'有。'请问焉,曰:'一为要。一者,无欲也。无欲则静虚动直。静虚则明,明则通;动直则公,公则溥。明通公溥,庶矣乎!'"(周敦颐,2000:38)可见只有将动静无欲之要随处落实到日常生活中去,而不可停留在文辞之上,方能成就希圣之境界。因此,周敦颐在《通书·陋》忠告世人:"圣人之道,入乎耳,存乎心,蕴之为德行,行之为事业。彼以文辞而已者,陋矣!"(周敦颐,2000:41)于是洗心之效,要在人道修治践行之上。

三、人道修治要点

至于乾坤简易之法在人道修治方面的具体论述,则主要体现在对六十四个卦象的《文言》、《彖传》和《象传》引申解说之中。其中《文言》仅对乾坤两卦之德做了展开说明，《彖传》给出诸卦象的总义。而《象传》给出具体修养要求，包括诸卦《大象》以及六爻《小象》的具体步骤或注意事项。

易以乾道为准则，因此其主旨便在"乾卦"义理的阐释之中，大致思想就是强调恪守中道、自强不息、进德修业。(1)乾卦《彖传》指出："乾道变化，各正性命。保合太和，乃利贞。"是为总义。(2)乾卦《象传》指出："天行健，君子以自强不息。"这是道德修养的要求，而自强不息的具体过程则体现在从初九到上九的六爻《象传》论述中。乾卦二、五之位，皆上下经卦居中位者，唯言"利见大人"，但要遵循守中之道，方能成就大人之境。"初九，潜龙不用"和"上九，亢龙有悔"，过与不及，皆君子不为。余者"九三，终日乾乾"，或"九四，或跃在渊"，强调的都是"进德修业"之旨。最后统言"用九，见群龙无首，吉"者，寓意天德不可为首。所谓过犹不及，都充分体现了中道思想。(3)在《文言》中，则又借孔子之言，对此有系统论述，不过就是强调"恪守中道、自强不息"之意。

乾卦《文言》中的思想，主要反映孔子的思想(子曰部分)，强调这样一些要点：(1)藏诸用的宗旨：君子要行"元、亨、利、贞"之四德；(2)藏诸用的途径：根据乾卦六爻处位不同，君子当遵"用之则行，舍之则藏"之原则，或遁世无闷，或言行中正，或进德修业，或自强不息，或行以天德，遵循时中原则；(3)藏诸用的达成：就是要培养"见龙在田，利见大人"的君德，并落实到日常生活中去，成就"以成德为行，日可见之行也"。

与"乾卦"相辅相成就是"坤卦"。大致思想则是强调乃顺承天、厚德载物、含弘光大。(1)坤卦《彖传》指出："至哉坤元！万物资生，乃顺承天。坤厚载物，德合无疆。含弘光大，品物咸亨。"是为总义。(2)坤卦《象传》指出："地势坤，君子以厚德载物。"这是道德修养的要求，而厚德载物的具体过程则体现在从初六到上六的六爻《象传》论述之中。坤卦二、五之位，皆上下经卦居中位者，唯言"直以方也"及至"文在中也"，方能成就"不习无不利"的地道之光。而"初六，阴始凝也"和"上六，其道穷也"，过与不及，皆君子不为。余者"六三，含章可贞"或"六四，括囊无咎"，强调的都是"含弘光大"之旨。最后统言"用六永贞，以大终也"者，寓意厚德载物乃为人道之修的终极目标。(3)在《文言》中，则对此有系统论述，无他，不过就是强调"含弘光大、厚德载物"之意。

坤卦《文言》中的思想,主要强调这样一些要点:(1)显诸仁的宗旨:坤柔至静,顺天而行,"含万物而化光",若阴阳不和则必生乱;(2)显诸仁的途径:君子所尚"敬以直内,义以方外",此行德之心要;(3)显诸仁的达成:坤道积善含章,所以"君子黄中通理,正位居体,美在其中,而畅于四支,发于事业,美之至也"!

如果说乾动象征智性,"乃现天则",而坤静象征仁性,"美在其中",那么乾坤《文言》中强调乾坤相辅相成之道,正好对应仁智双运的心法主张,其也可以看作是整部《周易》易道洗心的根本途径!

从上述系统分析可知,乾坤简易之法,确实可以存心养性,提高心理品质,并培养美好的道德涵养,从而带来幸福美好的生活。正如《周易·系辞》所言:"夫乾,天下之至健也,德行恒易以知险。夫坤,天下之至顺也,德行恒简以知阻。能说诸心,能研诸侯之虑,定天下之吉凶,成天下之亹亹者。是故变化云为,吉事有祥。象事知器,占事知来。天地设位,圣人成能。人谋鬼谋,百姓与能。"

乾健之智用,坤顺之仁能,"能说诸心,能研诸侯之虑,定天下之吉凶,成天下之亹亹者",上则"圣人成能",下则"百姓与能",都可以"吉事有祥"。孔子说:"知者乐,仁者寿。"(何晏,1999:79)何晏对此解释说:"知者乐"者,言知者役用才知,成功得志故欢乐也;"仁者寿"者,言仁者少私寡欲,性常安静,故多寿考也。因此,乾坤简易的仁智双修途径,确实可以带来幸福(乐)健康(寿)的生活。

正如我们前面已经说明的那样,大脑中自发式系统基础就是情欲脑,而分析式系统基础则是理智脑,摆脱情欲脑控制的就是利用理智脑的工具理性来惩忿窒欲,使之少私寡欲。而超越理智脑所获得模因束缚的则是理智脑与情欲脑纠缠会通的大智慧,通过广义理性思维来除昧去妄,使之摆脱妄念的控制。不过片面强调广义理性的作用也会过犹不及,仁爱的显现,即根植于体验的精神本性的展现,也不可或缺。我们需要同时兼顾两者的纠缠会通作用,才能真正有效获得个体自主式的自在生活。因此,乾坤简易的仁智双修途径,确实可以达到幸福健康的自在之境!

就人类的意识系统而言,我们可以将其分为有意识系统和无意识系统。有意识系统的作用起到的多半是乾阳之智的功能,对应于理智脑的觉知意识。无意识系统的作用起到的多半是坤阴之仁的功能,对应于情欲脑的感受意识。如果这两个系统功能出现了偏离或混乱,就会出现不良的心理问题,甚至精神疾病。

对此,美国神经科学家埃利泽·斯滕伯格在《神经的逻辑:谜样的人类行为和解谜的人脑机制》一书做了较为全面的说明:"将脑看作有意识和无意识这两套控制系统的结合,这是大有裨益的一个观点,它不仅能解释我们的日常思想和决策中的微妙之处,还能解释人类的体验是如何遭到种种干扰和扭曲的。我们的脑中有一套潜在的逻辑,它决定了这两套系统相互作用的方式,以及当它们在加工信息的过程中出现空白和故障时,是如何做出较好或较坏的补偿的。"(斯滕伯格,2018:49)

但如果出现了"种种干扰和扭曲"的"故障"时,原有的系统自身又不能给予正向的补偿或纠偏,那么我们的心理状态就很容易陷入各种病态之中。因此挽救种种不良心理病态真正有效的途径恐怕还得回到易道洗心途径之上,即:显诸仁,藏诸用。

第三节 修身明德途径

除了乾坤所代表仁智双运途径之外,实现人道修养的目标还体现在群卦象义的阐述之中。按照圣学诚意、正心和修身纲要的要求,在易道洗心宗旨和乾坤简易方法指导下,人道修养的目标就是要成为明德笃行的君子。周敦颐在《太极图说》中说:"惟人也得其秀而最灵,形既生矣,神发知矣,五性感动而善恶分,万事出矣。"(周敦颐,2000:48)因此人道修持最重落脚就在修身谋事环节,养成仁、智和勇三者皆备的达德人才,以为济世之用。这一部分的人道修养内容,包括明德进退有据、天行随时复性和至诚畜德志行三个方面。

一、明德进退有据

明德,用现代的话语说,就是建立正确的人生价值观。由于受到以美国为代表的西方主流文化影响,现代人的人生价值观偏离人脑运行的自然规律,导致诸多社会和心理问题。按照美国神经科学家托马斯·刘易斯、法拉利·阿米尼和理查德·兰龙在《爱的起源:从达尔文到现代脑科学》一书中的观点,美国价值观会阻碍大脑边缘系统的发展,于是社会仁爱之风气就得不到彰显,而"如果一个社会阻碍大脑边缘系统机制的发展,就会和现在的美国社会一样,日常生活中充满一系列的痛苦"(刘易斯,2020:253)"边缘缺省引起的首要后果就是焦虑和抑郁"(刘易斯,2020:253)。须知唯有仁者无忧。

从进化的角度看,人类心智的演化在大多数时间里都是适应小规模的原始觅食群落塑造而来,而不是针对现代文明社会的境况。所以各种心理问题就不可避免地涌现出来了,这完全是无法适应快速节奏生活的结果。所以我们应该回归到亲情社群的慢生活之中。实际上,自然选择并没有要求将我们每个人塑造为各行各业的精英,而是让我们更好地适应所处的自然环境。

所以刘易斯等人认为:"只有那些巧妙地避开美国价值观的人才能得到真正的幸福快乐。这些反叛美国价值观的人一定会放弃尊贵的头衔、富有魅力的朋友、异国情调的度假、健美的腹肌、所有名师设计的物品——所有进入上层社会的骄傲的标志——作为交换,他们可能有机会过上有尊严的生活。"(刘易斯,2020:252)或许我们可以从古老的易道思想中来找回避开美国价值观的出路。因此我们先来梳理一下在《易传》中对于做人的有关论述,并加以展开说明。

在《周易·系辞》中孔子说:"德薄而位尊,知小而谋大,力小而任重,鲜不及矣。"所以欲以淑世先修明德,建立正确的人生价值观。晋卦《象传》说:"君子以自昭明德。"程颐对此议云:"君子观明出地上而益明盛之象,而以自昭明德。去蔽致知,昭明德于己也;明明德于天下,昭明德于外也。明明德在己,故云自昭。"(梁韦弦,2003:216)

自昭明德当如晋卦《象传》所言,应"明出地上,顺而丽乎大明,柔进而上行"。所以程颐在《程氏易传》中解释说:"晋,进而光明盛大之意也。凡物渐盛为进,故《象》云:晋,进也。"(梁韦弦,2003:215)所以晋卦六三《象传》说"志上行也",是为进德之序。渐进明德为志向,是为"柔进而上行"。

修己明德,自当中正为要,故晋卦初六《象传》说"独行正也",晋卦六二《象传》说"以中正也"。对此,在晋卦《象传》中举例说"康侯用锡马蕃庶，昼日三接"。帛书《周易·二三子》记录孔子的话说："此言圣王之安世者也。圣王之正，牛参弗服，马恒弗驾，不忧乘，牝马（此处脱落12字）粟时至，刍稿不重，故曰锡马。圣人之立正也，必尊天而敬众，理顺五行，天地无灾，民众不伤，甘露时雨聚降，飘风苦雨不至，民也相畅以寿。故曰蕃庶。圣王各有三公、三卿，昼日三接者，接此三公三卿者也。"（许抗生，1993）大意是圣人明德中正，尊天敬众，自然事业繁盛。

与晋卦相对的就是明夷。明夷《象传》说："内文明而外柔顺，以蒙大难，文王以之。利艰贞，晦其明也。内难而能正其志，箕子以之。"进德以明，或遇磨难，所谓"明入地中"，其道不明而昏暗。如文王遭囚禁而韬光养晦，箕子蒙难而不改其志。处此境地，明夷《象传》说："君子以莅众（王弼注云：莅众显明，蔽伪百姓者也），用晦而明（王弼注云：藏明于内，乃得明也。显明于外，巧所辟也）。"君子遭遇困境，藏明于内，不忘初心。

所以明夷六五《象传》说："箕子之贞，明不可息也。"程颐对此议云："君子当明夷之时，利在知艰难而不失其贞正也。在昏暗艰难之时，而能不失其正，所以为明君子也。"（梁韦弦，2003：219）

叶适就晋卦与明夷两卦总结说："然而君子之于晋也，不希其合，不赖其容，乃取而为自昭明德之象。其于明夷也，则以之莅众用晦而明，而后知明之不可息也。"（叶适，1977：21）无论是"自昭明德"，还是"用晦而明"，都要坚持进德以明。

恪守这样的原则，无论人生遭际如何，君子进德均当时刻不息。只是根据不同遭遇，采取不同应对策略。若是遭逢小人当道则当隐遁，即孔子所谓"用之则行，舍之则藏"，当"与时行也"。程颐对遁卦议云："遁者，阴长阳消，君子遁藏之时也。君子退藏以申其道，道不屈则为亨，故遁所以有亨也。"（梁韦弦，2003：207）

君子如何隐遁方能不失其正呢？遁卦《象传》说："君子以远小人，不恶而严。"程颐解释说："君子观其象，以避远乎小人，远小人之道。若以恶声厉色，适足以致其怨忿，唯在乎矜庄威严，使知敬畏，则自然远矣。"（梁韦弦，2003：208）这里的要点是，不要激怒小人，但以矜庄威严，敬而远之可矣。

朱熹在《周易本义》中说："严者，君子自守之常，而小人自不能近。"

(萧汉明,2003:211)叶适则说:"'君子以远小人',谓平居待遇小人,常当体遁之义也。且夫君子之于小人也,岂欲近而与之计哉?惟欲远而与之遁尔,词令之交,卑而不亲;笑貌之接,顺而不同;权势之争,逊而不厉;言论之辨,和而不党。所谓'不恶而严'也,皆遁也。"(叶适,1977:20)叶适这里论述应对小人的具体条陈,可谓非常全面了。

当然隐遁而不失其君子之志,故遁卦六二《象传》说"固志也",而遁卦九五《象传》说"以正志也"。所以遁卦《彖传》说:"遁之时义大矣哉!"遁卦九四《象传》说:"君子'好遁','小人否'也。"程颐对此议云:"君子虽有好而能遁,不失于义;小人则不能胜其私意,而至于不善也。"(梁韦弦,2003:210)君子隐遁而不失通泰正大,小人则难舍其私意而陷于否塞之境。

因此君子明德而处正大之境,当取大壮之象而行以正大,大壮《彖传》所说"正大,而天地之情可见矣"。程颐对此所发之议云:"天地之道,常久而不已者,至大至正也。正大之理,学者默识心通可也。"(梁韦弦,2003:211-212)又说:"故治壮之道,不可以刚也。"(梁韦弦,2003:214)所以大壮《象传》说:"君子以非礼弗履。"即孔子所谓:"非礼勿视,非礼勿听,非礼勿言,非礼勿动。"(何晏,1999:157)

大壮之时是既济,所谓"水火相交,则为用矣。各当其用,故为既济,天下万事已济之时也"(梁韦弦,2003:349)。与此相对,隐遁之际是未济。对于未济境况,帛书《周易·二三子》有孔子之说:"此言始易而终难也,小人之贞也。"(许抗生,1993)但却是"未济则未穷也,未穷则有生生之义"(梁韦弦,2003:353)。

既济《象传》说:"'终'止则'乱',其道穷也。"故当如其《象传》所言:"君子以思患而豫防之。"程颐对此议云:"时当既济,唯虑患害之生,故思而豫防,使不至于患也。"(梁韦弦,2003:350)未济《象传》说:"虽不当位,刚柔应也。"故应如其《象传》所言:"君子以慎辨物居方。"程颐对此议云:"君子观其处不当之象,以慎处于事物。辨其所当,各居其方,谓止于其所也。"(梁韦弦,2003:354)

要辩证看待既济与未济,所以叶适归纳说:"故君子之戒既济,以为无宁未济之患,而所欲既得,则患之始而乱之所由生,所当思而豫防也。"(叶适,1977:33)既济之时意在防患于未然,未济之时意在辨物居方,君子唯有"终日乾乾,夕惕若厉",方能"无咎"。

总之,通过上述君子德行的培养,建立正确的人生价值观,才能避免陷入人生苦海而不能自拔。须知:"一切自然的好处会消失:财富会飞,名誉只是一口气,恋爱是个骗局,少年、健康和快乐同归于尽。难道最后总是灰飞和失望的东西,会是我们灵魂所需要的真正好事情吗?在一切之后的,是普遍死亡这个大妖魔,是并吞一切的黑暗。"(詹姆士,2002:138)面对这样的人生困境怎么办?唯有培养君子德操,才是人生立足之处。所以周敦颐《周子通书·富贵》指出:"君子以道充为贵,身安为富,故常泰,无不足。"(周敦颐,2000:41)可见唯有提高精神境界的明德,才是人生值得追求的终极目标。

二、复性天行随时

明德的关键在于诚心安仁,就是要存心至诚,恢复本善之仁性。因为所明之德源自本善人性,此性乃天命所赋予,人生唯有率此根本善性,才是应该遵循之道。所以要人生幸福,就应复明此性,所谓复见天地之心。

按照当代脑科学的研究成果,要想去掉不良习性、不良思维习惯、不良行为习惯和不良生活习惯,而恢复本善之性,是一项艰巨的修炼!因为已经养成的不良习性模式,会成为一种吸引子,无时无刻不影响人们的习惯行为。不过,只要努力坚持自我修行,总是可以改变旧的不良模式而形成遵循天性的行为模式。正如刘易斯所说:"旧有的模式可以改变,虽然这项任务比较艰巨。"(刘易斯,2020:195)又说:"治疗最后和最宏伟的目标是修改指导情感生活的神经代码。人的大脑中有无数包含边缘情感知识的连接——强大吸引子能够改变人的情感认识并且指导爱的行为。"(刘易斯,2020:211)

具体如何进行这样的修正行为规范以期"指导爱的行为"呢?或者说如何达成明德之效果呢?易书的回答就是:君子明明德,先当知止,顺天而行,反身复性为要。陈献章在《与民泽(湛若水)》书信中指出:"圣人之学,惟求尽性。性即理也,尽性至命。理由化迁,化以理定。化不可言,守之在敬。有一其中,养吾德性。"(陈献章,1987:278)

首先,人有迷过,当震动其心;人欲复性,当艮止其虑。所以欲践复性之天行,当明震艮之卦义。复见天心首先是震动修省,古人所说约礼、斋戒之谓。《周易·说卦》说"雷以动之",恐惧修省,非动之以雷鸣不可,克己内省之法其要旨在此。震雷动其心,则敬畏之心生,敬畏之心生,则心性豁然明了。所以震卦《象传》说:"君子以恐惧修省。"当然"恐惧修省"要达成"不丧匕鬯"之境,即孟子所谓的不动心。程颐对此议云:"君子观洊雷威震之象,以恐惧自修饬循省也。君子畏天之威,则修正其身,思省其过,咎而改之。"(梁韦弦,2003:298)

如果说震卦是体"天地之心"当用敬,此所以"入道以敬为本",那么见(显现)"天地之心"则用静,但要行艮止之旨。所以艮卦《象传》说:"时止则止,时行则行,动静不失其时,其道光明。"对此,程颐解说道:"动静相因,动则有静,静则有动。物无常动之理,艮所以次震也。"(梁韦弦,2003:301-302)可见震动与艮止相辅相成。

艮止无咎之法就如艮卦《象传》所说是:"艮其止,止其所也。上下敌应,不相与也。(艮其背)是以不获其身,'行其庭,不见其人,无咎'也。"对此,周敦颐在《通书·蒙艮》说:"艮其背,背非见也;静则止,止非为也,为不止矣。其道也深乎!"(周敦颐,2000:42)艮其背的作用正是"静止"之功。程颐说:"人之所以不能安其止者,动于欲也。欲牵于前而求其止,不可得也。故艮之道,当艮其背。所见者在前,而背乃背之,是所不见也。止于所不见,则无欲以乱其心,而止乃安。"(梁韦弦,2003:302)朱熹也说:"易背为止,以明背即止也。背者,止之所也。以卦体言,内外之卦,阴阳敌应而不相与也。不相与,则内不见己,外不见人,而无咎矣。"(萧汉明,2003:188)

艮止之法的主旨就是艮卦《象传》所说的"君子以思不出其位"。所谓"思不出其位",乃为中正仁义之位,也是天地所定不易之位。《周易·系辞》说:"天地之大德曰生,圣人之大宝曰位。何以守位?曰仁。"要守仁位,自然有一个过程。按照艮卦六爻之顺序,《象传》所言大致是这样的(艮卦从初六至上九):凡艮止启始便"未失正也",然后经历"未退听也"(做不到不住于心)、"危熏心也"(执著之心)的考验,渐渐可以"止诸躬也"而"以中正也",最后终成"敦艮"之"吉",所谓"以厚终也"。

对于震、艮两卦的相辅相成,叶适有精到的归纳:"不丧匕鬯者,不有其心也;不获其身者,不有其身也。内能不有其心,外能不有其身,皆为刚为之也。学者于艮,知止而已。古人以震艮,兼明内外,内存则无外矣,外遗则无内矣。思不出其位,非无思也,位难知也;不出其位,无邪思,所以养思也。"(叶适,1977:28)内外皆明,无内无外,不出其位,仁性自现。

当然,易经六十四卦是一个完整的体系,要想更好地践行艮卦要旨,还需要其他卦象相互配合,方能成就光明之德。特别是要结合剥、复两卦的要义来修持艮背行庭之法,才能达到理想效果。

明儒李材在《答李汝潜》书信中曰:"六经无口诀,每谓只有艮其背一句,其实即是知止。但《大学》说止善,似止无定方;《易》说艮背,似止有定所。以背为顽然不动之物,如宋儒之说,未足以尽艮背之妙。因而指曰'阴方',名曰'北极',如世所云,又不免落于虚玄之见。予尝看《剥》、《复》两卦,同为五阴一阳,但阳在内能为主,则阴无不从阳者,故为《复》;阳在外不能为主,则阴无不消阳者,故为《剥》。知阴阳内外之辨,而知止之妙可得;识《剥》、《复》消长之机,而艮背之理可求。艮背者,非专向后,只是一个复,暂复为复,常复为艮。(朱熹)晦翁云:'自有人生来,此心常发,无时无刻不是向外驰走,非知止如何收拾得?非艮其背如何止宿得?不获其身,不见其人,内外两忘,浑然执中气象,此艮背所以为千圣秘密也。'"(黄宗羲,1986:670-671)

这里提到的剥卦之义是"君子尚消息盈虚,天行也",就是强调天道之行的消长之机。消为退阴符(去妄除昧),息为进阳火(惩忿窒欲),此为艮背行庭之目的。所以剥卦《象传》说:"顺而止之,观象也。君子尚消息盈虚,天行也。"程颐对此议论说:"君子尚消息盈虚,天行也:君子存心消息盈虚之理而能顺之,乃合乎天行也。理有消衰,有息长,有盈满,有虚损,顺之者吉,逆之者凶,君子随时敦尚,所以事天也。"(梁韦弦,2003:159)

剥者消除群阴,以安仁宅。故剥卦《象传》说:"山附于地,剥,上以厚下安宅。"山者艮止,地者厚德,其要便在剥卦上九之阳爻,其《象传》说:"'君子得舆',民所载也;'小人剥庐',终不可用也。"这里,剥庐,无所容身;得舆,赢得舆论。据此程颐云:"正道消剥既极,则人复思治,故阳刚君子为民所承载也。若小人处剥之极,则小人之穷耳,终不可用也。"(梁韦弦,2003:162)

剥极则复，天赋本心可见（显现），所以复卦《象传》说："其见天地之心乎？"天地之心，觉知之心。何以能复？前面剥卦《象传》指出"君子尚消息盈虚，天行也"。此处复卦《象传》便具体给出"'反复其道，七日来复'，天行也"。所谓"消息盈虚"、"反复其道"，此便是天地之运行之则：从姤卦消一阴始，至复卦一阳初动，凡七更。七日闭关，气质一日一更新。所谓变易气质，至七日阳动复生，复其见天地之心！对此，朱熹在《周易本义》中说："秋阴之下，一阳复生，天地生物之心几于灭息。而至此乃复可见，在人则为静极而动，恶极而善，本心几息而复见之端也。"（萧汉明，2003：176）

所以复卦《象传》说："先王以至日闭关，商旅不行，后不省方。"程颐对此议云："阳始生于下而甚微，安静而后能长。先王顺天道，当至日阳之始生，安静以养之，故闭关，使商旅不得行。人君不省视四方，观复之象而顺天道也。在一人之身亦然，当安静以养其阳也。"（梁韦弦，2003：164）复见天地之心，需要闭关安静养其性，以迎一阳复生之象。

复卦从初九《象传》"'不远'之复，以修身也"，六二《象传》"'休复'之吉，以下仁也"，六三《象传》"'频复'之厉，义无咎也"，六四《象传》"'中行独复'，以从道也"，六五《象传》"'敦复，无悔'，中以自考也"，直到上六《象传》"'迷复'之凶，反君道也"，给出了复见天地之心的步骤要领。

程颐对复卦总议云："阳气复生于下，渐亨盛而生育万物。君子之道既复，则渐以亨通，泽于天下，故复则有亨盛之理也。"（梁韦弦，2003：162）特别是复卦的初九之阳（觉知之用）到六二之阴（仁性之体），寓意一阳初动之兆，是修复之始，遵天道之行，而下仁性。静极而动，复性下仁。所以程颐说："为复之休美而吉者，以其能下仁也。仁者，天下之公，善之本也。"（梁韦弦，2003：165）

叶适总论剥、复两卦曰："然则渐而迷者，人之过也；顿而复者，人之心也。故剥者，天地之过也；复者，天地之心也。"（叶适，1977：16）两相结合，正可以剥去旧有的不良心理行为模式而唤起本有的至善仁性，以随天道之行。

天行之际，内外皆明应随顺天时而动，即为当动则动之时。随卦《象传》说："大亨贞，无咎，而天下随时。"程颐对此议云："君子之道，随时而动,从宜适变,不可为典要,非造道之深,知几能权者,不能与于此也。"(梁韦弦,2003:131)故随卦《象传》赞之说:"随,时之义大矣哉!"

随卦《象传》说:"君子以向晦入宴息(王弼注云:物皆说隧,可以无为,不劳明鉴)。"程颐议云:"君子昼则自强不息,及向昏晦,则入居于内。宴息以安其身,起居随时,适其宜也。"(梁韦弦,2003:132)推而广之,则"君子之道,为众所随,与己随于人,及临事择所随,皆随也。随得其道,则可以至大亨也。凡君子之从善,臣下之奉命,学者之徙义,临事而从长,皆随也。"(梁韦弦,2003:131)关键是要明德及于民。

所以叶适指出:"君子于其险也,则经纪而弥纶之,不困于屯也;于其说也,向晦以全其明,入宴息以养其力,不诡于随也;于其险也,则果行而育德,成己也;于其顺也,则振民而育德,成物也。夫是以随者不随而蛊者不蛊,此其义之所以为大而不可小用之也。"(叶适,1977:10)可见随卦与蛊卦相对而成明德之义。

须知"振民育德"便是蛊卦《象传》之义。蛊者天下有事变,所以君子当养育己德以振济天下民众。所以蛊卦《象传》说:"蛊,元亨而天下治也。'利涉大川',往有事也。'先甲三日,后甲三日',终则有始,天行也。"程颐对此解释道:"治蛊之道,当思虑其先后三日。盖推原先后,为救弊可久之道。先甲谓先于此,穷其所以然也。后甲谓后于此,虑其将然也。……穷其所以然,则知救之之道;虑其将然,则知备之之方。善救则前弊可革,善备则后利可久,此古之圣王所以新天下而垂后世也。后之治蛊者,不明圣人先甲后甲之诫,虑浅而事近,故劳于救世而乱不革,功未成而弊已生矣。"(梁韦弦,2003:135)

当然最大的随时而动,是乃随天时而动,所谓穷则独善其身,达则兼济天下。故蛊卦上九《象传》说:"'不事王侯',志可则也。"蛊事之终,乃已无事,明道君子当高洁自守,遁隐于世,不为世务而累。所以治蛊之道,也当随时遵天而行,进退有据。这其中离不开自律(己所不欲,勿施于人)和自觉(自昭明德,向晦而明)。只有自律和自觉的养成,才能够使个人超越人际利害关系而遵天而行。

三、至诚畜德志行

当然,到此随遇治蛊境地还不足以践行天道以亲民,所以还要循守小畜和履卦,方不负易道圣学之旨。小畜《象传》强调的是"健而巽,刚中而志行,乃亨",履卦《象传》强调的则是"刚中正,履帝位而不疚,光明也",都是要"刚中""行履",所谓君子所当行履中正之道。

小畜之行是要履行其《象传》所言"君子以懿文德",即以懿美自身之文德,然后能以济众。小畜九五《象传》说:"'有孚挛如',不独富也。"程颐对此议云:"君子之处艰厄,唯其至诚,故得众力之助,而能济世其众也。"(梁韦弦,2003:98)

履卦之行则要履行其《象传》所言:"君子以辩上下、定民志。"君子辨上下,使其各得其位,其位各称其德,若德不配位则凶。然后定民志,令其各司其责,天下可以得而治也。行履为阳,注重刚中之正。

行履中正是一件非常困难的事,因为行为规范的改变涉及边缘系统的调整,不像大脑新皮层接受道德说教那么容易。对此,刘易斯指出:"大脑新皮质可以迅速吸收说教类的信息,但是大脑边缘系统的改变需要大量的重复。"(刘易斯,2020:226)这就是为什么"道理"都明白,就是"做不到"的神经机制原因。知易行难,民众热衷于谈论大道理,就是难以切实践行:"习得情感和关系知识需要投入时间,但是我们的文化却不愿意花时间。"(刘易斯,2020:226)人们想的都是投机取巧式的走捷径,但是这些所谓捷径都是死路一条。出路在哪里?唯有立志笃行,所以要"定民志"!

那么如何行履刚中之正以定民志呢?巽卦《象传》给出"重巽以申命,刚巽乎中正而志行,柔皆顺乎刚,是以'小亨,利有攸往,利见大人'"。大人者,有德君子。叶适对此说:"巽于人无所用,独用于命令,以其顺也;命已顺矣,而又申之,顺之至也。"(叶适,1977:31)重申命令以顺中正而志行,方能取得效果。

于是巽卦《象传》说:"君子以申命行事。"程颐对此议云:"君子观重巽相继以顺之象,而以申命令,行政事。""命令政事,顺理则合民心,而民顺从矣。"(梁韦弦,2003:327)按照巽卦六爻《象传》所言,申命行事当恪守中正之道:初六《象传》说"'进退',志疑也"而"'利武人之贞',志治也",九二

《象传》说"'纷若'之'吉',得中也",九三《象传》说"'频巽'之'吝',志穷也",六四《象传》说"'田获三品',有功也",九五《象传》说"九五之'吉',位正中也",以及上九《象传》说"'巽在床下',上穷也"及"'丧其资斧',正乎凶也"。正是君子以申命行事所要遵循的准则。

定民志也当刚柔相济,除了"申命行事",还当"兑说民劝",故巽与兑相辅相成。兑卦《象传》说:"兑,说也。刚中而柔外,说以利贞,是以顺乎天而应乎人。说以先民,民忘其劳;说以犯难,民忘其死。兑之大,民劝矣哉!"程颐对此议云:"君子之道,其说于民,如天地之施,感于其心而说服无斁。故以之先民,则民心说随而忘其劳;率之以犯难,则民心说服于义而不恤其死。说道之大,民莫不知劝。劝谓信之,而勉力顺从。人君之道,以人心说服为本,故圣人赞其大。"(梁韦弦,2003:330)

所以兑卦《象传》说:"君子以朋友讲习。"朋友讲习,相得益彰,相互兑说。叶适对此评说:"兑以说先民,而尤贵于朋友讲习之用,故谓学时习而说,乃古道也。理本无形,因润泽浃洽而后见,其始若可越,其久乃不可越,其大乃至于无能名,皆自说来也。"(叶适,1977:31)注意,叶适这里所说的"学时习而说",就是在《论语注疏·学而》中孔子所说的:"学而时习之,不亦说乎?"(何晏,1999:1)强调的就是践习的重要。

同样,"讲习"除了交流讨论之"讲"还有践行之"习"。其实在行为道德重塑过程中,更重要的是榜样的力量。在生活中观看别人的行为举止都会对自己的行为举止产生影响,就连哈欠也会传染。美国神经科学家斯滕伯格在《神经的逻辑:谜样的人类行为和解谜的人脑机制》一书中指出:"研究者认为镜像神经元参与了哈欠的传染,如果真是这样,并且社交上的亲密使得哈欠更容易传染,那就说明社交亲密度与镜像神经元的活动是有关的。"(斯滕伯格,2018:112)

在德行修习中依止明师修行之所以有效,是因为镜像神经系统在发挥作用,所谓榜样的力量是无限。"而且正如想象和行动会争夺脑资源(你很难在想象一种动作的同时做另一种),观看别人的动作也会干扰你自己的运动控制。"(斯滕伯格,2018:109)从而改变可塑性的大脑皮层。美国心理学家梅多也说:"说教具有一些效果,但如果有适当的行为做榜样时,效果就会大大提高。"(梅多,1990:368)

所以君子能够兑悦民众,自然可以至诚无妄之行。程颐对无妄议云:"无妄者至诚也,至诚者天之道也。天之化育万物,生生不穷,各正其性命,乃无妄也。人能合无妄之道,则所谓与天地合其德也。无妄有大亨之理,君子行无妄之道,则可以致大亨矣。"(梁韦弦,2003:167)"所谓无妄,正而已。小失于正,则为有过,乃妄也。所谓匪正,盖由有往。若无妄而不往,何由有匪正乎?无妄者,理之正也。"(梁韦弦,2003:168)这里的"往"者,是向往之"往",有向便是欲,有欲则有"妄",不能中正。

所以无妄的《象传》说:"先王以茂对时育万物。"这里的"时"是天时,合天道也。无妄至诚,所以"天地位,万物育"。程颐对此议云:"天道生万物,各正其生命而不妄;王者体天之道,养育人民,以至昆虫草木,使各得其宜,乃对时育物之道也。"(梁韦弦,2003:168)无妄至诚自然能达中和之境,能达中和之境则自然"时育万物"。

无妄至诚首先是要有积极的心理品质。美国心理学家斯托布认为:"有积极的情绪、高度的自尊、自觉、健康、幸福的人,很少会为自己而忧心忡忡,他们对潜在能力或力量有一种较大的感受。他们会比那些情绪消极、缺乏自尊和自觉,不那么健康幸福的人对人更仁慈。"(梅多,1990:367)因此,培育积极心理品质至关重要,以形成君子大成之象。

《周易·序卦》说:"有无妄然后可畜,故受之以大畜。"至诚无妄,必至"大畜"成道之象。大畜《彖传》说:"大畜,刚健笃实、辉光,日新其德。刚上而尚贤,能止健,大正也。"畜德之极,何以成之? 大畜《象传》说:"君子以多识前言往行,以畜其德。"程颐议云:"君子观象以大其蕴畜。人之蕴畜,由学而大,在多闻前古圣贤之言与行,考迹以观其用,察言以求其心,识而得之,以畜成其德,乃大畜之义也。"(梁韦弦,2003:173)叶适则说:"夫德未有无据而能新者,故必多识前言往行以大畜之,然后其德日新而不可御矣。"(叶适,1977:17)

日新以蓄其德,久之必成就"刚健笃实",此乃至诚成圣至善之象。周敦颐在《通书·诚下》说:"圣,诚而已矣。诚,五常之本,百行之原也。静无而动有,至正而明达也。"(周敦颐,2000:32)于是要达成"诚"之境界,则又继承了《易传》的思想,强调一个"几"字,从而跟阴阳不测之"神"相关联。周敦颐在《通书·诚几德》中说:"诚无为,几善恶。德,爱曰仁,宜曰义,理曰礼,通曰智,守曰信。性焉安焉之谓圣,复焉执焉之谓贤,发微不可见,充周不可穷之谓神。"(周敦颐,2000:32-33)

无善无恶是至善。人性本善应该指的是未发之中的至善,然后在环境作用下才会塌缩到所谓或善或恶的行为。而人性本善的终极指向就是人类整体利益的最大化,并由在环境压力作用下的自然选择所规定,即所谓的天道法则。所以《中庸》教化民众的"修道之谓教",则是要民众归复到本善仁性上,使得在环境作用下,皆能达成"发而皆中节"之"和"。

最后从自昭明德角度上讲,其最终目的则是要成就大人之境。何为大人之境?乾卦《文言》说:"夫大人者,与天地合其德,与日月合其明,与四时合其序,与鬼神合其吉凶。先天而天弗违,后天而奉天时。天且弗违,而况于人乎?况于鬼神乎?'亢'之为言也,知进而不知退,知存而不知亡,知得而不知丧。其唯圣人乎?知进退存亡,而不失其正者,其为圣人乎!"关键就在于成就"知进退存亡,而不失其正者"。

对于我们普通人而言,能够做到"知进退存亡,而不失其正者"也是自昭明德形成正确人生价值观的目标。如果说明德就是真善美的品德,那么有意义的人生和圆满的人生都离不开这自昭之明德。英国学者科廷汉在《生活有意义吗》一书说:"宽泛地说,有意义的人生是追求尽可能的真、善、美,或至少是努力朝向这些理想。"(科廷汉,2007:54)又说:"有德行的人生实际上是能够使我们得到圆满人性的生活。"(科廷汉,2007:113)只要人人都能够如此自昭明德,人类和谐社会的达成便指日可待。

第五章 世道治理

《周易》的主旨是以天道喻人事,而人事包括为人修养与处事淑世两个方面。前面第四章论述立人之道,着重于仁与义的为人修养之旨。而这一章我们则关注立地之道,着重论述柔与刚的处事淑世之旨。《周易·系辞》说:"知周乎万物而道济天下,故不过。"此即为所谓处事淑世之宗旨。

第一节 刚柔相济淑世

《周易》讲治世之道,都是从道济天下的角度来阐述的,所以从不涉及外交之策。因为理想情况,应该天下一统,国与国之间也就只有内部调和问题而不存在所谓外交关系问题。从本质特征上讲,中国古代分封建侯立国,只是分治而已,与现在拥有主权的民族国家概念不同,春秋战国所谓的诸侯国,更像是行省,不是独立意义上的所谓民族国家。因此,尽管兴《易》当时,天下不过在方圆几千里,与现在的全球范围相差甚远。但这种胸怀天下一统的精神,却是非常有远见的主张,是当今全球化发展趋势的先声。

一、治理天下要旨

《周易》本是卜筮之书,效天法地以贞人事之吉凶悔吝,体现先圣忧患意识。《周易·系辞》说:"《易》之兴也,其当殷之末世、周之盛德邪?当文王与纣之事邪?是故其辞危。危者使平,易者使倾。其道甚大,百物不废。惧以终始,其要无咎。此之谓易之道也。"其中不难看出作易者深深的忧患意识。

带着这种深深的忧患意识,先圣取象比类,就是要"假物之象以喻人事"。所以《周易·系辞》说:"圣人设卦观象,系辞焉而明吉凶,刚柔相推而生变化。是故吉凶者,失得之象也;悔吝者,忧虞之象也。变化者,进退之象也。刚柔者,昼夜之象也。六爻之动,三极之道也。是故君子所居而安者,易之序也;所乐而玩者,爻之辞也。是故君子居则观其象而玩其辞,动则观其变而玩其占。是以自天佑之,吉无不利。"设卦观象,意在观得失、忧虞、进退、昼夜之象,以期"自天佑之,吉无不利"。

这便是借天道而为世用之意。对此,孔颖达在解说乾卦卦辞时说得更为明确:"圣人作《易》本以教人,欲以法天之用,不法天之体,故名'乾',不名天也。天以健为用者,运行不息,应化无穷,此天之自然之理。故圣人当法此自然之象而施人事,亦当应物成务,云为不已,'终日乾乾',无时懈倦,所以应天象以教人事。"注意这里强调用的"法天之用"而非"法天之体",这便是取象比类之法,这也是知天道然后躬亲民的原则。

所以天道喻人事本质上只是遵循自然法则,而不是成为自然之物体;是用一物之象来比一类之物用,取其相似之理而已。取象比类之所以有效,是因为易书之所象通天下之理的缘故。万物之间自有同从异出之理,此理即天道。从当代科学角度上看,其利用的就是跨越尺度的自相似性原理,试图通过人为之象数来揭示天道之规律,然后用于指导人事而达到安居乐业。

至于按照此等途径能否真的达到期许的理想效果呢?孔颖达在论易之三名中说:"是知易理备包有无,而易象唯在于有者。盖以圣人作《易》,本以垂教,教之所备,本备于有。"也就是说,圣人通过有形之卦象、卦辞和爻辞等途径,来揭示不可言说的无体之易道,来垂教后世。其之所以有效,可以引用《周易·系辞》中孔子的话来说明:"圣人立象以尽意,设卦以尽情伪,系辞焉以尽其言,变而通之以尽利,鼓之舞之以尽神。"立象设卦只是手段,目的则是尽情、尽言、尽利和尽神,从而更好地顺天道而安人、安天下。

通过第三章的论述,应该明白天道就是人道。虽然其中有神几莫测之微,非有道君子所能把握,但终究可以"变而通之以尽利,鼓之舞之以尽神"。所以"假物之象以喻人事"原则上是可以运用到世道处事之中。概要说,方法就是易道所强调的变易之法。

程颐在《程氏易传》"易传序"中说:"易,变易也,随时变易以从道也。其为书也,广大悉备,将以顺性命之理,通幽明之故,尽事物之情,而示开物成务之道也。圣人之忧患后世,可谓至矣。"(梁韦弦,2003:49)因此按照变易原则来处事淑世,就是强调要符合自然法则来处事淑世。正如邵雍所说:"人能知天地万物之道,所以尽于人者,然后能尽民也。"(邵雍,1990:253)这就是遵天道而处理人事的基本原理。

在《周易》中,特别是《彖传》和《象传》沿着这样的思路,进一步加以阐释,形成了非常庞杂的修身治世的思想体系。就处事淑世而言,主要体现在乾坤"元亨"之权和"利贞"之利。权利要发挥效用,自然离不开刚柔相济之道,即乾刚之"自强不息"和坤柔之"厚德载物"的相辅相成之道。

正如叶适在《习学记言序目》所说:"能'自强不息''厚德载物',而天地之道在我矣。知'用九天德不可为首'而知始也,知'用六利永贞'而知终矣。道之示人,未有切乎此者也,违而他求则远矣。"(叶适,1977:1)程颐在《程氏易传》中则说:"他卦,象象而已,独乾坤更设文言以发明其义,推乾之道,施于人事。"(梁韦弦,2003:54)又说:"君子之道合坤德也。"(梁韦弦,2003:61)一方面要"推乾之道,施于人事",另一方面又要"合坤德",所以凡论及处事淑世之道,无不乾坤合用以尽人事。

比如乾卦《文言》孔子议论"九二爻辞"说:"龙德而正中者也。庸言之信,庸行之谨,闲邪存其诚,善世而不伐,德博而化。《易》曰'见龙在田,利见大人',君德也。"又说:"君子以成德为行,日可见之行也。"在议论"九三爻辞"中说:"君子进德修业。忠信,所以进德也。修辞立其诚,所以居业也。"而在坤卦《文言》中则说:"直其正也,方其义也。君子敬以直内,义以方外,敬义立而德不孤。"体现的都是乾坤合德以淑世的要旨。

二、乾坤合德原则

至于如何将乾坤法则运用于具体处事淑世之中,就《周易》六十四卦象的叙述而言,不过刚柔相济之道。所谓相济,损益而已。在《论语·为政》中为回答子张之问:"十世可知也?"孔子就说过:"殷因于夏礼,所损益,可知也;周因于殷礼,所损益,可知也。其或继周者,虽百世,可知也。"(何晏,1999:23-24)因此《周易》论述处事淑世的基础,集中体现在损、益两卦有关君子修为的论述之中。

损卦《彖传》说:"损,损下益上,其道上行。损而'有孚,元吉,无咎可贞,利有攸往。'"程颐在《程氏易传》中说:"损,减损也。凡损抑其过,以就义理,皆损之道也。损之道,必有孚诚,谓至诚顺于理也。"(梁韦弦,2003:245)损卦《象传》说:"君子以惩忿窒欲。"程颐在《程氏易传》中说:"君子观损之象,以损于己:在修己之道所当损者,唯忿与欲。故以惩戒其忿怒,窒塞其意欲也。"(梁韦弦,2003:247)君子淑世安民,先要修己以惩忿窒欲,然后可行处事之道。

益卦《彖传》说:"益,损上益下,民说无疆。自上下下,其道大光。利有攸往,中正有庆。利涉大川,木道乃行。益动而巽,日进无疆。天施地生,其益无方。"益下者,利群益民,所以"民说无疆"。程颐在《程氏易传》中说:"损于上而益下,则民说之无疆,谓无穷极也。自上而降己以下下,其道之大光显也。"(梁韦弦,2003:251)又说:"益者,益于天下之道也,故利有攸往。益之道,可以济险难,利涉大川也。"(梁韦弦,2003:251)

木者喻仁性。益卦《彖传》言"木道乃行",风行仁爱之喻。所谓"天施地生,其益无方",无方表示无限量之义。程颐在《程氏易传》中说:"以天地之功,言益道之大,圣人体之以益天下也。天道资始,地道生物,天施地生,化育万物,各正性命,其益可谓无方矣。"(梁韦弦,2003:251)

益何以其益无方?益卦《象传》说:"君子以见善则迁,有过则改。"如果说损之道,强调损己以善心性,莫如"惩忿窒欲",以应乾道"自强不息"。那么益之道,则更多地强调益民以济天下,但以"改过迁善",以应坤道"厚德载物"。程颐在《程氏易传》中说:"盛衰损益如循环,损极必益,理自必然,益所以继损也。"(梁韦弦,2003:250)先损后益,自然之理。如果说损卦之意在去其私偏,那么益卦之意便要求其公平。

所以益道之要在于益卦上九爻辞所言"莫益之,或击之,立心不恒,凶"之中。对此,王弼注云:"处益之极,过盈者也。求益无己,心物恒者也。无厌之求,人肤与也。独唱莫和,是'偏辞也'。人道恶盈,怨者非一,故曰'或击之'也。"在《周易·系辞》中孔子云："君子安其身而后动,易其心而后语,定其交而后求。君子修此三者,故全也。危以动,则民不与也。惧以语,则民不应也。无交而求,则民不与也。莫之与,则伤之者至矣。《易》曰:'莫益之,或击之,立心勿恒,凶。'"对此,程颐在《程氏易传》中说:"理者天下之至公,利者众人所同欲。苟公其心,不失其正理,则与众同利,无侵于人,人亦欲与之。若切于好利,蔽于自私,求自益以损人,则人亦与之力争,故莫肯益之,而有击夺之者矣。"(梁韦弦,2003:255)所以益卦上九《象传》之言,正是君子行益道安民安天下的公平准则。

损益之道,处事淑世之得失,必也应时而行。故损、益两卦《彖传》皆强调"与时偕行",特别是利益天下之道更要审时度势而行。程颐在《程氏易传》中说:"圣人利益天下之道,应时顺理,与天地合,与时偕行也。"(梁韦弦,2003:251-252)

比如就当今社会而言,要想社会得到更好的治理,就应该更多体现公平原则,使得"利益天下",取得更好的效果。因此德国经济学家克劳斯·施瓦布和彼得·万哈姆在《利益相关者》中指出:"政府要想发挥最大的效用,应该遵循一条更加务实的路径。最简单来说,在利益相关者模式中,政府的主要作用是实现公平的繁荣。这意味着政府应该使每个个体行为者都能够最大限度地实现繁荣,但前提是要以对民众和地球都公平的方式。"(施瓦布,2021:284)具体而言就是:第一,提供人人平等的机会,遏制不平等现象;第二,监管市场和企业;第三,守护地球环境免遭破坏。

损益之道就当如此与时偕行,方能"应时顺理,与天地合"。所以在帛书《要》中讲到损益之卦,孔子诫门弟子说:"损益之道,足以观天地之变而君者之事已。是以察于损益之变者,不可动以忧喜。故明君不时不宿,不日不月,不卜不筮,而知吉与凶,顺于天地之心,此谓易道。故易有天道焉,而不可以日月生辰尽称也,故为之阴阳;有地道焉,不可以水火金土木尽称也,故律之以柔刚;有人道焉,不可以父子君臣夫妇先后尽称也,故为之以上下;有四时之变焉,不可以万物尽称也,故为之以八卦。故易之为书也,一类不足以极之,变以备其情者也。……损益之道,足以观得失矣。"(韩中民,1998)其中所言中心思想,就是要通过天道规律,顺乎天地之心,"是以察于损益之变者,不可动以忧喜"。并断言"损益之道,足以观得失矣"。

由此可见,就处事淑世得失而言,《周易》卦象无非损益之道。《周易·系辞》说:"夫易,彰往而察来,而微显阐幽。开而当名,辨物正言,断辞则备矣。其称名也小,其取类也大。其旨远,其辞文,其言曲而中。其事肆而隐。因贰以济民行,以明失得之报。"可见明损益之用则可以"明失得之报"。

在具体的卦序安排上,则强调吉凶消长、进退存亡之道,体用显微之间无不体现损益得失相互阐发。所以在《周易》卦象体系中,损益之道主要体现在两两卦对的对比之中。在文王《周易》卦序中,出卦次序是成对列示来贞喻人事的。故处事淑世之说,均以二卦相对而论,一卦效法刚健,一卦效法柔顺,相辅相成,其道无穷。

南宋功利学派的代表人物叶适在《习学记言序目》中对《周易》做了较为详细的评述。《易》之条目,叶适以《象传》为正,认为"皆因是象,用是德,修身应事,致治消息之正条目也"(叶适,1977:35)。这里指每卦之《象传》为核心之正条目。强调两两对卦而为六十四卦。所以叶适论卦之义,成对释之。

从整体上看,《易传》是按照"圣人作易以垂教"的原则,对卦象进行引伸性的阐释,为君子处事淑世提供基本准则。应该说《彖传》《象传》两传的本义,就是为了"垂教",通过知天道以定淑世原则,采用的方法就是取象比类法,有此卦则象此义。正如叶适所说,《易》之条目的重点便在《象传》,每说一卦,必有一"象曰",明言君子当如何。从这个意义上讲,易道圣学的淑世旨意大抵都是以天道喻人事来展开,将天道、世道和人道有机联系起来,遵循天人同道的思想。

从具体内容上看,《彖传》《象传》两传论述处事淑世,都是强调道德修养为基础的。这也是遵循了先秦圣道的一贯思想传统。在《论语·为政》中孔子就说:"为政以德,譬如北辰,居其所而众星共之。"(何晏,1999:14)孟子也说:"君子之守,修其身而天下平。"(赵岐,1999:400)《大学》也说"诚意、正心、修身",然后"齐家、治国、平天下"。这方面,帝尧就是榜样。《尚书·尧典》:"曰若稽古,帝尧曰放勋。钦明文思安安,允恭克让,光被四表,格于上下。克明俊德,以亲九族。九族既睦,平章百姓。百姓昭明,

协和万邦。黎民于变时雍。"(孔安国,1999:25-27)

确实,淑世亲民道济天下,首先是要自我完善,成为君子。在《礼记·中庸》中引孔子话说:"知所以修身,则知所以治人。知所以治人,则知所以治天下国家矣。"(郑玄,1999:1442)因此孔子首先要求君子立下"志于道,据于德,依于仁,游于艺"(何晏,1999:85)。为了达到这样的大志向,君子就必须好学,做到"食无求饱,居无求安,敏于事而慎于言,就有道而正焉"(何晏,1999:11),并通过九思三戒,达成文质彬彬、不忧不惧、安乐自在的君子境界。

这样的思想也充分体现在《周易》对处事淑世的要求之中。因此,先圣之所以作《易》,就是出于忧患之心。《周易·系辞》说:"《易》之兴也,其于中古乎?作《易》者,其有忧患乎?……是故履,德之基也。谦,德之柄也。复,德之本也。恒,德之固也。损,德之修也。益,德之裕也。困,德之辨也。井,德之地也。巽,德之制也。履,和而至。谦,尊而光。复,小而辨于物。恒,杂而不厌。损,先难而后易。益,长裕而不设。困,穷而通。井,居其所而迁。巽,称而隐。履以和行,谦以制礼,复以自知,恒以一德,损以远害,益以兴利,困以寡怨,井以辨义,巽以行权。"从履以和行开始,到损益的远害兴利,再到最后的巽以行权,君子修身而后淑世的完整途径已经呈现无遗了。

以九卦喻九德,就是强调处事淑世当以修德为先。至于在易道圣学中如何明德蓄德,我们在第四章第三节中已经做了系统的论述,我们这里则是关心的明德蓄德之后,如何达成兼济天下。大畜《象传》最后说:"利涉大川,应乎天也。"君子蓄德至大,可以济天下民众之险难,是为大畜之用。

三、齐家化俗基础

君子蓄德处事的第一个场所,在中国文化体系中无疑就是家庭,所谓齐家为基础。《礼记·大学》强调:"身修而后家齐,家齐而后国治,国治而后天下平。"(郑玄,1999:1592)因此,身修蓄德之后,治平之道首先在家齐之治。

程颐说:"夫人有诸身则能施于家,行于家者则能施于国,至于天下治。治天下之道,盖治家之道也,推而行之于外耳。"(梁韦弦,2003:224)治家之道在于家道正。家人《彖传》说:"男女正,天地之大义也。家人有严君焉,父母之谓也。父父、子子、兄兄、弟弟、夫夫、妇妇而家道正,正家而天下定矣。"

无论男女老少,言行正然后家人和睦。何为言行正?家人《象传》说:"君子言有物而行有恒。"程颐说:"言慎行修,则身正而家治矣。"(梁韦弦,2003:225)其要点在于家人六爻《象传》之中:初九言"'闲有家',志未变也"(虽闲居,其志不变);六二言"六二之'吉',顺以巽也"(家庭和顺为吉);九三言"'家人嗃嗃',未失也",而"'妇子嘻嘻',失家节也"(宁可家人过乎恭谨也不可喜笑无节);六四言"'富家,大吉',顺在位也"(家庭致富大吉);九五言"'王假有家',交相爱也"(家庭相爱是王道),以及上九言"威如之吉,反身之谓也"(孔颖达正义:身得人敬泽敬于人,明知身敬于人人亦敬己,反之于身则知施之于人,故曰"反身之谓"也)。

当然,家人倡导相亲相爱,但难免也会有各种冲突,这是人类情欲脑与理智脑未达中和的自然结果。美国学者史蒂文·平克在《心智探奇:人类心智的起源与进化》中指出:"在现实世界中,我们的生活故事大多充满了冲突:包括父母、兄弟、姐妹、孩子、配偶、情人、朋友以及竞争者给予的伤害、罪责和敌对。"(平克,2016:436)

面对家人之间不同意见相左,应该允许不同的声音,但能求同存异,便能达到和而不同之和睦。所以与家人相对,便是睽卦。睽卦《彖传》说:"天地睽而其事同也,男女睽而其志通也,万物睽而其事类也。睽之时用大矣哉!"睽卦《象传》说:"君子以同而异。"此乃处异之道。

在《论语·子路》中孔子说:"君子和而不同,小人同而不和。"(何晏,1999:179)《礼记·中庸》有言:"故君子和而不流,强哉矫。"(郑玄,1999:1427)同中有异如睽卦《彖传》"二女同居,其志不同行"。异而有同如睽卦《彖传》"男女睽而其志通也"。一本万殊,万物之理。程颐说:"推物理之同,以明睽之时用,乃圣人合睽之道也。"(梁韦弦,2003:230)因此,叶适综合家人与睽卦之义指出:"人不知分限,故不能立家,以睽孤之私志,灭和顺之公心,虽有家犹无家也。必合而观之,舍彼取此,则风自火出而家道盛矣。"(叶适,1977:22)所谓家和百事兴。

有家难免有饮食,所谓"民以食为天",故饮食是为必需。需卦《彖传》说:"刚健而不陷,其义不困穷矣。'需,有孚,光亨贞吉',位乎天位,以正中也。利涉大川,往有功也。"内心诚信为"孚",出乎真诚之需,是为天道正中之义,故说"义不困穷矣"而能克险难而"有功",所谓"利涉大川,往有功也"。

需卦《象传》说:"君子以饮食宴乐。"程颐对此议云:"君子观云上于天,需而为雨之象。怀其道德,亦以待时,饮食以养其气体,宴乐以和其心志,所谓居易以俟命也。"(梁韦弦,2003:77)如此宴乐、居易则心身康乐,乃为养生之则。

居家邻里或有争讼,故与需和睽相反,必有讼象。讼卦《彖传》说:"'讼,有孚,窒惕中吉',刚来而得中也。'终凶',讼不可成也。'利见大人',尚中正也。'不利涉大川',入于渊也。"程颐对此议云:"讼者与人争辩,而待决于人,虽有孚,亦须窒塞未通。不窒,则已明无讼矣。"(梁韦弦,2003:80)又云:"讼非善事,不得已也,安可终极其事?极意于其事则凶矣,故曰不可成也。"(梁韦弦,2003:81)

因此,不得已有争讼之时,当知见好就收,穷寇莫追。所以讼卦初六《象传》说:"'不永所事',讼不可长也。"关键要遇见"有德之人(大人)"来断讼,以求"中正"。所以讼卦九五《象传》说:"'讼,元吉',以中正也。"

当然,更好的策略是避免争讼。在《论语·颜渊》中孔子说:"听讼,吾犹人也。必也,使无讼乎!"(何晏,1999:165)如何使无讼?讼卦《象传》说:"君子以作事谋始。"程颐对此议云:"君子观象,知人情有争讼之道,故凡所作事,必谋其始。绝讼端于事之始,则讼无由生矣。"(梁韦弦,2003:81)做任何事,唯有预先谋划周全,才能避免争讼事端的出现。

家庭生活的第二个不可避免之事就是男女婚嫁。男女婚嫁之事,不可急迫,当守渐道,从长计议,故《易》有渐卦。渐卦《彖传》说:"渐,之进也。女归吉也。进得位,往有功也。进以正,可以正邦也。"所谓渐进女归,吉。关键在于"得位"(地位相当)和"以正"(名正言顺),这样不仅可以正家,乃至可以"正邦"。《礼记·中庸》所言:"君子之道,造端乎夫妇。及其至也,察乎天地。"(郑玄,1999:1429)

所以男女婚姻选人重在"贤德",仪式在于"善俗"。渐卦《象传》说:

"君子以居贤德善俗。"程颐对此议云:"君子观渐之象,以居贤善之德,化美于风俗。人之进于贤德,必有其渐,习而后能安,非可陵节而遽至也。在己且然,教化之于人,不以渐,其能入乎?移风易俗,非一朝一夕所能成,故善俗必以渐也。"(梁韦弦,2003:307)移风易俗,养成良好的婚俗风气十分重要。

当然,更重要的还在于两相情愿而和顺,渐卦中正之位九五《象传》说:"'终莫之胜,吉',得所愿也。"此言正应《象传》所言:"其位,刚得中也。止而巽,动不穷也。"程颐对此议云:"内艮止,外巽顺。止为安静之象,巽为和顺之义。人之进也,若以欲心之动,则躁而不得其渐,故有困穷。在渐之义,内止静而外巽顺,故其进动不有困穷也。"(梁韦弦,2003:307)安静和顺,是美好婚姻之所愿。

渐道之后,便可"归妹",所谓渐归于妹。归妹《彖传》说:"归妹,天地之大义也。天地不交,而万物不兴。归妹,人之终始也。说以动,所归妹也。'征凶',位不当也。'无攸利',柔乘刚也。"程颐对此议云:"归妹,女归于男也,故云天地之大义也。"(梁韦弦,2003:312)归妹《象传》说:"君子以永终知敝。"程颐对此议云:"君子观男女配合,生息相续之象,而以永其终,知有敝也。永终谓生息嗣续,永久其传也。知敝谓知物有敝坏,而为相续之道也。"(梁韦弦,2003:313)唯有"知敝"方能"永终",白头偕老,相爱长远,生息嗣续,民族昌盛。

最后我们着重指出,中国传统文化倡导的孝道文化并不可取,在倡导人人平等的现代社会里,孝道必然会被仁道所替代。孝道是建立在不平等的父子关系之上的说教,而仁道则强调人人平等地相互眷爱:"我认为随着民情和法制日益民主,父子关系也会更加亲密和温和,而不像以前那样讲究规矩和仰仗权威,他们之间的信任和眷爱也往往是坚定的。"(托克维尔,1991:735)现代社会松弛了强制性的社会关系而紧密了血缘性的自然关系,更能体现自然天性,即仁爱本性。

到此为止,我们不但了解了易道圣学治理天下宗旨以及乾坤合德的运用原则,而且我们也论述了齐家正风化俗的具体要求。在此基础上,我们就可以按照卦象成对相互损益的角度来论述《周易》,特别是《彖传》《象传》两传中的淑世治理思想。因此,接下来我们主要依据刚柔相济的治理途径,分别来给出如下"用刚安邦济群"与"怀柔修身亲民"两个章节的论述内容,了解易道圣学有关道济天下的核心思想。

第二节　用刚安邦济群

《礼记·中庸》说:"凡为天下国家有九经,曰修身也,尊贤也,亲亲也,敬大臣也,体群臣也,子庶民也,来百工也,柔远人也,怀诸侯也。修身则道立,尊贤则不惑,亲亲则诸父昆弟不怨,敬大臣则不眩,体群臣则士之报礼重,子庶民则百姓劝,来百工则财用足,柔远人则四方归之,怀诸侯则天下畏之。"(郑玄,1999:1442)与此类似,《周易》卦象中也有安邦济群之论,包括建章立制养正、慎用折狱致刑和治群解弊纲纪三个方面的论述。

一、建章立制中正

有天地然后有屯蒙,我们从屯蒙开始论述建章立制问题,从中了解在《周易》卦象中有关建章立制的思想。屯卦《彖传》说:"屯,刚柔始交而难生,动乎险中,大亨贞。雷雨之动满盈,天造草昧,宜建侯而不宁。"程颐对此议云:"天下之屯,岂独力所能济?必广资辅助,故利建侯也。"(梁韦弦,2003:67)屯卦之"利建侯",立君之义。所以屯卦乃为民所归侯之象。朱熹说:"天下未定,名分未明,宜立君以统治,而未可遽谓安宁之时也。"(萧汉明,2003:169)

康有为在《大同书》中说:"《易》曰:'天造草昧,宜建侯而不宁。'盖草昧之世,诸国并立,则强弱相并,大小相争,日役兵戈,涂炭生民,最不宁哉! 故屯难之生即继于乾坤既定之后,吁嗟危哉!"(康有为,2009:45)

建侯不宁,就需要统合为天下联邦,这就是西周采用天下分封的动因。法国政治学家托克维尔说:"如果只有小国而无大国,人类无疑会更加自由和幸福。"又说:"在世界上,大国的存在为国家繁荣提供了一个新的因素:即力量。"因此得出结论:"为了把因国家之大而产生的好处和因国家之小而产生的好处结合起来,才创立了联邦制度。"(托克维尔,1991:181)简单说:"联邦既像一个小国那样自由和幸福,又像一个大国那样光荣和强大。"(托克维尔,1991:183)西周时期,包括三年共和,通过礼乐制度基本上还能维持这样一种天下联邦运作体系,但到了东周礼崩乐坏,于是就天下大乱。因此如何经纶天下就成为关键。

所以屯卦《象传》说:"君子以经纶。"程颐对此议云:"君子观屯之象,经纶天下之事,以济于屯难。"(梁韦弦,2003:68)经纶天下从体恤下众以得民心为始。故屯卦初九《象传》说:"虽'磐桓',志行正也。以贵下贱,大得民也。""磐桓",即盘桓,不进之意,此时更应心志行正。"以贵下贱",此乃求辅助以建侯。

经纶天下之正位,即九五之爻。屯卦九五《象传》说:"'屯其膏',施未光也。"膏者,凝聚不流之象。程颐对此议云:"五居尊得正,而当屯时,若有刚明之贤为之辅,则能济屯矣。以其无臣,故屯其膏。人君之尊,虽屯难之世,于其名位,非有损也。唯其施为有所不行,德泽有所不下,是屯其膏,人君之屯之也。"(梁韦弦,2003:71)

帛书《缪和》中吕昌问浮丘伯先生易屯之九五之义,浮丘伯先生说:"夫易,上圣之治也。古君子处尊思卑,处贵思贱,处富思贫,处乐思劳。此四者,足以长又(有)其[立],名与天地俱。今易曰'屯其膏',此言自闭者也。夫处上立者,自利而不自血(恤)下,小之猷可,大之必凶。且夫君国又(有)人而厚俭,致正以自封也,而不愿其人,此余也。王能见其将(此处脱落4字)未失,君子之道也。其小之吉,不亦宜乎?物未梦兆而先知之者,圣人之志也,三代所以治其国也。"(许抗生,1993)将"屯其膏"之义阐发得非常详尽了。

建侯以经纶天下之事,首要开智启蒙,所以与屯卦相配者,即是蒙卦。蒙卦《象传》说:"蒙以养正,圣功也。"启蒙教育关键是以圣功"养正"!那么如何"蒙以养正"呢?蒙卦《象传》说:"君子以果行育德。"程颐对此议云:"观其出而未能通行,则以果决其所行;观其始出而未有所向,则以养育其明德也。"(梁韦弦,2003:73)蒙卦之义强调的是通过"果行育德"来"蒙以养正",此即"养育其明德"。

蒙卦之所亨通,"以亨行,时中也"。周敦颐在《通书·蒙艮》中说:"童蒙求我,我正果行,如筮焉。筮,叩神也,再三则渎矣,渎则不告也。山下出泉,静而清也。汩则乱,乱不决也,慎哉,其惟时中乎!"(周敦颐,2000:42)蒙卦是艮上坎下,艮象山,坎象水,所以说是"山下出泉,静而清也"。

童蒙养正之要点主要体现在蒙卦的初六、九二和六五《象传》之中。

首先,童蒙养正实为刚柔相济之道,刑法用刚,德化为柔。所以蒙卦初六《象传》说:"'利用刑人',以正法也。"程颐对此议云:"治蒙之始,立其防限,明其罪罚,正其法也,使之由之,渐至于化也。或疑发蒙之初,遽用刑人,无乃不教而诛乎?不知立法制刑,乃所以教也。盖后之论刑者,不复知教化在其中矣。"(梁韦弦,2003:74)朱熹也云:"发蒙之初,法不可不正,惩戒所以正法也。"(萧汉明,2003:195)童蒙养正,先当立定规范,养成良好的行为习惯,然后再加以启智。

其次,蒙卦九二《象传》说:"'子克家',刚柔接也。"程颐对此议云:"未发之谓蒙,以纯一未发之蒙养其正,乃作圣之功也。发而后禁,则扞格而难胜。养正于蒙,学之至善也。"(梁韦弦,2003:73)由此可见,启蒙教育重在"禁于未发",如果等到不良习惯已发再来加以禁止,那就会抵触不通而难以纠正了。

最后,蒙卦六五《象传》说:"'童蒙'之吉,顺以巽也。"程颐对此议云:"舍己从人,顺从也。降志下求,卑巽也。能如是,伏于天下矣。"(梁韦弦,2003:75)童蒙养正,莫过于此:"舍己从人",可以厚德;"降志下求",可以增才。德才皆备,可以"伏于天下矣",所谓"君子经纶天下之事"。

《周易》治道论述强调"建侯行师"并举,所以屯—蒙两卦之后就是师—比两卦。如果说屯蒙着重"建侯",那么师比便在意"行师"。师卦《象传》说:"师,众也;贞,正也。能以众正,可以王矣。刚中而应,行险而顺,以此毒(役)天下而民从之,吉又何咎矣!"程颐对此议云:"师之道,以正为本。兴师动众以毒(役)天下,而不以正,民弗从也,强驱之耳。故师以贞为主。"(梁韦弦,2003:84)所谓名正言顺,然后可以号令民众。

师卦《象传》说:"君子以容民畜众。"程颐对此议云:"能使众人皆正,可以王天下矣。得众心服从而归正,王道止于是也。"(梁韦弦,2003:84)要师出有名,匡扶正义,方能兴师以讨伐。所以程颐又云:"师旅之兴,不无伤财害人,毒(役)言天下,然而民心从之者,以其义动也。"(梁韦弦,2003:85)

行师之要,除了强调统帅承命正行和爱惜战士生命之外,便在初六《象传》论述之中。初六《象传》说:"'师出以律',失律凶也。"是强调纪律的重要性。程颐对此议云:"在行师而言,律谓号令节制。行师之道,以号令节制为本,所以统制于众。不以律,则虽善亦凶,虽使胜捷,犹凶道也。"(梁韦弦,2003:85)又云:"在邦国兴师而言,合义理,则是以律法也,谓以禁乱诛暴而动。苟动不以义,则虽善亦凶道也。善谓克胜,凶谓殃民害义也。"(梁韦弦,2003:85)

当然,正义之师要合乎义理,要师出有名;若欲天下平和,无过于亲比之道,所以与师卦相对就是比卦,师与比刚柔相济。比卦《彖传》说:"比,吉也。比,辅也,下顺从也。"程颐对此议云:"凡生天地之间,未有不相亲比而能自存者也。比之道,由两志相求。两志不相求,则睽矣。君怀抚其下,下亲辅其上,亲戚朋友乡党皆然,故当上下合志以相从。苟无相求之意,则离而凶矣。大抵人情相求则合,相持则睽。相持,相待莫先也。人之相亲固有道,然而欲比之志,不可缓也。"(梁韦弦,2003:89)

所以比卦《象传》说:"先王以建万国,亲诸侯。"程颐对此议云:"建立万国,所以比民也。亲抚诸侯,所以比天下也。"(梁韦弦,2003:90)正如其兄程颢在《识仁篇》中所言:"仁者,浑然与物同体。"所谓人类整体关联性使然。引而申之,就是要强调人类命运共同体,从"比民"一直到"比天下"。

比卦六二《象传》说:"'比之自内',不自失也。"程颐对此议云:"守己中正之道,以待上之求,乃不自失也。"又云:"士之修己,乃求上之道;降志辱身,非自重之道也。故伊尹、武侯救天下之心非不切,必待礼至,然后出也。"(梁韦弦,2003:91)比卦九五《象传》说:"'显比'之吉,位正中也。"所以程颐对此议云:"人君比天下之道,当显明其比道而已。如诚意以待物,恕己以及人,发政施仁,使天下蒙其惠泽,是人君亲比天下之道也。"(梁韦弦,2003:92)所谓唯行仁政可以道济天下。

另外,相比之道当以中正诚信为本。所谓亲比,将心比心,推己及人而已。所以叶适说:"若夫狎所近,昵所从,各私其私,而以比为贵者,世之邪德,而君子之所禁也。"(叶适,1977:5)唯有本着天下为公,践行人类命运共同体的理念,方是比之正道。

建侯行师必有涣节,故当守涣节进退之道。涣卦《彖传》说:"刚来而不穷,柔得位乎外而上同。'王假有庙',王乃在中也。'利涉大川',乘木有功也。"注意,这里的"涣"非涣散之"涣",而是涣然之"涣"。叶适云:"盖涣者,融释通达之义。如以为散,则萃以聚有庙,涣可以散立庙乎?"(叶适,1977:32)所以涣卦《象传》说:"先王以享于帝立庙。"叶适云:"当是时,刚来而柔得位乎外,阴阳合和,郁滞者解,凝止者通,涣然发越,王道之所会也。故可以享帝立庙,犹豫以作乐崇德也。"(叶适,1977:32)

享帝立庙,使民心有所归。所谓有"庙",为文明之源、文化之宗、民心所归之处。圣学之道,即是天下百姓之"庙"。孟子说:"得其民有道,得其心,斯得民矣。"(赵岐,1999:198)唯有圣道"涣然发越"之际,便是"享帝立庙"之时。所以涣卦九二《象传》说:"'涣奔其机',得愿也。"这里的"涣奔其机"就是把握"涣然发越"而文明化成天下之几,便可以实现道济天下之愿。所以涣卦六四《象传》说:"'涣其群,元吉',光大也。"现今正值中华民族伟大复兴之际,更应该自觉将中华圣道文化"涣奔其机",以引领全球化文明的未来发展,"涣其群"以现实人类命运共同体的美好愿望。

再次强调,涣者非涣散之义而为涣发之义。涣发者,厚积而薄发者也。涣之道当守中正,涣卦九五《象传》说:"'王居无咎',正位也。"注意,帛书涣卦九五爻辞为:"九五,涣其肝大号。涣,王居,无咎。"对此帛书《周易·二三子》记有孔子的话说:"涣,大美也,肝言其内。其内大美,其外必有大声问。"(许抗生,1993)其内大美,中正之道。

中正之道,无过无不及,所以过涣则遇节。叶适云:"涣之反自当节。"(叶适,1977:32)节卦《象传》说:"刚柔分而刚得中。'苦节不可贞',其道穷也。说以行险,当位以节,中正以通。天地节而四时成,节以制度,不伤财,不害民。"程颐对此议云:"事既有节,则能致亨通,故节有亨义。节贵适中,过则苦矣。节至于苦,岂能常也?"(梁韦弦,2003:337)程颐又云:"圣人立制度以为节,故能不伤财害民。人欲之无穷也,苟非节以制度,则侈肆至于伤财害民矣。"(梁韦弦,2003:338)

所以节卦《象传》说:"君子以制数度,议德行。"程颐对此议云:"君子观节之象,以制立数度。……议德行者,存诸中为德,发于外为行。人之德行当义则中节。"(梁韦弦,2003:338)制数度议德而行,建章立制之要。节卦初九《象传》说:"'不出户庭',知通塞也。"《周易·系辞》说:"'不出户庭,无咎。'子曰:'乱之所生也,则言语以为阶。'君不密则失臣,臣不密则失身,几事不密则害成。是以君子慎密而不出也。"以一斑窥全豹,节道致用可见。

如果说过涣要节,以适中正之道,那么过节不及自然也非中正之道,所以节卦上六《象传》说:"'苦节,贞凶',其道穷也。"制度规章(制数度)和道德约束(议德行)也不可过于严厉。凡是建章立制要适合民情,恪守中正之道,不可有所偏颇。

二、慎用折狱致刑

刑罚是治群不可或缺的惩戒措施。法律的制定必须符合天道法则,源于天道赋予的本性(仁爱之性),有助于社会和谐团结的体验意识,并形成具体的规则和律法。周敦颐在《通书·刑》指出:"圣人之法天,以政养万民,肃之以刑。民之盛也,欲动情胜,利害相攻,不止则贼灭无伦焉,故得刑以治。情伪微暧,其变千状,苟非中正明达果断者,不能治也。《讼卦》曰'利见大人',以刚得中也。《噬嗑》曰'利用狱',以动而明也。呜呼!天下之广,主刑者,民之司命也,任用可不慎乎!"(周敦颐,2000:42)

这里的"噬嗑"便是《周易》卦象。程颐云:"口中有物,则隔其上下,不得嗑,必啮之,则得嗑,故为噬嗑。"(梁韦弦,2003:148)噬嗑《象传》说:"颐中有物,曰'噬嗑'。噬嗑而亨,刚柔,分动而明,雷电合而章。柔得中而上行,虽不当位,'利用狱'也。"程颐对此议云:"照与威并行,用狱之道也。能照则无所隐情,有威则莫敢不畏。"(梁韦弦,2003:149)照威并行,方能使刑法发挥应有效应。

所以噬嗑《象传》说:"先王以明罚敕法。"程颐对此议云:"先王观雷之象,法其明与威,以明其刑罚,饬(敕)其法令。法则,明事理而为之防者也。"(梁韦弦,2003:149)又云:"圣人以卦之象,推之天下之事。嗑,合也。在口则为有物隔而不得合,在天下则为有强梗或馋邪间隔于其间。故天下之事不得合也,当用刑罚,小则惩戒,大则诛戮以除之,然后天下之治得成矣。"(梁韦弦,2003:148)此为量刑准则。

噬嗑初九《象传》说:"'屦校灭趾',不行也。"《周易·系辞》引用孔子语说:"小人不耻不仁,不畏不义,不见利不劝,不威不惩。小惩而大诫,此小人之福也。《易》曰:'屦校灭趾,无咎。'此之谓也。善不积不足以成名,恶不积不足以灭身。小人以小善为无益而弗为也，以小恶为无伤而弗去也。故恶积而不可掩，罪大而不可解。"善小而不为，恶小而不去，乃取败之道。因此，防微杜渐为刑法之要义。

噬嗑六五《象传》说："'贞厉无咎'，得当也。"程颐对此议云："而利于用狱者，治狱之道。全刚则伤于严暴，过柔则失于宽纵，五为用狱之主，以柔处刚而得中，得用狱之宜也。"（梁韦弦，2003：149）所谓"利用狱"，也当恪守中道，需要刚柔相济。

噬嗑上九《象传》说："'何校灭耳'，聪不明也"。《周易·系辞》指出："易曰：'何校灭耳，凶。'子曰：'危者，安其位者也。亡者，保其存者也。乱者，有其治者也。是故君子安而不忘亡，治而不忘乱，是以身安而国家可保也。'"居安思危，法制所以立。

不过刑罚使用需要谨慎，所以与"噬嗑"相对之卦便是贲卦。贲卦《彖传》说："柔来而文刚，故'亨'；分刚上而文柔，故'小利有攸往'。刚柔交错，天文也。文明以止，人文也（王弼注云：止物不以威武而以文明，人之文也）；观乎'天文'，以察时变；观乎'人文'，以化成天下。"这里的天文是指天道，人文是指人道，以天道喻人道，化成天下文明以止，是贲卦所蕴之道。

所以贲卦《象传》说："君子以明庶政，无敢折狱。"程颐对此议云："君子观山下有火明照之象，以修明其庶政，成文明之治，而无果敢于折狱也。折狱者，人君之所致慎也，岂可恃其明而轻自用乎？乃圣人之用心也，为戒深矣。"（梁韦弦，2003：155）

刑法之用不得已而为之，治群之道当慎用。叶适云："宜于明罚敕法而无敢折狱者为之继也，且皆以为明，而明之于狱，孰与自有其明而明之于政乎？故刑法虽先王之所用，而君子则必去彼而取此矣。"（叶适，1977：14-15）

所以"折狱致刑"必明其情实而处之，当用于"丰"时，当免于"旅"时。正如叶适所指出的："丰则噬嗑也，旅则贲也，皆施之于刑而不施之于德也。"（叶适，1977：30）凡惩戒之用刑罚，重在训诫。

丰卦《象传》说："王假之，尚大也。'勿忧，宜日中'，宜照天下也。日中则昃，月盈则食，天地盈虚，与时消息，而况于人乎？况于鬼神乎？"叶适云:"勿忧者,有忧也。时之在丰,人情之所喜,而何忧为?变而不流,亏而不益,常人之所玩,而君子之所畏也。"(叶适,1977:30)此所以刑法当用于"丰"时。因此,丰卦《象传》说:"君子以折狱致刑(王弼注云:文明以动,不失情理也)。"程颐对此议云:"折狱者必照其情实,唯明克矣。致刑者以威余奸恶,唯断乃成。故君子观雷电明动之象,以折狱致刑也。"(梁韦弦,2003:317)

然则于"旅"之时,则当"明慎用刑"。旅卦《象传》说:"柔得中乎外,而顺乎刚,止而丽乎明,是以'小亨,旅贞吉'也。旅之时义大矣哉!"程颐对此议云:"旅困之时,非阳刚中正,有助于下,不能致大亨也。"又云:"天下之事,当随时各适其宜,而旅为难处,故称其时义之大。"(梁韦弦,2003:322)

当处险难,不可以致刑。所以旅卦《象传》说:"君子以明,慎用刑而不留狱。"程颐对此议云:"君子观明照之象,则以明慎用刑,明不可恃故戒于慎明,而止亦慎象。观火行不处之象,则不留狱。狱者不得已而设,民有罪而入,岂可留滞淹久也?"(梁韦弦,2003:323)此便是"慎用刑而不留狱"的依据。

最后刑罚当守诚信,以行和顺之道,化导民众为当,故终应于中孚之象。中孚《象传》说:"中孚,柔在内而刚得中,说而巽,孚,乃化邦也。……中孚以'利贞',乃应乎天也。"叶适云:"中孚者,此刚之用而信之所由出也。"(叶适,1977:32)天道不过就是中孚而和正,所以说中孚乃应乎天。

中孚《象传》说:"君子以议狱缓死(王弼注云:信发于中,虽过可亮)。"程颐对此议云:"人心虚,故物能感之。风之动乎泽,犹物之感于中,故为中孚之象。君子观其象,以议狱与缓死。君子之于议狱,尽其忠而已。于决死,极于恻而已。故诚意常求于缓。缓,宽也。于天下之事,无所不尽其忠,而议狱缓死,最其大者也。"(梁韦弦,2003:342)

文明社会,应该废除死刑。或有人会说,废除死刑岂非让人们更加肆无忌惮了吗?实际上,在废除死刑的国度里,杀人案件反而下降了。为什么这样?因为这正是非线性法则必然会导致的结果。所以要去除极端的线性思维方式,而遵循和顺中正原则。

中孚和顺中正的原则,主要体现在其卦九二爻辞中。中孚九二《象传》说:"'其子和之',中心愿也"。《周易·系辞》引孔子语说:"君子居其室,出其言善,则千里之外应之,况其迩者乎?居其室,出其言不善,则千里之外违之,况其迩者乎?言出乎身,加乎民;行发乎迩,见乎远。言行,君子之枢机。枢机之发,荣辱之主也。言行,君子之所以动天地也,可不慎乎?"内心中孚之愿,应乎外在言行,可以不慎乎?

所以中孚与小过相互对照,宁可小过,不可违内心诚孚之愿。程颐云:"过,所以求就中也。所过者小事也,事之大者,岂可过也?"(梁韦弦,2003:345)小过《象传》说:"小者过而亨也。过以'利贞',与时行也。柔得中,是以'小事吉'也。刚失位而不中,是以'不可大事'也。有'飞鸟'之象焉。'飞鸟遗之音,不宜上,宜下,大吉',上逆而下顺也。"程颐对此议云:"过者,过其常也。若矫枉而过正,过所以就正也。事有时而当,然有待过而后能亨者,故小过自有亨义。"(梁韦弦,2003:344)

小过《象传》说:"君子以行过乎恭,丧过乎哀,用过于俭。"叶适云:"小过者,谓柔过乎刚,君子体其象'以行过乎恭,丧过乎哀,用过乎俭'。凡在吾身,若此类者可以过也,所以变柔成为刚也。"(叶适,1977:33)行恭、丧哀、用俭,皆自己内心之愿,属于宜过之事,当以勉励。但刑罚施加于人,乃不可过者,不当过而过,则为过也。所以君子治道,当慎用折狱致刑。

比如对于反映社会民情的舆论,就应该采取宽容的政策。因为根据脑科学的研究成果,无论是个人情绪,还是社会民情,都需要宣泄和疏导而不是压抑和掩盖。制止民情或情绪的最好办法就是尽情发露,将其公布于众。压制不良情绪或民情,不让其发泄出来,只会使这种情绪或民情更加泛滥,从而危害个人或社会机体健康。

在《国语》中,周厉王卿士邵公说:"防民之口,甚于防川。川壅而溃,伤人必多,民亦如之。是故为川者决之使导,为民者宣之使言。"(左丘明,1988:9)根据非线性科学得出的规律,疏导总比塞堵更有利于社会稳定。被权威压制的某种意见有可能是正确的,因为任何人没有这样的权威可以甄别真理。个人是易犯错误的,时代也一样是易犯错误的。(1)被压制的意见可能是正确的;(2)被压制的意见即使是错误,也可能包含部分真理;(3)即使公认的意见是正确的,不经过充分讨论也难以被人们接受;(4)教条性的意见,即使是正确的,也可能变成形式主义的东西。所以不管从何种角度,对反映民情的社会舆论持宽容态度都是值得鼓励的。

英国学者约翰·密尔在《论自由》中指出:"一切意见都是应当许其自由发表的,但条件是方式上须有节制,不要越出公平讨论的界限。"(密尔,1959:53)社会应该尊重冷静诚实讨论方式的自由言论,以防止多数暴力!但也必须强调,对于缺乏公正或情绪化的恶意、执迷和不宽容的讨论方式,要予以谴责,这样才能够保证社会舆论健康发展。

三、治群解弊纲纪

治群不易,难免遭遇险境,如何处之,必也遇蹇难而需要解困。蹇卦《象传》说:"蹇,难也,险在前也。见险而能止,知矣哉!蹇'利西南'(坤地),往得中也。'不利东北'(艮山),其道穷也。'利见大人',往有功也。当位'贞吉',以正邦也。蹇之时用大矣哉!"程颐对此议云:"蹇难之时,必有圣贤之人,则能济天下之难,故利见大人也。济难者必以大正之道,而坚固其守,故贞则吉也。"(梁韦弦,2003:235)

如何能够应蹇难之时而"正邦",唯当已"位"正而后能"贞吉"。在《论语·卫灵公》中孔子说:"君子求诸己,小人求诸人。"(何晏,1999:214)所以蹇卦《象传》说:"君子以反身修德(王弼注云:除难莫如反身修德)。"程颐对此议云:"君子观蹇难之象,而以反身修德。君子之遇艰阻,必反求诸己而益自修。"(梁韦弦,2003:236)孟子说:"行有不得者,皆反求诸己。"(赵岐,1999:192)这些都是强调面对蹇难时的应对原则,求诸己反身修德。

反身修德,以知其蹇而应对之,则蹇难自消。所以蹇卦六二《象传》说:"'王臣蹇蹇',终无尤也。"帛书《周易·二三子》载有孔子语说:"'王臣蹇蹇'者,言其难也。夫唯知其难也,故重言之,以戒今也。君子知难而备[之],则不难矣;见几而务之,[则]有功矣。故备难[者]易,务几者成。存其人,不言吉凶焉。"(许抗生,1993)

如此蹇难得解,故随以解卦。解卦《象传》说:"解,险以动。动而免乎险,解。'解,利西南',往得众也。'其来复吉',乃得中也。'有攸往,夙吉',往有功也。"程颐对此议云:"当天下之难方解,人始离艰苦,不可复以烦苛严急治之,当济以宽大简易,乃其宜也。如是则人心怀而安之,故利

于西南也。"(梁韦弦,2003:240)

西南坤地,厚德载物。"夫天下国家,必纪纲法度废乱,而后祸患生。圣人既解其难而安平无事矣,是无所往也。则当修复治道,还纲纪,明法度,进复先代明王之治,是来复也。谓反正理也,天下之吉也。"(梁韦弦,2003:240)复返明德仁性之正理,以此宗旨"还纲纪,明法度",唯施仁政才能有"天下之吉"。

解卦《象传》说:"君子赦过宥罪。"孔颖达正义说:"赦谓放免,过谓误失,宥谓宽宥,罪谓故犯,过轻则赦,罪重则宥,皆解缓之义也。"程颐对此议云:"君子观雷雨作解之象,体其发育,则施恩仁;体其解散,则行宽释也。"(梁韦弦,2003:241)修复治道,如及时之雨,就是"赦过宥罪"。所以解卦《象传》说:"天地解而雷雨作,雷雨作而百果草木皆甲坼。解之时大矣哉!"所谓施治以仁政。

叶适云:"夫其蹇也,修德改阙以反于己,及其解也,赦过宥罪以恕乎人,君子之道可知矣。"(叶适,1977:23)君子之道,不过忠恕而已,忠者约己"反身修德",恕则爱人"赦过宥罪"。此即为治群刚决之道。

夬卦《象传》说:"夬,决也,刚决柔也。健而说,决而和。'扬于王庭',柔乘五刚也。'孚号有厉',其危乃光也。'告自邑,不利即戎',所尚乃穷也。'利有攸往',刚长乃终也。"程颐对此议云:"君子势既足以去之,当显扬其罪于王朝大庭,使众知善恶也。……尽诚信以命其众,而知有危惧,则君子之道,乃无虞而光大也。"(梁韦弦,2003:257)叶适则云:"然则刚贵长而不贵决,决者,长之极,而势之不得已也。善养刚者,不使之至于极也。"(叶适,1977:24)刚夬不可过,防止刚愎自用,避免极端之决。

夬卦《象传》说:"君子以施禄及下,居德则忌。"程颐对此议云:"君子观泽决于上而注溉于下之象,则从施禄及下,谓施其禄泽以及于下也。"(梁韦弦,2003:258)然后虽"施禄及下"之为仁德,但不可以居德自恃,故有曰:"居德则忌。"

刚决然后宣告于四方,所以夬卦之后为姤卦。姤卦《象传》说:"天地相遇,品物咸章也。刚遇中正,天下大行也。姤之时义大矣哉!"程颐对此议云:"天地不相遇,则万物不生;君臣不相遇,则政治不兴;圣贤不相遇,则道德不亨;事物不相遇,则功用不成。姤之时与义,皆甚大也。"(梁韦弦,2003:262)治群之道离不开一切社会关系,社会关系不过就是建立在诸种相遇之上。所以说"姤之时义大矣哉!"

姤卦《象传》说:"后以施命诰四方(王弼注云:风行天下,则无物不遇,故为遇象)。"叶适云:"言于君子虽无所用之,而以人主之尊,体柔行巽以颁命令于天下,则姤之象也。"(叶适,1977:25)行巽者,风行天下而无所不周,故施其命令而周诰四方。

四方之民响应则聚,故继姤象之后为萃象。萃卦《象传》说:"萃,聚也。顺以说,刚中而应,故'聚'也。'王假有庙',致孝享也。'利见大人,亨',聚以正也。'用大牲,吉,利有攸往',顺天命也。观其所聚,而天地万物之情可见矣。"程颐对此议云:"王者萃聚天下之道,至于有庙,极也。群生至众也,而可一其归仰;人心其知其乡也,而能致其诚敬;鬼神之不可度也,而能致其来格。天下萃合人心,总援众志之道非一,其至大莫过于宗庙。故王者萃天下之道,至于有庙,则萃道之至也。"(梁韦弦,2003:266)人类社会的治理,具有号召力的主流文化思想观念(有庙)可以凝聚人心,从此可见一斑。

程颐又云:"天下之聚,必得大人以治之。人聚则乱,物聚则争,事聚则紊,非大人治之,则萃所以致争乱也。"(梁韦弦,2003:266)人聚若不加有效治理就易生乱,唯有德君子可以大治天下,平息争乱。

当然治群要有成效,这其中自然离不开对天赋民情的了解和把握。所以程颐又云:"观萃之理,可以见天地万物之情也。天地之化育,万物之生成,凡有者皆聚也。有无动静终始之理,聚散而已。故观其所以聚,则天地万物之情可见矣。"(梁韦弦,2003:267)了解民情民意以顺从天道法则,是治群的第一原则。

比如除治其戎器,戒备其不虞,就是了解民情聚散规律得出的重要措施。所以萃卦《象传》说:"君子以除戎器,戒不虞。"程颐对此议云:"君子观萃象,以除治戎器,用戒备于不虞。凡物之萃,则有不虞度之事,故众聚则有争,物聚则有夺。大率既聚则多故矣,故观萃象而戒也。除谓简治也,去弊恶也。除而聚之,所以戒不虞也。"(梁韦弦,2003:268)像美国社会任其枪支泛滥,显然是不符合圣道治理原则的。遭遇"不虞度之事",结果导致许多社会恶性暴力事件。

只有众聚而能"除戎器,戒不虞",才能聚德而有升华,故随之以升卦。升卦《象传》说:"柔以时升,巽而顺,刚中而应,是以大亨。'用见大人,勿恤',有庆也。'南征吉',志行也。"升为进升,程颐对此议云:"凡升之道,必由大人。升于位则由王公,升于道则由圣贤。"(梁韦弦,2003:272)群治聚德而升华,必积少成多,以圣道引领方能可能。

所以升卦《象传》说:"君子以顺德,积小以高大。"叶适云:"君子体升之象,达民所欲而助其往,顺德积小,不为物的,而高大著焉。然后知使其聚于己,不若听其升于彼也,其义微也。"(叶适,1977:25)也就是说,君子通过积小善不断提高自己,欲其向明以行其志向。道体本无大小,而君子之积德,一也。顺而致之,必由小以高大。但不可戕伐,亦不可助长。若有意助长,贪图进升,则必生弊病,适得其反而入蛊惑。但发智慧,方可挽回积弊,而终保其善图,此即治群之道。

在中国古代历史上,蛊惑之乱政时有发生,原因主要是在权力斗争的封建社会,官场钩心斗角,使人际关系趋于复杂化。现代中国的社会主义民主制度已经完全破除了古代的王权专制制度,优越的民主集中制度会使人际关系简单化。

当然,社会主义民主制度能够良好地运作需要有一大群具有共同利益或共同目标的公民。公民民主素质普遍形成的社会(接受到良好的社会主义民主观念、民主风气和民主生活等影响),才是社会主义民主制度的保障。因此人民主权要得到保障,关键的途径是教育民众。只有将民众都教育培养为德才皆备的人,那么人人都可以代表人民来参与社会治理,民有、民享和民治才可以成为必然。应该明白,民众天赋之性,人人平等,都有圣明之质,关键在于要有好的制度,如此人人方皆可成贤成圣。

第三节 怀柔修身亲民

在《礼记·哀公问》中,孔子对鲁哀公说:"古之为政,爱人为大。所以治爱人,礼为大。所以治礼,敬为大。敬之至矣。大昏为大,大昏至矣。大昏既至,冕而亲迎,亲之也。亲之也者,亲之也。是故君子兴敬为亲,舍敬是遗亲也。弗爱不亲,弗敬不正,爱与敬,其政之本与?"(郑玄,1999:

1375-1376)在《论语·宪问》中孔子说:"修己以敬","修己以安人","修己以安百姓"。(何晏,1999:204)因此在《周易》卦象中强调的有关淑世宗旨就是修身亲民之道,具体包括养义怀德天下、安邦政通人和以及教化文明天下三个方面。

一、养义怀德爱民

圣学治平之道肇始于治家。因此,将治家之道推而广之,就是成为天下万民治养之道。比如饮食之需推及万民,就是颐养之道。颐卦《象传》说:"颐,'贞吉',养正则吉也。'观颐',观其所养也。'自求口实',观其自养也。天地养万物,圣人养贤以及万民,颐之时大矣哉!"叶适云:"古人以颐为养义,而说者因以取象于口为颐。"(叶适,1977:17)

程颐对此议云:"人口所以饮食养人之身,故名为颐。圣人设卦,推养之义,大至于天地养育万物,圣人养贤以及万民。与人之养生、养形、养德、养人,皆颐养之道也。动息节宜,以养生也;饮食衣服,以养形也;威仪行义,以养德也;推己及物,以养人也。"(梁韦弦,2003:176)可见从饮食养人之身推及天地养万物的天道法则,再从此天道法则推及圣人养万民,强调民生正是以天道喻人事的体现。

颐养之道要从日常起居做起,方能无事不吉。颐卦《象传》说:"君子以慎言语,节饮食。"言语饮食,皆动之象也。慎之节之,不失其正,故知养正莫善于言语饮食。叶适云:"慎言语,所以养心也;节饮食,所以养形也。明乎此,然后初为灵龟,在上为由颐矣。"(叶适,1977:17)推而广之,言语饮食养正之道便是养德养天下之道。所以程颐对此议云:"故君子观其象以养其身,慎言语以养其德,节饮食以养其体。不唯就口取养义,事之至近而所系至大者,莫过于言语饮食也。在身为言语,于天下则凡命令政教出于身者皆是,慎之则必当而无失;在身为饮食,于天下则凡货资财用养于人者皆是,节之则适宜而无伤。推养之道,养德养天下,莫不然也。"(梁韦弦,2003:177-178)

颐卦六四《象传》说:"'颠颐'之吉,上施光也。"对此,程颐议云:"夫居上位者,必有才德威望,为下民所尊畏,则事行而众心服从。若或下易其上,则政出而人违,刑施而怨起,轻于陵犯,乱之由也。"(梁韦弦,2003:

180）所以欲行推养之道于天下，非大过之人不能，所以"大过"与颐卦相辅相成。

大过《彖传》说："大者过也。'栋桡'，本末弱也。刚过而中，巽而说行，'利有攸往'，乃亨。大过之时大矣哉（王弼注云：是君子有为之时也）！"朱熹对此议云："大过之时，非有大过人之才，不能济也。故叹其大。"（萧汉明，2003：178）圣贤道德功业，无不用其极，所以大过，非常人所能为。大功告成，有过人之处者，大过也。

大过《象传》说："君子以独立不惧，遁世无闷。"孔颖达正义说："明君子于衰难之时，卓尔独立，不有畏惧，隐遁于世而无忧闷，欲有遁难之心，其操不改。凡人遇此则不能，然唯君子独能如此，是其过越之义。"程颐对此议云："君子观大过之象，以立其大过之行。君子所以大过于人者，以其能独立不惧，遁世无闷也。天下非之而不顾，独立不惧也。举世不见知而不悔，遁世无闷也。如此然后能自守，所以为大过人也。"（梁韦弦，2003：183）大过之人，穷困则必能自守，通达则能济世。自守之义应困卦，济世之理在井卦。

困卦《彖传》说："困，刚掩也。险以说（王弼注云：处险而不改其说），困而不失其所，亨，其唯君子乎！贞，大人吉，以刚中也。有言不信，尚口乃穷也。"程颐对此议云："大人处困，不唯其道自吉，乐天安命，乃不失其吉也。况随时善处，复有裕乎？"（梁韦弦，2003：276）处困而能乐天安命，是为大人之吉。

所以困卦《象传》说："君子以致命遂志。"程颐对此议云："君子当困穷之时，既尽其防虑之道，而不得免，则命也，当推致其命，以遂其志。知命之当然也，则穷塞祸患不以动其心，行吾义而已。苟不知命，则恐惧于险难，损获于穷厄，所守亡矣，安能遂其为善之志乎？"（梁韦弦，2003：277）因为"君子之所欲者，泽天下之民，济天下之困也"（梁韦弦，2003：278），君子处困不改其志、不忘弘道养天下之志。

于是与困卦之象相辅相成，便是井卦之象。叶适曰："困之于人大矣，必若是而后亨。不然，则济困者皆所以重困也。反而为井，所以明水之必通也。"（叶适，1977：27）井卦《彖传》说："井养而不穷也，'改邑不改井'，乃以刚中也（王弼注云：以刚处中，故能定居其所而不变也）。"程颐对此议

云:"井之养于物,不有穷已,取之而不竭,德有常也。"(梁韦弦,2003:282)

所以井卦《象传》说:"君子以劳民劝相。"与人为善、施行仁义,必也劳民相助。君子之慰劳于民也,则劝其交相为养焉,故养而不穷矣。所谓"授之以鱼不如授之以渔",这也是风行以爱人的根本。叶适云:"夫岂惟水,天下之物,未有人不极其勤而可以致其用者也。目之色,耳之声,口之味,四肢之安佚,皆非一日之勤所能为也。智者知之积,一粒之萌芽,一缕之滋长,以教天下,天下由之而不自知也,皆劳民劝相之道也。"(叶适,1977:28)此时君子必申明其命,笃行其事,乃可以感万民,故说君子之德风。孔子曰:"仁远乎哉?我欲仁,斯仁至矣(注云:仁道不远,行之即是)。"(何晏,1999:95)风行仁爱是为君子之德风。

除了颐养之道可以推己治平天下,男女相感之道也可以推及天下,以见天下万物之情而化成天下。咸卦《象传》说:"咸,感也。柔上而刚下,二气感应以相与。止而说,男下女,是以'亨,利贞','取女吉'也。天地感而万物化生,圣人感人心而天下和平。观其所感,而天地万物之情可见矣。"程颐议云:"咸,感也,以说为主;恒,常也,以正为本。"(梁韦弦,2003:197)少女(兑上)、少男(艮下)相感通,以笃诚心说为和正,所以"是以亨利贞"。

在齐家化俗中有渐卦《象传》"女归吉也"而渐归于妹。推广其义于治平之道,则有咸卦《象传》"取女吉也"而相感天下。男女之间乃至万物之间,皆有阴阳感通之理,当能相互感发,则必有亨通之理。程颐对此议云:"利贞,相感之道利在于正也。不以正,则入于恶矣。如夫妇之以淫姣,君臣之以媚说,上下之以邪僻,皆相感之不以正也。"(梁韦弦,2003:198)

所以咸卦《象传》说:"君子以虚受人(王弼注云:以虚受人,物乃感应)。"程颐对此议云:"君子观山泽通气之象,而虚其中以受于人。夫人中虚则能受,实则不能入矣。虚中者,无我也。中无私主,则无感不通。以量而容之,择合而受之,非圣人有感必通之道也。"(梁韦弦,2003:199)中虚方能感通,从而相感人心而天下和平。

与咸卦相对便是恒卦。叶适指出:"凡变化万物,调和异心,俄顷而应,咸也。至于日月照明,四序迭行,终古而在,恒也。"(叶适,1977:20)咸,一时之感动,但要常久,则当守恒久之道。

恒卦《象传》说:"恒,'亨,无咎,利贞',久于其道也。天地之道,恒久而不已也。'利有攸往',终则有始也。日月得天而能久照,四时变化而能久成,圣人久于其道而天下化成。观其所恒,而天地万物之情可见矣。"程颐对此议云:"天下之理,未有不动而能恒者也。动则终而复始,所以恒而不穷。凡天地所生之物,虽山岳之坚厚,未有能不变者也。故恒非一定之谓也,一定则不能恒矣。唯随时变易,乃常道也,故云利有攸往。明理之如是,惧人之泥于常也。"(梁韦弦,2003:204)化成天下之事业,唯在恒久不已的努力之中。

恒卦《象传》说:"君子以立不易方。"何为不易之方？恒卦九三《象传》说:"不恒其德,无所容也。"程颐对此议云:"人既无恒,何所容处？当处之地,既不能恒,处非其据,岂能恒哉？是不恒之人,无所容处其身也。"(梁韦弦,2003:206)帛书《周易·二三子》记有:"(恒九三)不[恒其德,或]承之忧,贞吝。孔子曰:此言小人知善而弗为,攻进而无止,损几则[吝],故曰'不恒其德'。"(许抗生,1993)可见所立不易之方乃为善仁德之方。

君子行善在己躬行,小人"知善而弗为"。《周易·系辞》说:"安土敦乎仁,故能爱。"为善之仁,圣人之道。一旦养成风气,便宜持之以恒。只有持之以恒,坚守圣学仁爱之道,久而久之有所感悟,而见天地万物之情。所以恒卦《象传》说:"圣人久于其道而天下化成。观其所恒,而天地万物之情可见矣。"

在《礼记·表记》中孔子说:"君子之所谓仁者,其难乎？《诗》云:'凯弟君子,民之父母。'凯以强教之,弟以说安之。乐而毋荒,有礼而亲,威庄而安,孝慈而敬,使民有父之尊,有母之亲。如此而后可以为民父母矣。非至德,其孰能如此乎？"(郑玄,1999:1483)此所以仁爱圣道可以化成天下的根本原因。

用仁爱化成天下应该成为人类社会的主旋律,这是易道圣学的核心观念,可以纠正现代西方个人主义盛行的弊端。个人主义导致美国知识精英阶层极端利己而不关心民众疾苦,正须用仁爱精神加以纠偏。克服利己主义的最佳途径就是倡导仁爱精神。

仁者爱人的第一原则就是学会尊重他人的选择权利,不能出于任何理由而强迫他人行事。真正的仁爱也是出自自愿,不求任何回报:"真正的道德是为善而为善,不惧怕受到惩罚,也不期望得到报酬。在威胁之下或者为了一些奖励或利益而采取的行为不是道德行为。国家把自己的意志强加于它的臣民,给少数人以凌驾于多数人之上的优越特权,就辱没并且败坏了人的天性。"(伯恩斯,1990:37)

人类的共情同理心是成就通情达理的基础,只要形成良好的社会风气,民情自然会变得越来越富有仁爱之心:"最后,他们终于认为自己发现了人为他人服务也是在为自己服务,个人的利益在于为善。"(托克维尔,1991:651)因为人类的最大能力就是自我完善能力。只要能够通过不断自我完善,人人可以恢复仁善天性,那么仁爱圣道化成天下的那一天就指日可待。

二、安邦政通人和

安邦之道以通泰为本而避免否塞。泰卦《彖传》说:"'泰,小往大来,吉,亨',则是天地交而万物通也,上下交而其志同也。内阳而外阴,内健而外顺,内君子而外小人,君子道长,小人道消也。"泰卦上坤下乾,即所谓"天地交而万物通"之象,喻治道则"上下交而其志同",喻人道则"君子道长,小人道消"。

泰卦《象传》说:"后以财成天地之道,辅相天地之宜,以左右民。"是言安邦之道,当以发展经济为要务,《周易·系辞》云:"何以聚人?曰财(韩康伯注云:财所以资物生也)。理财正辞,禁民为非,曰义。"只要取之符合道义,应该鼓励民众向往富裕的生活,而唯财能够聚人,所谓财成可以"左右民"。

发展经济是任何社会的第一要务。"目前所有的开明政治家都看出并承认,商业的繁荣是国家财富的最有效和最丰富的来源,因而成为他们政治上关注的主要对象。"(汉密尔顿,1980:58)但需要强调指出,发展经济的收益应该为全民所有,不能仅仅归于少数财阀或特权阶层所垄断。

目前西方资本主义制度实际上是股东资本主义制度,倾向于维护股东资本的利益,而不是全民利益的最大化。因此,"对于企业来说,这具体意味着:那些坚持股东利益至上理念的企业是在逆历史潮流而动,终会被淘汰;那些已经认识到相关迹象并开始实践利益相关者模式的企业则将顺应历史潮流,扬帆远航"(施瓦布,2021:309)。

第五章　世道治理

好的社会制度是要有助于全体民生的改善，否则社会制度的优越性就难以体现。所以提高生产率、提高公共福利以及保障民众生活必需等，就成为社会发展的头等大事。施瓦布和万哈姆认为出路就在于形成："一个致力于促进发展、增进人类和地球福祉的全球经济。"（施瓦布，2021：317）因此强调并践行社会整体关联性模式，追求人类命运共同体宗旨的企业和政府组织，才是符合人民和历史发展选择的。在人类越来越紧密关联的新时代，我们必须更加关切全体人民的利益，更加关注环境保护和可持续发展的理念。

强调人类命运共同体就是古人所强调的"天地同泰之象"，所以对于泰卦"财成天地之道"，程颐议云："人君当体天地同泰之象，而以财成天地之道，辅相天地之宜，以左右生民也。财成，谓体天地同泰之道，而财制成其施为之方也。辅相天地之宜，天地通泰，则万物茂遂。人君体之而为法制，使民用天时，因地利，辅助化育之功，成其丰美之利也。"（梁韦弦，2003：104）财富治道通泰为君子之所愿，故泰卦六四《象传》说："'翩翩不富'，皆失实也。'不戒以孚'，中心愿也。"泰卦六五《象传》说："'以祉，元吉'，中以行愿也。"因此，安邦治道要极力避免否塞不通之地。

否卦与泰卦相对。否卦《象传》说："'否之匪人，不利君子贞，大往小来'，则是天地不交而万物不通也，上下不交而天下无邦也。内阴而外阳，内柔而外刚，内小人而外君子，小人道长，君子道消也。"所言正好与泰卦《象传》相反，所谓否塞之境。

君子遭遇"天地不交"之否境，当遵循否卦《象传》所说的原则来应对。否卦《象传》说："君子以俭德辟难，不可荣以禄。"程颐对此有云："夫天地之气不交，则万物无生成之理。上下之义不交，则下无邦国之道。建邦国所以为治也，上施政以治民，民戴君而从命，上下相交，所以治安也。今上下不交，是天下无邦国之道也。"（梁韦弦，2003：108）可见治国安邦当避免否塞不交之危。

如何解否塞不交之危？当处否塞之危，有德君子当行中正。所以否卦六二《象传》说："'大人否，亨'，不乱群也。"九五《象传》说："大人之吉，位正当也。"《周易·系辞》引孔子语说："危者，安其位者也。亡者，保其存者也。乱者，有其治者也。是故君子安而不忘危，存而不忘亡，治而不忘乱，是以身安而国家可保也。"此即是否塞处危之法。

总之，泰、否为治道之则。叶适说："然后君子玩否之象至于'俭德避难，不可荣以禄'，其六爻逆顺兴废之间，犹世扶国之义，盖专指君子、小人消长以辨之矣。而于泰也，则曰'后以财成天地之道，辅相天地之宜，以左右民'，是春生而夏长，南讹而东作，堤防沟洫，播种稼穑，三事六府，皆归于气化消长之运，而君子、小人进退治乱之机，特不以参焉。何也？学者之言治道，至否、泰而止，而谓其说于《易》为最详。"（叶适，1977：7）又说："以泰否为治乱，以君子、小人消长为盛衰者，后世之言《易》者也，此否所以致君子之戒，而泰独以为治也。"（叶适，1977：8）

治道有否塞之时，故君子当行"谦"与"豫"以救治。谦卦《彖传》说："谦，亨，天道下济而光明，地道卑而上行。天道亏盈而益谦，地道变盈而流谦，鬼神害盈而福谦，人道恶盈而好谦。谦，尊而光，卑而不可逾，君子之终也。"程颐对此议云："君子志存于谦巽，达理，故乐天而不竞；内充，故退让而不矜。安履乎谦，终身不易。自卑而人益尊之，自晦而德益光显，此所谓君子有终也。在小人则有欲必竞，有德必伐，虽使勉慕于谦，亦不能安行而固守，不能有终也。"（梁韦弦，2003：121）

谦卦《象传》说："君子以裒多益寡，称物平施（王弼注云：多者用谦以为裒，少者用谦以为益，随物而与，施不失平也）。"程颐议云："以施于事，则裒取多者，增益寡者，称物之多寡以均其施与，使得其平也。"（梁韦弦，2003：122）在《论语·季氏》中孔子说："丘也闻有国有家者，不患寡而患不均，不患贫而患不安。盖均无贫，和无寡，安无倾。夫如是，故远人不服，则修文德以来之。"（何晏，1999：221）所谓天下治平，不过就是维持公平正义而已。

谦卦六爻《象传》道尽为谦治平之道，关键在谦卦九三爻辞"劳而不伐"。叶适说："谦之为义古矣，而卦以坤艮之九三当之。"（叶适，1977：9）对于谦卦九三爻辞，在《周易·系辞》中孔子引申说："劳而不伐，有功而不德，厚之至也。语以其功下人者也。德言盛，礼言恭。谦也者，致恭以存其位者也。"因此谦卦九三《象传》说："'劳谦君子'，万民服也。"正因为劳而不伐，所以万民钦服。故谦卦六五《象传》说："'利用侵伐'，征不服也。"警示怀服天下要谨慎利用侵伐手段。

第五章 世道治理

与谦卦相配合便是豫卦。豫卦《彖传》说:"豫,刚应而志行,顺以动,豫。豫,顺以动,故天地如之,而况'建侯行师'乎?天地以顺动,故日月不过,而四时不忒。圣人以顺动,则刑罚清而民服。豫之时义大矣哉!"程颐对此议云"夫建侯树屏,所以共安天下,诸侯和顺则万民悦服,兵师之兴,众心和悦,则顺从而有功。故悦豫之道,利于建侯行师也。"又云:"圣人以顺动,故经正而民兴于善,刑罚请简而万民服也。"(梁韦弦,2003:126)强调的都是悦豫之道利于建侯行师。

豫卦《象传》说:"先王以作乐崇德,殷荐之上帝,以配祖考。""建侯行师",当以凝聚人心为上,所以当"作乐崇德"等,让民众有所信仰。豫道以六三爻辞为戒,因此六三《象传》说:"盱豫有悔,位不当也。"帛书《周易·二三子》对豫六三之爻载有孔子之语:"此言鼓乐而不戒患也。夫忘亡者必亡,忘民[者必]□□(失民)。"(许抗生,1993)强调的就是"作乐"与"崇德"并举,方保无虞,不失于民。

就治道而言,谦与豫互为补充。叶适云:"处己必以谦,无豫可也;处物必以豫,豫以自处而忘其谦,则凶之甚矣。此二卦所以相因而立,谦吉而豫凶也。"又云:"以谦处众,众之服也;以豫自处,无时可也。"(叶适,1977:10)处众以谦与自处以豫,两者相辅相成。

治道久豫必生弊,当用革道以革故除弊。革卦《彖传》说:"革,水火相息,二女同居,其志不相得,曰'革'(王弼注云:凡不合,然后乃变生,变之所生,生于不合者也。故取不合之象以为'革'也)。'已日乃孚',革而信之。文明以说,大亨以正,革而当,其悔乃亡。天地革而四时成,汤武革命,顺乎天而应乎人,革之时大矣哉!"程颐对此议云:"弊坏而后革之,革之所以致其通也,故革之而可以大亨;革之而利于正,道则可久而得去故之义。无变动之悔,乃悔亡也。"(梁韦弦,2003:286)又云:"推革之道,极乎天地变易,时运终始也。……时运既终,必有革而新之者。王者之兴,受命于天,故易世谓之革命。汤、武之王,上顺天命,下应人心,顺乎天而应乎人也。"(梁韦弦,2003:287)

革道因时而行,所以革卦《象传》说:"君子以治历明时。"程颐议云:"君子观变革之象,推日月星辰之迁易,以治历数,明四时之序也。夫变革之道,事之至大,理之至明,迹之至著。莫如四时,观四时而顺变革,则与天地合其序矣。"(梁韦弦,2003:287)所以革卦六二《象传》说:"'巳日革之',行有嘉也。"程颐对此议云:"巳日而革之,征则吉而无咎者,行则有嘉庆也。谓可以革天下之弊,新天下之事,处而不行,是无救弊济世之心,失时而有咎也。"(梁韦弦,2003:288)

如果说革是扫除天下之弊,所谓革故,那么新天下之事就需要鼎。所谓鼎者,烹饪之象器,可以改变食物形状。所以取其象义,所谓鼎新。鼎卦《象传》说:"鼎,象也。以木巽火,亨饪也。圣人亨,以享上帝,而大亨以养圣贤。巽而耳目聪明。柔进而上行,得中而应乎刚,是以元亨。"元始亨通,鼎新成功之象,非聪明睿智之圣贤不能成就。

鼎卦《象传》说:"君子以正位凝命(王弼注云:'凝命'者,以成教命之严也)。"程颐对此议云:"君子观鼎之象,以正位凝命。鼎者,法象之器,其形端正,其体安重。取其端正之象,则以正其位,谓正其所居之位。……取其安重之象,则凝其命令,安重其命令也。"(梁韦弦,2003:293)所以鼎新革故,事关重大,当正位凝命,慎重行之。

统革、鼎之义,叶适云:"夫谓革为去故,则宜若其理然者,而鼎无取新之义。当革之时,物情世故,无不变易,而有不可变者,如鼎之烹饪有实,人所资以生养,盖犹故也。故以'正位凝命'系于革之后,以为知其有不可革者。而正位凝命以待之,则始终终始相为无穷,而《易》之道常流通矣。"(叶适,1977:28-29)是知革故鼎新全为天地交泰通达,此为易治理之本。

遗憾的是,自从秦汉建立了大一统的专制帝国以来,直到晚清,中国社会基本上都保持不变,没有任何实质性的鼎革变化。其中的原因,法国思想家孟德斯鸠可谓独具慧眼,在《论法的精神》(上册)中一语道破:"在专制的国家,每一个人都是既居人上,又居人下;既以专制权力压迫人,又受着专制权力的压迫。那里人们的交往就少了那些自由存在于社会上各阶层的国家。因此,专制国家的礼仪和风俗就较少改变,风俗较为固定,所以就近似法律。"(孟德斯鸠,1961:309)

好在随着西方多元文化的影响,五四运动终于激活了这一古老文化的活力,重新开启了"鼎革"之路。伟大的"鼎革"精神获得重生,直到现在依然走在改革开放的道路之上,并不断开启一轮一轮崭新的变革。但愿中华文化能够永远继承易道圣学的"鼎革"精神,成为全球化进程中的主导文化。

三、教化文明天下

明确了治群之道，然后可以临观天下，施行教化保民之仁政。临卦《彖传》说："临，刚浸而长，说而顺，刚中而应。大亨以正，天之道也。"程颐对此议云："刚正而和顺，天之道也。化育之功所以不息者，刚正和顺而已。以此临人，临事，临天下，莫不大亨而得正也。"（梁韦弦，2003：140）临悦天下之道，无非就是顺行天道法则，刚正和顺。知天道、致中和与躬亲民，是为圣道教化纲要。

所以临卦《象传》说："君子以教思无穷，容保民无疆（王弼注云：相临之道，莫若说顺也。不恃威制，得物之诚，故物无违也）。"程颐对此议曰："君子观亲临之象，则教思无穷。亲临于民，则有教导之意思也。无穷，至诚无斁也。观含容之象，则有容保民之心。无疆，广大无疆限也。"（梁韦弦，2003：141）知天道与致中和，教化民众，是教思无穷上的事；躬亲民，为民谋保福祉，自然是保民无疆上的事。

君临天下，其贵中正，故临卦六五《象传》说："'大君之宜'，行中之谓也。"程颐对此议云："夫以一人之身，临乎天下之广，若区区自任，岂能周于万事？故自任其知者，适足为不知。惟能取天下之善，任天下之聪明，则无所不周。是不自任其知，则其知大矣。"（梁韦弦，2003：142-143）任人唯贤，可以临天下。

临然后观，以服于民。程颐云："人君上观天道，下观民俗，则为观；修德行政，为民瞻仰，则为观。风行地上，遍触万类，周观之象也。"（梁韦弦，2003：144）所以观卦《彖传》说："大观在上，顺而巽，中正以观天下。观，'盥而不荐，有孚颙若'，下观而化也。观天之神道，而四时不忒。圣人以神道设教，而天下服矣！"对此朱熹云："极言观之道也。'四时不忒'，天下所以为观也；'神道设教'，圣人之所以为观也。"（萧汉明，2003：174-175）这里"四时不忒"，所谓自强不息，周观天下之法度；"神道设教"，所谓厚德载物，周观天下之依凭。

所以观卦《象传》说："先王以省方观民设教。"叶适云："观不为君子观德之象，而为先王省方观民之象；乾不为圣人出治之象，而为君子自强不息之象。然则知德者之于乾宜勉而至，而于观则不强而求可也。"（叶适，1977：14）"省方观民"是为乾德，所以为先王勤勉治理之法则。"设教"则为礼乐文明建设，以教化民众厚德载物之举措。

观民之道在于自观。观卦九五《象传》说："'观我生'，观民也。"朱熹对此云："此夫子以义言之，明人君观已所行，不但一身之得失，又当观民德之善否，以自省察也。"（萧汉明，2003：204）所以叶适说："圣人之于观也，非设于耳目以耀之，盛于物采以夸之也。若是则为观之道浅矣。是宜淳壹内守，极诚尽敬，礼乐文为皆所未及，声气色容无得而参。其上颙然以孚，而其下肃然以化者也。"（叶适，1977：14）

自观然后观民，教化保民应从常德习教入手，然后继照推广于四方。故临观之后当循坎离之道。坎卦《彖传》说："'习坎'，重险也。水流而不盈，行险而不失其信。'维心亨'，乃以刚中也。'行有尚'，往有功也。天险不可升也，地险山川丘陵也。王公设险以守其国。险之时用大矣哉！"常德习教首先在于培养信心，非行险难不足以成其仁道。

教化保民首先应该倡导"行"实事与取"功"效，落到实处，避免虚谈玄学。所以习坎《彖传》特别强调："'行有尚'，往有功也。"那么如何"行有尚"而"往有功"呢？习坎《象传》说："君子以常德行，习教事。"程颐对此议云："故君子观坎水之象，取其有常，则常久其德行。人之德行，不常则伪也。故当如水之有常，取其洊习相受，则以习熟其教令之事。夫发政行教，必使民熟于闻听，然后能从，故三令五申之。若骤告未喻，遽责其从，虽严刑以驱之不能也，故当如水之洊习。"（梁韦弦，2003：188）因此，教化保民要有成效就要修习其教化之学，使民常久其德行。

习坎虽能使民常久其德行，然后欲以推行于天下，还当离虚之照化。离卦《彖传》说："日月丽乎天，百谷草木丽乎土。重明以丽乎正，乃化成天下。"故离卦《象传》说："大人以继明照于四方。"有德君子明德中正，然后可以化天下以成文明之俗，所以"继明照于四方"。

离卦六二《象传》说："'黄离，元吉'，得中道也。"离卦六五《象传》说："六五之'吉'，离王公也。"此两爻位都强调丽明以中正为要。离卦《彖传》说："柔丽乎中正，故亨。"而化成天下，离明之极，故离卦上九《象传》说："'王用出征'，以正邦也。'获匪其丑'，大有功也。"程颐对此议云："王者

用此上九之德,明照而刚断,以察除天下之恶,所以正治其邦国,刚明居上之道也。"(梁韦弦,2003:196)

仁者习而得之,智者照而成之。教化保民的宗旨无非就是仁智双运。但在仁与智两个方面,智照更为关键,因为有为之智可以有助于无为之仁的显现。所以坎离相济,如此可期通天下之志,文明天下而大同,终成"同人""大有"之象。

同人《象传》说:"柔得位得中而应乎乾,曰'同人'。同人曰:'同人于野,亨,利涉大川。'乾,行也。文明以健,中正而应,君子正也。唯君子为能通天下之志(王弼注云:君子以文明为德)。"对此,帛书《周易·二三子》引述孔子之言曰:"此言大德之好远也。所行于郊野之旷远,和同者众,以济大事,故曰'利涉大川'。"(许抗生,1993)朱熹则云:"'通天下之志',乃为大同。不然,则是私情之合而已,何以致亨而利涉哉。"(萧汉明,2003:172)大同者,天下文明之大同,此等事业"唯君子为能通天下之志"。

所以程颐对此议云:"夫同人者,以天下大同之道,则圣贤大公之心也。常人之同者,以其私意所合,乃昵比之情耳。故必于野,谓不以昵近情之所私,而于郊野旷远之地,既不系所私,乃至公大同之道,无远不同也,其亨可知。能与天下大同,是天下皆同之也。天下皆同,何险阻之不可济?何艰危之不可亨?故利涉大川,利君子贞。"(梁韦弦,2003:112)《周易·系辞》有孔子言:"君子之道,或出或处,或默或语。二人同心,其利断金。同心之言,其臭如兰。"同心同德是君子可通天下之志的素质所在。

《周易·系辞》说:"方以类聚,物以群分,吉凶生矣。"即谓同人,需要以类族辨物,故其《象传》说:"君子以类族辨物。"叶适云:"类族者,异而同也;辨物者,同而异也。君子不以苟同于我者为悦也,故族之异者类而同之,物之同者辨而异之,深察于同异之故,而后得其所谓诚同者,由是而有行焉,乃所以贵于同也。天下之求同于君子者多矣,君子有所同于天下者亦多矣,及其用之,则以异而败者众,以同而成者寡,何也?不类其族,不辨其物,平居乐乎人之苟同,而不知其遇事之终以异也。甚矣同人之难也!"(叶适,1977:8-9)此所以君子胸怀天下之志,可以化成天下文明。

有同道之人然后有大有之成。大有《象传》说:"大有,柔得尊位大中,而上下应之，曰'大有'。其德刚健而文明，应乎天而时行，是以'元亨'。"大有之象，"其德刚健而文明"，何以致至，大有《象传》说："君子以遏恶扬善，顺天休命（王弼注云：大有，包容之象也。遏恶扬善，成物之美，顺夫天德，休物之命）。"所谓"顺天休命"，就是"应乎天而时行"而已。"天道助顺，人道助信，履信思顺，故'自天佑之，吉无不利'也"（李道平，1994：550）。顺应天道法则，"遏恶扬善"，则化成天下文明，"吉无不利"。

程颐对此议云："君子观大有之象，以遏绝众恶，扬明善类，以奉顺天休美之命。万物众多，则有善恶之殊。君子亨大有之盛，当代天工，治养庶类。治众之道，在遏恶扬善而已。恶惩善劝，所以顺天命而安群生也。"（梁韦弦，2003：117）正是君子"顺天命而安群生"，所以能够化成天下文明。

大有之征在于六爻之极，所以大有上九爻辞"自天佑之，吉无不利"。《周易·系辞》有孔子解释说："佑者，助也。天之所助者，顺也；人之所助者，信也。履行思乎顺，又以尚贤也。是以自天佑之，吉无不利也。"故大有上九《象传》说："大有上吉，自天佑也。"程颐对此议云："由其所为顺天合道，故天佑助之，所以吉。君子满而不溢，乃天佑也。"（梁韦弦，2003：120）从同人到大有，顺天合道，故能文明化成，成就天下大同之理想。

应该说，中华文明的政治理想就是天下大同，其宗旨就是要融合全人类，共同达到和平幸福生活的境界。"大同"是孔子在《礼记·礼运》中所论述的一种理想社会状态："大道之行也，天下为公。选贤与能，讲信修睦。故人不独亲其亲，不独子其子。使老有所终，壮有所用，幼有所长，矜寡孤独废疾者，皆有所养。男有分，女有归，货恶其弃于地也，不必藏于己；力恶其不出于身也，不必为己。是故谋闭而不兴，盗窃乱贼而不作。故外户而不闭，是谓大同。"（郑玄，1999：658-659）在孔子的这段描述中，虽然简短，却不离仁爱利他之宗旨，还是非常有远见。在当今全球化背景下，对于建立全人类的理想社会有重要的指导意义。

第六章 文化和合

"和"是指和谐,"合"是指融合,全球文化的和谐融合是人类社会的总体发展趋势。就好比生态系统多样性是建立在物种各种共生关系的基础之上,全球文化多样性也应该建立在不同民族文化和合关系之上。在全球化多样性文化相互竞争过程中,一些文化发展了,而另一些文化衰落了,但总体上文化进化总是向着更加高级的阶段发展。构建全球文明的根本宗旨就是要反对民粹主义,提倡世界主义,化解文明冲突,采取逐步文化和合的途径,最终实现全球一体化治理的目标。

第一节 文化生态系统

文化的拉丁文"culture"有培育、驯化的意思,因此文化是一个与自然状态相对的概念。通常在人类同自然作斗争的过程中形成了文化,以便人们可以更好去控制自然,让人类的生存更加舒适。当然,人类形成的任何一种文化系统都是属于波普尔的世界3,是世界2创造出来的。如果一定要把文化看作是"客观的",这种客观性的存在也是要通过主观性的世界2来体验、解释和理解。美国学者贝格尔认为:"文化是客观的,因为它是存在于人意识之外的真实世界中的若干客体的集合物,文化就在那里存在着。然而文化的客观性也表现为它能够被人体验和理解。文化就在那里为每一个人而存在着。"(贝格尔,1991:16)于是对文化及其演化过程的认识,也就离不开人们不同的立场观点。

一、文化变动不居

在中国古代,文化与武力相对立,强调圣人之道崇尚文德教化,是一个把蒙昧人变成文明人的过程。汉代刘向在《说苑》中说:"圣人之治天下也,先文德而后武力。凡武力兴为不服也,文化不改,然后加诛。"(刘向,1985:420)就是说,先行文德教化,不服然后加以诛灭。《论语·子路》有记载孔子到了卫国,冉有为仆从。子曰:"庶矣哉!"冉有曰:"既庶矣,又何加焉?"曰:"富之。"曰:"既富矣,又何加焉?"曰:"教之。"(何晏,1999:174)显然关于文德教化,孔子这里说得全面,认为教化民众当分三步:(1)首先"庶之",繁衍人口(当时人口很稀少,要使人口多起来);(2)然后"富之",富裕起来(涉及技术发展);(3)最后"教之","教"就是教化(涉及制度和观念)。

文化是一种十分复杂的现象,通常可以从技术、制度和观念三种层次来界定文化。正如美国生态学家哈迪斯蒂所说的:"简而言之,是应看成有三种文化行为的变化(技术、制度和思想)而产生。技术是人类用以寻找食物,获得保护和进行繁殖的'工具箱',包括从采掘棍棒到核电站的各种技术。制度文化是群体中有关个人社会地位和作用的网络,它包括亲属关系、社会等级和阶层、自发组织的社团和政治等等。最后,思想是包括价值、规范、知识、哲学和宗教信仰、情感、道德准则、世界观等的一种规程。"(哈迪斯蒂,2002:19)

除了将文化静态看成是三种层次构成的事物之外,我们还应把文化看成是动态不断变化发展的事物。从动态的观点看文化,文化应该是一个动词,所谓以"文"德"化"成天下。人类社会的发展就是把蒙昧化成文明,这就是一个文化过程。从原始社会一直发展到当代社会,就人类总的发展趋势来看,文化积累就是一个不断进化的过程。当然,局部环节、局部时期文化也有倒退的情况,但是从总体来看,文化确实是不断发展变化并具有趋于不断完善的特点。

文化的发展就像生命的成长,自成一体。美国文化学者怀特说:"文化可被当作自成体系的事物,它具有自己的生命和规律。"(怀特,1988:118)因此"文化的能力就像所有其他的新现象一样,也是进化的产物。"(哈里斯,1992:34)如果用"因素"(基本文化观念的模因)类比于"基因",

那么"在泰勒看来,如果文化中的新因素优于旧因素,那么,新因素总要趋于取代旧因素。"(塞维斯,1991:3)因此,就如同生物进化具有共同的规律一样,各种不同的文化观念也是不断繁衍、融合、分化等进化的产物。

如果把文化进化的模因与生物进化的基因类比,就会发现有许多类似的共同演化规律。生物进化通常是淘汰不适应环境的基因,只有适应环境的基因才能够得以延续。文化也是如此,人类社会的发展也会淘汰不适应的文化模因,而只有适应人类社会发展的文化模因才能得到发扬光大,甚至不同文化之间还会碰撞产生更好的文化模因。比如"慈爱"这个文化模因就是一个普适性的文化观念,存在于全世界所有主流文化中。比如中华文化有仁爱,基督教文化有博爱、佛教文化有慈悲,如此等等。

既然文化是进化的,而进化又是环境适应的结果,因此文化也是对自然环境适应的结果。美国学者哈定等人说:"对自然界的适应将造就一种文化的技术并由此造就该文化的社会成分和观念成分。而对其他文化的适应亦会造就社会和观众,后者又反过来影响技术并决定其进一步的发展。适应过程的全部结果就是产生一个有组织的文化整体,一种综合性的技术、社会和观念,它应付这可供选择的自然界和外部文化的双重影响。总之,这就是文化适应的机制。"(哈定,1987:39)

正如前面所说,文化有三种层次,其中技术是与环境作斗争的产物。发明工具、形成技术、控制环境,为人类生存服务,进一步就形成了相应的文化观念。当然形成的文化观念反过来会影响技术的发展。新的文化观念产生了,那么就会有新的工具、技术随之产生。综合性文化整体形成,就是应对外部环境不断调整适应的结果。文化适应自然环境,也适应社会环境,在适应过程中,不断发展和融合。

文化适应环境有三种方式。(1)通过文化为人类提供应对环境处理的基本方式。(2)通过改进增加文化有效性和灵活性,使人类更好适应自然环境。(3)通过文化人类可以更好地了解和认识自然环境。当然,文化对人类也有反向制约作用:人们总是靠文化活动来改变自然、评价自然,因此也就永远跳不出文化模因的藩篱。

美国学者哈迪斯蒂在《生态人类学》中认为:"(文化)适应过程是动态的,因为无论生物或其环境都不是一成不变的,各种新问题和对旧问题的新解答不断产生,必须予以考虑。"(哈迪斯蒂,2002:27)因此,从文化起源来说,所处地域的环境资源最为重要。人类初始还没有形成文化,起作用的因素主要是人类不同的生存环境。等到聚集的原始部落有了初步的文化以后,初步的文化对文化发展发挥混沌效应性的作用,微小的扰动会带来完全不同的结果,结果导致早期的习俗、语言、文字的差异。随着文化的进一步发展,差异越来越大,终于形成了迥然不同的各种文化形态。

文化进化也是非线性发展的事物,任何认为文化是简单直线进化的观点都是错误的。比如易道圣学文化也并非一直繁荣,先秦草创之后,到了汉唐也有衰落,直到宋明更新成了理学形态,又得以继续发展,到了明末的时候又再次衰落。因为有非线性混沌效应,某种文化发展不但不可重复以往的历程,而且原则也不可预测。也就是说,任何特定文化的形成与演变,都是许多因素相互作用的结果。不同文化的同化或分化,也是众多文化生境相互作用的结果,都是相互影响、彼此消长的结果。

所谓分化,是指一种文化的子文化以新的方式延续进化,并在适应变化中成功地产生同其母文化不同的形态,甚至更为高级的形态。比如儒家是由孔子创立的一个思想学派,后来分化为子张之儒、颜氏之儒、子思之儒、孟氏之儒、漆雕氏之儒、仲良氏之儒、乐正氏之儒和孙氏之儒等众多学派,到了宋元明清又形成了更加高级的理学、心学与实学等不同学派体系。

所谓同化,是指起源不同的文化融汇成一个更加综合的形态。比如道家的形成,先是有众多不同形态的源头,然后形成了相对统一的道家学派。文化与生物一样会经历特殊的进化过程,所以要了解文化的变化规律,可以参照生物进化论和生态学发现的规律,这符合跨越尺度自相似性的基本法则。

不同于传统人文文化主要体现在思想观念层面的传播,对于当代科学技术构成非常复杂的文化类型,其传播就会显得非常困难。根据卡普兰的研究发现:"在当代最发达的文化里,技术基础已经成为一件极其复杂的事件,它要求足够的资本、特殊的技艺、组织以及足够的原料等,以便继续发展自己——所有这些说明了技术在文化类型间的传播是极其困难的。"(哈定,1987:71)比如现代西方科学技术文化要传播到非洲的原始部落里面去,就非常困难。因为传播这些技术型文化,首先需要人们接受高等教育,需要学习西方的科学技术,否则就无法传播西方的技术型文化。

文化进化过程是朝着人类对环境资源得心应手控制的方向发展,伴随着必然是高度发展的科学技术进步。当然"文化作为一种复杂的机制,其作用是保障人类群体的生命安全和延续不断"(怀特,1988:157)。如果有一种文化导致人类无法生存下去,那么随着这个族群的灭亡,这种文化也就消亡了。

所以说优秀文化或者文化包含的优秀模因,只要有利于人类社会更加美好发展,就一定会继续发扬光大。那些不适应人类进一步发展的落后文化或不良文化模因,则一定会随着时间的推移而消亡。比如目前世界大多数原始文化都慢慢衰落甚至消亡了,因为这些原始文化在与西方主流文化的竞争中纷纷以失败而告终。很长一段时间以来,现代西方文明之所以成为全球主流文化,主要在于其拥有高度发达的科学技术成分。

二、文化适应发展

文明作为文化系统的一种高级形态,是一种组织化的文化集成形态。在文化不断发展进化的过程中,一方面要通过人类改造自然,促使自然的人性化;另一方面自然永远作用于人性,必然促使人性的自然化。人性的自然化和自然的人性化,两者相辅相成,就是我们人类走向自由的过程。文化是一种过程,最终追求自由境界,以摆脱自然的束缚为宗旨。从个体生命讲,就是要达到"从心所欲而不越矩"的自由境界。

任何有生命力的复杂系统都必须是开放的,与包括其他复杂系统的外部环境相互交流,才能得到更好地发展,而封闭是没有出路的。既然文化是非线性演化发展的事物,因此文化必然也是一种开放的生态系统。正如荷兰学者皮尔森在《文化战略》一书中所言:"因此,文化可以看成是一个开放的规则系统。开放是因为不断有作为'信息'而发挥作用的兴趣、新的影响流入。……因此,存在着一个持续不断的反作用:人的文化活动受其最终结果的检验,并被断定是不是与新的可能性和目标相一致。"(皮尔森,1992:161)这便符合生态系统的根本属性,也符合波普尔世界3的开放性论述。

当然,用生态学思想来阐述文化现象,并不是将文化归结为生态因素。尽管文化形成发展受到生态环境的重要影响,但从生态学观点来看,文化强调的是文化发生发展的生态动力学机制,是从机制类比到生态学规律之上。文化生态学主要以揭示文化之间以及文化与生存环境之间各种相互关联的复杂方式为研究视角。

我们已经知道,任何一种文化都是整体适应环境而产生。由于人类生存环境的差异导致了不同文化类型的形成,这种多样性的环境必然会导致文化的多样性。因此哈里斯明确指出:"文化多样性的一个主要原因就在于人类居住的环境条件的复杂性。"(哈里斯,1992:197)不断变化的环境复杂性无法避免,这样为了适应复杂多变的环境,导致文化多样性也成为不可避免的一种必然现象。

通过适应不同环境产生的每一种文化都拥有自身的风格特征。美国文化学者怀特就认为:"文化一经产生,便别具风格,从人类历史的最早时代起,各地方群体已通过不同的语言、服饰、风俗和信仰而相互区别。而且可以相信,人对于这些自己所属的群体于其他群体区别开来的不同特征总是有意识的。"(怀特,1988:序)

文化差异的产生当然是"微小扰动"的结果。也就是说,在原始状态下起初产生诸种文化的可能性都相同,只是由于地理、社会和个人的微小因素,随着长期非线性反馈机制的作用,导致演变成截然不同的文化形态。更重要的是地域环境资源利用的差异、气候环境生存差异等,才导致了早期习俗、文字、语言等差异,然后才形成更复杂的文化差异。文化系统的生命力与生命系统一样,在于它的开放性,在于与外界不断进行交流(物质的、能量的和信息的)。文化的多样化就是人类影响环境多样化的一种反映。

更重要的是,在多样性文化的生态环境里,一方面不同文化的相互竞争、相互影响和相互作用成为特化、分化、同化产生的基本条件,并导致文化扩展并引起广泛变异;另一方面,通过不同文化的相互适应、涵化和合并过程,文化也会出现趋同现象。变异与趋同两个方面的相辅相成,结果导致文化多样性的不断强化。因为"文化差异不仅是个社会能够毫不费力地进化或拒绝生活的各个方面的结果,它更主要是文化特质的复杂交织所导致的结果"(本民抵科,1987:28)。

在文化生态环境作用下,对文化整体适应的主要结果,就是能够在特殊情况下产生多样性文化形态。每一种文化都占据着适合自身发展的文化生境(或称文化生态位),于是文化生境彼此消长也必然会带来文化生境的层级嵌套现象(小生境构成了大生境等),构成文化生态学研究的主体。

所以文化生态学中文化之间竞争结果可以表现为同化、分化、共存、合作和互助等共生关系,也都可以通过对文化生境此消彼长的过程来解释。同化是一种文化融合到另一种更占优势的文化系统之中,分化则是一种文化衍生出多个后续文化。共存是两种文化之间既无益又无害的相安无事关系,合作是两种文化都得益的积极相互作用,而互助是两种文化之间深度的合作。

在多样性文化生态系统中,文化之间的冲突不可避免,也是推动文化进步的一个重要因素。文化冲突对于维护文化多样性的整体生态系统至关重要。齐美尔就认为:"一定程度的不一致、内部分歧和外部争议,恰恰是与最终将群体连接在一起的因素有着有机的联系。……在明显存在社会各部分和各等级划分的结构中,对抗所具有的积极整合作用就表现出来了。"(科赛,1989:17)

在文化生态系统中,文化类型的分布均具有生态动力学性质:错综复杂,几乎存在着连续谱系但又处处交叠或间断的非均匀性,难以界定的相互交织。多样性文化组合可以维系多样性的社会秩序,由于文化生态系统的复杂性:"可能组合的多样性是无限的,而且在这些多种多样的基础上,也同样能够建立起种种适当的社会秩序。"(本民抵科,1987:34)

对于多样性复杂文化生态系统而言:"一方面,变迁或是自我调节,或是进化,取决于环境随时间波动的程度。……另一方面,生态系统保持稳定、抵制进化变迁的能力,取决于多样性和各自生物内部的联系。"(哈迪斯蒂,2002:35)正是这种求稳与求变的相互作用下,推动着文化生态系统的整体进化,结果导致越来越高级文化类型的涌现。正如美国学者塞维斯在《文化进化论》中所言:"文化就是以这种方式变得彼此相异,并使某些文化变得优越于其他文化,这是可测的。"(塞维斯,1991:13)

我们主张遵循自然法则，提倡维护文化多样性，反对任何文化一统的主张和行动。我们提倡维护文化的多样性，不是说要刻意保护每一种文化，而是遵循多样性文化消长的自然演变。文化的消长自有其自身的规律，我们无须进行任何的干预，我们唯一要做的事情就是听凭其自然生生灭灭，不要给任何外力强制干预。我们相信，在多样性文化的竞争交流过程中，一定会自发孕育出新文化，也会自然淘汰不适应的旧文化，这便是自然法则。

因为文化发生发展必定会有这样一个特点：目前适合于这个时代的文化不一定适合将来的时代。文化形态会变，文化环境也会变。如果我们认为目前某种文化形态最适应人类社会的发展，于是将其保护起来而淘汰其他所有的文化形态，这是非常不明智的，结果也必然会事与愿违。因为人类的生存环境会随着时间而动态变化，某一时期适应的文化形态未必也适应于未来人类的生存环境。但是如果有了文化多样性选择，那就完全不同了，这一点我们已经从大自然生物多样性中得到了教训。

如果说这个世界对于生命的生存发展什么最为重要，那就是生物多样性的生物生态系统。对于人类的生存发展而言，自然还要加上文化多样性的文化生态系统。"如果多样性得以存在，那将是因为我们喜欢它、尊敬它并花时间去理解它、发扬它。世界真的就在我们门外，问题在于我们是否能够将文化上的热忱和慷慨精神变为一句真诚的问候：'欢迎你。'"（赛诺,2006:68）须知对于文化多样性应该永远秉持欢迎的态度，因为只有文化多样性才是人类生存与发展最可靠的保障。

因此我们倡导文化多元主义观点："推动一个民族的文明进步的最好方法是容许甚至鼓励多样化！"（伯恩斯,1990:86-87）多元主义符合自然界生态多样性法则，也符合文化多样性融合发展的趋势。通过多样性的文化生态位来保障多数和少数的文化形态生态位，多数是主导型生态位，而各类少数则为潜在型生态位。不同民族文化思想观念占据各个文化生态位，唯有和合发展才能使得文化整体收益达到最大化。

三、文化多元融合

在多样性文化发展过程中，随着某些文化具有更强的适应能力，慢慢变得更加复杂、庞大和成功,于是在某一个时期在全球或某个地区会处于支配地位。汉唐文化在古代东亚就处于支配地位。近现代西方文化在最近三个世纪以来在全球范围内就处于支配地位,并已经深入到我们的日常生活之中。比如大多数民众以出国留洋为荣耀,肯塔基、麦当劳等快餐几乎遍布全球,以及我们对西式服饰的热衷等等,这些都是以西方为主流文化影响的结果。

处于支配地位的主流文化往往会压制或压迫其他非主流文化。正如卡普兰指出的:"一旦某文化构成内在的全部潜能发挥到了极限状态,并且达到了对其环境的完满适应,那么此文化系统就必将趋于稳定。……接着可以发现,占优势的文化类型的扩张,几乎始终包含对于低等类型的某种压迫。"(哈定,1987:70)以美国为核心的近现代西方文化就是一个最好的例证。

支配性文化更多的表现是在政治、经济和科技方面,有时是直接压迫,有时又是间接压迫。正如美国学者塞维斯指出的:"这种支配有许多形式:有毁灭或同化弱者,又占领他们的领域,有政治统治,有仅用资本贸易控制的'间接统治'——诚然,这些形式和其他的形式是一同使用或交替使用的。在现代世界,间接的文化统治已变得越来越多了。"(塞维斯,1991:9)

自 20 世纪以来,以美国为主导的西方文化就是如此:通过金融和贸易手段维护美元霸权,属于间接统治;输出西方式民主的所谓"普世价值",动用装备先进科技的军事手段去颠覆其他政权,就是直接的政治统治。更多的时候综合运用直接和间接的手段,武力威胁、人权指责、经济制裁交替使用。

但是"一种文化在某一种阶段的发展处于'高位',也许在下一阶段就不会再向更高的层次发展了。其原因仅是因为它前一阶段的成功。他的适应形式越特化,复杂程度越高,那么他就一定越是深深地陷入并受制于自身所造成的现有处境之中"(塞维斯,1991:10)。根据非线性规律,物极必反是必然的结果。当一种文化达到巅峰的时候,接下来一定会因微小的扰动而发生崩塌式的衰败。比如盛唐气象在李隆基时代达到了高潮,但一场安史之乱就使其彻底瓦解。一种文化占据的"高位"越高,就越是受制于自身所拥有的"成就"之中,非线性的混沌效应迟早便会出现。

所以从人类文明发展的角度看,某个时期占支配地位的文化不可能成为世界文明的唯一中心,文化生态系统所呈现的文化多样性就意味着"我们这个文明世界并不是只有一个单一的中心"(皮尔森,1992:7)。任何文化中心论,就如同地心说、人类中心论等一样,都注定不合时宜,都是错误的观点。事实上,对于复杂事物而言,根本就不存在中心,一切都是中心,一切又都不是中心,有的只是相互影响作用的此消彼长。

虽然文化也常常具有"稳定性原则"的倾向,静止的文化积蓄精致而越趋稳定,但当受到时代潮流的影响不得不有所适应变化,甚至发生突变。美国学者贝格尔在《神圣的帷幕》中指出:"在建造世界的过程中,人通过自己的活动特化了他的倾向,为自己提供了稳定性。……这个世界,当然就是文化。它的基本宗旨是为人的生活提供他在生理上所欠缺的那种可靠结构。……文化必须靠人来不断地创造再创造,因此其结构天生地不稳定,注定要发生变化。"(贝格尔,1991:11)所以库比特认为:"变化总在发生,而其无法阻挡。这是为什么?因为文化生活仅仅在于一个不断的符号交流过程,通过这个过程,所有的意义和价值、神话和习俗随着舆论气候和公众趣味的变化逐渐改变。"(库比特,2004:161)人类当今所处的时代就是一个不同文化激烈冲突变化的时代。

由于近三百年来西方文化一直占据着支配地位,这样会给一些西方的政客造成一种幻觉,自以为他们的文化高人一等,喜欢建立以西方文化为中心的永久国际秩序,但这注定是要失败。关于这一点,美国哲学家罗蒂有比较清醒的认识,他说:"我们应当摈弃西方特有的那种将万物万事归结为第一原理或在人类活动中寻求一种自然等级秩序的诱惑。"(罗蒂,1987:15)

随着西方文化支配地位的失落(这是正在发生的事情),世界文化发展的形态一定会更加多样化。所以皮尔森在《文化战略》中译本引言中认为:"明天的世界将是一个由许多个经济中心、科学中心,以及更为重要的文化中心的世界。这种多元性可能是很令人振奋的。而他要具备的前提条件则是我们要发现一些共同趋势和共同途径,他们能导致带有我们自己的文化传统和文化丰富性的多样性。"(皮尔森,1992:8)

第六章 文化和合

可以预见,未来的世界性文化生态将由三大主要文化群体构成,一个东方文化(以现代化改造后的中华圣道文化为典型代表),一个西方文化(以美国为主导的科技文化为典型代表),一个伊斯兰文化(以现代伊斯兰宗教文化为典型代表)。未来世界文化发展的多元化格局令人振奋,这才应该是全球文化生态系统的常态。

在文化全球化的背景下,如果有所谓的文化中心,也一定是融合了各种文化优秀基因而孕育出来的一种全球文化。赛诺在《捆绑的世界》一书中说:"在全书中我将坚持认为这个大背景既不会导向欧洲中心主义,也不会导向非洲中心主义,而是导向一种完全进行中的地球中心主义。这样一种观点促使我们抛弃把任何一套思想和理想——不管是西方文明,还是美国文化,当作最终的救世主或罪人的看法。人类自身就是问题和答案。"(赛诺,2006:5)

对于文化生态系统的发展而言,必定遵循天道法则,维护文化差异性和多样性,决不能用一种政治观念和一种文化形态摧毁全球文化的多样性生态及其滋生的民族土壤。在全球化文化构建过程中,不同文化之间的竞争所产生的特化、分化、同化为其奠定了基本途径,导致不同文化广泛的复兴、变异和融合。当然,通过文化适应、文化合并或文化同化等过程,也会出现文化趋同结果。不过对于复杂系统而言,趋同的内部必然存在着分化,混沌吸引子本性就在于不可预见性,以及结果的不可重复性。

按照美国学者赛诺的说法:"这个正处于向第三个千年转变过程中的世界,是各种文化、传统和身份的奇怪混合体,这些元素仍在不断地融合,人们还惊恐地意识到我们最平常的生存却要依赖其他人。人们发现自己是多种特征混合在一起的奇怪混合体,生存在茫茫宇宙中的一座小岛上。……旧的规则不再适用,而新的适当规则还没有建立起来。我们处于令人害怕的不确定和荒谬之中,正在学习我们之间的连通性。"(赛诺,2006:181)人类目前正处于前所未有的文化融合的混沌边缘之中。

当然文化的融合必须适应人类更好生存发展的需要,因而文化发展的生命力在于"唯变所适"。皮尔森在《文化战略》中指出:"文化是人的活动,他从不停止在历史或自然过程所给定的东西上,而是坚持寻求增进、变化和改革。"(皮尔森,1992:4)对于不同文化之间的适应方式有"发明"

和"传播"两种,"发明"是通过创造来适应,"传播"则是通过吸收来适应。传播交流是文化得以融合的条件,发明创新是文化融合的目的。我们相信,凭借人类的智慧,一定会孕育一种更高境界的全球化文化多样性体系。

我们强调指出,文化是一个动词,是一种不断构建的过程,而不是静止的结构。文化作为一个开放系统,在文化生态环境中不断动态变化发展,向着高级形态不断进化。正如皮尔森在《文化战略》中译本引言所说:"所以我们大家都有必要敞开我们的生活和文明:文化必须变得更有动态性,更注重未来取向。"(皮尔森,1992:8)去迎接更加多样化、更加先进、更加有助于人类和谐幸福生活的人类文化生态系统。

第二节　中西文化整合

了解了人类文化生态发展规律之后,接下来要讨论的一个问题,就是全球多样文化的整合问题:"文化可以产生出文明来,文明却不一定能产出文化来。"(钱穆,1994:1)因此迎接全球化崭新文明的第一步,首先要实现全球多样化文化包容性的融合,来构建人类走向全球化治理的全新文明体系。从未来全球文化发展的角度看,具有全球文明发展主导潜力的文化系统,主要有西方人文主义文化和中华易道圣学文化。两种文化都非宗教性的,都以追求人类社会生活幸福为宗旨。所以我们这里讨论这两种主要文化的此消彼长,然后在此基础上来指出整合一种全球化文化融合的可能途径。

一、中西文化比较

按照钱穆在《中国文化导论》中的划分,西方文化是一种商业文化。商业难以自足,所以渐渐养成向外索求的文化特质,如外侵、流动、进取,看待事物的思想观念具有外物偏向,结果导致以物我分离为主的二元对立哲学观。中华文化则属于农耕文化,农耕可以自足,所以渐渐养成向内索求的文化特征,如内敛、静定和保守,看待事物的思想观念具有内心偏向,结果形成以天人合一为主的一体两面哲学观。

追溯历史不难发现两种文化的成因。众所周知,西方文化源自于古希腊的城邦,是不存在大一统制度背景的诸多城邦共存。与此同时正值周朝(春秋战国封建时代),则是在大一统礼制背景下的诸国并起。到了秦汉的郡县制统一,则正好对应欧洲罗马帝国统一。但不同的是秦汉源自内部的一统而欧洲源自外部势力的征服,形成方式完全不同。

西罗马瓦解,西欧割据局面的形成,是源自外来势力。西欧进入封建时代之后,民族独立意识顽固,大一统的局面难再形成,全靠基督教文化维系文化相对统一。但政体却相对独立,直至今日的民族国家形态,依然是民族自治意识强烈。结果形成了四十多个民族国家,没有形成大一统的国家,只有一个松散的欧洲联盟。

但西方一直有文化更迭催新的因素,文化更新进化迅速。从古希腊文明到罗马文明,再到基督教文明,都是外来势力催生的结果,也构成了西方人文主义文化的三个主要来源。这一点民国大学者钱穆就有论及,他指出:"希腊、罗马和基督教会之三者,成为近代西方文化之三主源。"(钱穆,1994:12)特别是中世纪之后,西方文化不断更新,文艺复兴、宗教改革和启蒙运动,加上数次工业革命,成为西方人文主义文化形成发展的直接动因。

相对于西方文化的不断变革催新,中华文化则基本上长期保持稳定不变。虽然偶有外来文化输入,也都被同化吸收,总体上并不能产生根本性改变。自秦汉以来,中华文化就已高度融合同质化。此后的二千多年文化固化,直到晚清,中国文化基本上保持不变,没有实质性的变化,成为维系大一统王朝的社会基础。

中华文化追求的目标便是"天下太平",而不是"国家富强"。其实中国只是一个庞大的社会而不是国家,一个松散政治形态的大文化区,与西方民族国家的概念完全不同。"中国"只是一个文化概念,无关乎地理位置,所谓"诸侯用夷礼则夷之,夷狄进于中国则中国之"。正如梁漱溟在《中国文化要义》中所指出:"像西洋人那样明且强的国家意识,像西洋人那样明且强的阶级意识(这是与国家意识相应不离的),像他们那样明且强的种族意识(这是先乎国家意识而仍以类相从者),在我们都没有。中国人心目中所有者,近则身家,远则天下。此外便多半轻忽了。"(梁漱溟,1987:

167-168)

中国人国家观念淡薄，不是讲家族就是讲天下。《诗经·小雅·北山》说："溥天之下，莫非王土。率土之滨，莫非王臣。"（毛亨，1999：797）这里强调的理念就是王化天下。古代中国向来以天下为己任，所谓"天下兴亡，匹夫有责"。

"天下兴亡，匹夫有责"源自于顾炎武，原文是："有亡国，有亡天下。亡国与亡天下奚辨？曰：易姓改号，谓之亡国；仁义充塞，而至于率兽食人，人将相食，谓之亡天下。……是故知保天下然后知保其国。保国者，其君、其臣肉食者谋之；保天下，匹夫之贱与有责焉耳矣。"（梁漱溟，1987：166）意思是说，亡国不过是易姓改号，只要仁义圣道不被充塞中断，就没什么大不了。但如果仁义圣道文化湮灭了，那就是亡了天下了，这是万万不能接受的后果，所以说"天下兴亡，匹夫有责"！保天下就是保持中华圣学道统文化的绵绵不绝，永远薪火相传不息。

这不是国家至上，不是种族至上，而是圣学道统文化至上。哪怕是外族入侵，只要延续华夏文明，中国知识分子乃至民众也能够接受。如果要废弃华夏文明之道统，即使是同种同族造反，也必诛灭之。这种原则的贯彻，就是所谓"夷狄而中国，则中国之；中国而夷狄，则夷狄之"。

中国文化始终只是转化和绵延，而西方文化不断变动和进步。"变动、进步则由这个变成了那个，转化、绵延则永远还是这一个。因此西方人看历史，常偏向于'空间'的与'权力'的'向外伸展'；中国人看历史，常偏向于'时间'的与'生长'的'自我绵延'。西方人的看法常是'我'与'非我'两个对立，中国人的看法只有自我一体浑然存在。"（钱穆，1994：14）

中西方文化的差异除了对待天下与国家大的方面之外，更多地体现在社会治理本位的理念方面的差异之上。中华文化轻个人而重家庭，先家族而后国家。大者讲天下，小者讲家族，而对个人和国家不甚提及。这与西方文化强调个人和（民族）国家恰恰相反，西方文化重视个人权利、民族国家而忽视家庭和天下。

中华文化强调以家庭为本位的社会，注重家庭伦理关系，夫妇、父子情如一体，财产不分，人际边界不清。而西方文化则强调以个人为本位的社会，注重个体自由与权利，财产个人私有，人际边界清晰。西方以个人本位而强调民族国家所谓组织方式,强调人人参与社会公众事业;中国以集体本位而强调家族天下的组织方式,就连(国家)天下也是一家(皇家)的天下,所谓家天下。

西方人执法而中国人徇情,即西方乃法制国家,强调遵守社会公德。而中国则是人情社会,只讲家人、家族利益和朋友圈子(最可悲的是,几乎人人都痛恨徇情谋私,但却只是痛恨别人的徇情谋私,及轮到自己身上,照样到处打点人情关系,不能杜绝)。

"权利、自由这类观念,不但中国人心中从来所没有的,并且至今看了不得其解的。……他对于西方人之要求自由,总怀两种态度:一种是淡漠得很,不懂要这个做什么;一种是吃惊得很,以为这岂不乱了天下!"(梁漱溟,1987:15)这一点,民众在看待西方应对新冠疫情"乱局"的态度中充分体现出来了。

中国以前农耕文明的社会组织方式在宏观统治上看似一种层级制度,但实际上到了民间具体的组织方式,则就是一种社群组织方式,靠礼俗规范来运行,所谓乡规民约。所以中国古代社会不像国家,原因就在于缺乏系统性的组织能力。

缺乏组织能力是没有平等的相处之道。要么自尊自大,受不得监督(权力制衡、言论监督、制度约束都不要了),要么逆来顺受,当个顺民(自由、民主、权力都不在乎了),喜欢走极端:"总之,或者受人支配作一个顺民;或者让他做主,众人都依他的。独于彼此商量、大家合作,他却不会。"(梁漱溟,1987:66)

在文化思想观念体系方面,中华文化走得太早熟了。所谓文化早熟,用梁漱溟的话说就是:"西洋文化是从身体出发,慢慢发展到心的,中国却有些径直从心发出来,而影响了全局。"(梁漱溟,1987:267)具体说,就是像一个人身体还没有发育健全(短于科学与民主),心灵就已经熟透了(长于天道和心性)。原因就是:"中国式的人生,最大特点莫过于向里用力,与西洋人总是向外用力者恰恰相反。"(梁漱溟,1987:200)向外就是探索自然运行之规律、社会治理之方法,结果就形成科学理论和民主制度;向内则就是探究人伦遵循之天道、道德根植之心性,结果就形成了极为高明的宋明性理学说。

心性境界高明自然没有什么不好，但一旦把心思都用到"高明"心性境界之上，就只会关注人事而忽视物理世界规律的探索。正如梁漱溟指出的："一旦把精神移用到人事上，中国人便不再向物进攻，亦更无从而攻得入了。"(梁漱溟，1987：280)这就是中华文化不可能产生科学的根本原因。王阳明格竹失败就是典型例子，从而将精神全用到致良知的心学而不再过问物理之义了。因为他认为"心即理"，自然就不再理会"物理"了。

中华文明的衰落便是从万历十二年(1584年)确立王学为主流官学开始的(而万历十五年就是中华文明转向衰败的转折点)，士大夫们避实向虚，将实用之学束之高阁，社会焉有不败之理！士大夫"平时袖手谈心性，临危一死报君王"，全然不务经济实业，更不用说去研究什么科学原理了。第一个问题是物质文明，第二个问题是精神文明，中国古人不善于第一个问题而善于第二个问题，便是早熟的原因。这也导致了学术思想与社会经济的隔绝。

这种向内与向外的思想观念的差异也体现在对民众的教化方面。西方文化的民众教化以基督教信仰作为思想核心，强调一切荣耀归于外在的神。中华文化对民众的教化以周孔圣学作为思想核心，强调《中庸》所说"极高明而道中庸"内在道德境界的达成。道德源自于内心自力(自律)，宗教源自于外在权威(约束)，中西文化教化的差异又在于此。

梁漱溟对此有精辟论述："宗教之礼所以辅成其信仰，而此礼(礼俗：礼乐与伦理)则在启发理性，实现道德。礼乐揖让固是启发理性，伦理名分亦是启发理性。"(梁漱溟，1987：211-212)这里的"理性"非西方人之"理性"而是中国人之"心性"，主要通过道德、礼俗、教化来养成显现。可见在中国社会，修身养性之所以重要也在于此。一旦"人心放肆"，社会便因此被打乱。

西方文化对人生的影响具有幼态延续(neoteny)的效果，指的是："青少年时期的特征延续到了成年时期，这有助于提高我们的灵活性和适应性，也有助于我们不受传统习惯束缚。"(格拉顿，2018：15)而中华文化类型则恰恰相反，按照梁漱溟的观点，就是具有人生早熟的效果(少小老成现象)。前者哪怕是老者，也是充满活力；后者即使是青年，也是老气横秋！这也是传统中华文化的一种象征，后来中华文明衰落了也是必然。

因此要想实现中华文明的伟大复兴,就需要融合西方文化中的优秀文化基因,来改造中华文化思想体系,使之焕发全新的青春活力。

二、西方文化衰落

为此,我们首先来论述在世界范围内已经主导人类文明发展近500年的西方人文主义文化之得失。然后在此基础上再来展望以易道圣学为核心的中华文化如何复兴发展,来引领人类未来全球化发展的伟大进程。

西方人文主义文化有两个基本信念,即理性精神和自由意志。理性精神的倡导直接导致科学技术事业的发达,而对自由意志的追求便构筑起了以民主(体现多数人的意志)和自由(保护少数人的权利)为基本准则的社会治理体系。当然理性至上和极端自由也会带来种种的社会流弊:物质至上、享乐主义、人性丧失、道德颓废、精神空虚、信仰匮乏、人与自然对立和冲突、人际关系疏远和冷漠。所以可以说,西方人文主义文化的兴衰都与理性精神和自由意志的信念密切相关。

西方文明也称基督教文明,所以基督教对西方文化的形成自然也起到了重要作用。但随着人文主义主导思想的确立,特别是科学进步,宗教的衰落便成为必然。(1)科学发达,知识取代了迷信玄想,(2)科技对自然的控制越来越强大,(3)理性批判性精神削弱了宗教的权威,(4)开明政治促使文化更多倾向于道德、礼俗和法律,(5)民众自信、自立、自主意识增强,个人权利意识觉醒,摆脱了宗教权威的束缚。因此,伯恩斯在《当代世界政治理论》中明确指出:"在人类进化的过程里,宗教应该为科学所代替或者为他种有用知识所代替的时代已经到来。"(伯恩斯,1990:37)

美国学者约翰·卡洛尔在给中文版《西方文化的衰落》写的序中指出:"人文主义文化的主要特征在于它的世俗性,换言之,它不是宗教的。它将人类个体推向宇宙的中心,替代了所有的超自然力、圣灵,以及神。它赋予每个人两种最重要的力量:自由意志和理性。"(卡洛尔,2007:2)

现在看来,西方人文主义文化最值得称赞的无疑就是具有科学理性精神的思想方法和分析方法,促使了人类现代科学技术文明的高速发展。西方人文主义文化中的这种科学精神一直难以融入其他民族的文化内核之中,比如尽管现代科学技术文明走向全球,但大多数地域的其他民族并不具有欧美文化的科学精神特质。早在民国时期,钱穆在《中国文化导论》中就看到了这一点。他指出:"由欧美近代的科学精神,而产生出种种新机械新工业。但欧美以外人,采用此项新机械新工业的,并非能与欧美人同此项科学精神。"(钱穆,1994:1)

但是有一利必有一弊,任何事情走向了极端必然会导致不良的后果。西方人文主义文化在强调理性至上、知识就是力量、科学繁荣昌盛的同时,宗教道德体系却遭到了瓦解。结果社会的愤懑、无序的反噬,却导致西方人文主义文化的衰落。

应该说文艺复兴思潮引领思想观念(自由意志),科学技术改变生活方式(物化结果),而哲学只是概念分别思辨(理性至上)。但如果(精神)整体关联性被摧毁,小写的"我"就会出现,于是带来了分离的自我。结果"这些文艺复兴的天之骄子无法在脚下找到立足点。他们内心的慧眼看到了他们的美杜莎(古希腊神话中的蛇发女妖,凡看见她的眼睛者皆会被石化),看到了虚无,他们身心困乏,不知所措,在原地一动不动。"(卡洛尔,2007:35)

外在的自由解决不了精神失落的困境,唯有内心的自在才可以走出人生困境:转物而不被物转,物来顺应,随心所欲而不逾矩之类。结果就如《再看西方》译者所指出的:"这种后现代时期的西方价值观念及意识形态导致了两个极端倾向:一是某些人只看到西方文明,因而将其他的文明一概作为过时的、落后的东西加以排斥。这种价值观念带来了种种的社会流弊:物质至上、享乐主义、人性丧失、道德颓废、精神空虚、信仰匮乏、人与自然对立和冲突、人际关系疏远和冷漠。二是一些人在寻求解决这些后现代时期社会问题时又往往走向对各种'非现代的东西的拥抱',或倒退到对旧传统、旧文化的全面肯定,或转化为愤世嫉俗的逆反心理,或转向无可奈何的相对主义,或对各种社会流弊麻木不仁,放弃了个人对社会应尽的责任。"(罗,1998:2)

在西方基督教文明体系中,随着人文主义文化思潮的兴起,人本与神本之间的斗争,一直主导着西方人文主义文化发展的走向:文艺复兴(人本思潮)→宗教改革(神本回归)→启蒙运动(人本深化)。因此到了启蒙运动之后,人本完全主导了西方人文主义文化发展走向。卡洛尔对此描述道:"启蒙运动将人文主义的潜能发挥得淋漓尽致。它是人文主义理想最纯粹、最坚定的体现,是人文主义哺育的最生气勃勃、最乐观、最成功的孩子。"(卡洛尔,2007:153)

但问题恰恰出在这里,盛极必衰。实际上,当尼采喊出"上帝死了"那一刻起,就宣告了西方人文主义文化的破产。因为在西方基督教文明里,"上帝死了"也就意味着失去了终极精神的归宿:"没有了上帝,生活若不是恐怖的,就是荒诞的。然后是沉默!"(卡洛尔,2007:202)这个上帝就是人们心底的精神本性,也是宇宙精神的体现者。没有了精神本性,除了在沉默中走向死亡,别无他途!

所以卡洛尔明确得出这样的结局:"在嘲弄者之后——空无一物。西方进入了虚无主义的现代性,那是人文主义的最后一道遗址。"(卡洛尔,2007:201)这里的嘲弄者是指马克思(揭露资本的罪恶)和达尔文(指出人是动物),虚无主义者克尔凯郭尔(存在主义鼻祖)和尼采(喊出了上帝死了),以及理性主义者代表笛卡尔。

人本主义没有终极栖身之处、没有精神的慰藉、没有灵魂的救赎!正如美国学者史蒂芬·罗在《再看西方》中所说:"现代社会满足了人的肉体和心理,但使人处于精神饥饿与无家可归的状态之中。人们极少注意到这种情况,一旦发现时,已到了不可收拾的地步。"(罗,1998:9)西方人文主义文化的衰落正是这样,不是轰轰烈烈地死亡,而是呜咽无助而亡,充满着无力感、无助感和无奈感。

约翰·卡洛尔在写给中文版的序中指出:"《西方文化的衰落》深入讨论的问题是:人文主义文化在提供物质进步、繁荣、舒适诸方面取得了无与伦比的成就。但它未能回答三个问题,这三个问题是所有人在一生中那些严肃的时刻会想到的:我从哪里来?我活着干什么?我死后到哪里去?"(卡洛尔,2007:2)人生意义,不是尽情享受、不是消费主义、不是纵情张欲、不是物质至上,而是在于社会整体关联性的维系,共情交流,精神激扬,仁者爱人,回归本心,然后才能绽放出生机勃勃的生命之花。

以人为本背离了以神为本宗教传统,结果导致人与神的分离,人背后的那个精神就没有了根基:"一个没有(终极精神本体)这样支点的世界,是失去方向、意识或感觉的道德相对主义和混沌状态的世界——人类难以在这样的世界中身心健全地生活。"(卡洛尔,2007:2-3)西方文明总是在神本与人本两个极端之间摇摆。而中华文明取其中道,天道与人道合一,一句"天命之谓性",一句"万物皆备于我",一句"心即理"等等,就将人与天融为一体:天人合一。这样方能为人本找到终极之本:人本(以人为本的自由意志,依靠理性向外索求来满足自身无尽的欲望)→(转变为以)人性为本(向内发明心性)→人性本于心性→心性本于天赋→天道具有不测之神(以达成天人和谐相处的理想状态)!

必须清楚,单单依靠理性和自由意志无法替代建立起精神的终极栖身之处,也无法回答人生的终极意义所在:"人文主义失败,是因为它的我不是创造的中心,也就是说,它不能既创造一个更高的意义,又创造我本身的意义。"(卡洛尔,2007:292)西方人文主义文化所追求的自由意志也罢,理性至上也罢,最终都是没有坚实的道德根基。正如卡洛尔指出的:"自由意志这个术语在任何重要的意义上都没有自由意志可言,人类的理性也只在受着诸多限制的狭窄活动场所才是强有力的。那些认为人类个体有着几乎是无限能量的想法完全是一种幻觉。"(卡洛尔,2007:292-293)

所有问题说到底就是人生意义的立足点在哪里的道德价值构建问题。正是在这一点上,西方人文主义始终没有回答。但有一点是明确的,西方人文主义寻找的理性和自由意志作为人类生存的立足点注定要失败。人类生存的立足点既不是人文主义者的自由意志梦想,也不是哲学家的理性思考,更不是先进技术的快速发展。那么"建立一个新的文化,为迷失的灵魂再度提供一种生活的能量,究竟什么是不可或缺的"?(卡洛尔,2007:292)回答只有一点,那就是必须引入中华文化的天道心性作为精神支点,才能拯救西方人文主义文化。

应该强调,在如何做人方面,或者更确切地说,在心性为人之根本及其存养方法方面,中华文化优胜于西方文化,甚至可以说远胜于西方文化。对此,梁漱溟特别指出:"而恰恰相反,自近代以至现代,欧美学术虽发达进步,远过前人,而独于此则幼稚。"(梁漱溟,1987:132)所以只有融汇引入中华文化的天道心性学说,才能弥补西方人文主义文化的根本缺陷。

但是遗憾的是,由于西方文明一直以来都是一种排他性的文明,西方基督教是如此,西方人文主义文化也同样如此。结果西方文明根本无法通过融合其他文明的优秀文化要素来给出有效的解决途径,比如用天道心性来替换神性,将终极归宿引向内在个体的本性。于是西方人文主义文化便走向一条追求物质享受的不归路。正是因为西方人文主义文化骨子里面的排他性,难以应付多元化的社会与难以和合多样化的文化。结果除了不可挽救地走向衰落,别无可能。

于是在西方人文主义文化主导下,人们醉心于追求物欲的满足,已与动物本能相去无几。对此,卡洛尔无可奈何地哀叹道:"大部分西方人已经变得大腹便便。"(卡洛尔,2007:294)大腹便便就意味着精神空虚:"(克尔凯郭尔)他预言一个以审美秩序为中心的文化终将崩塌,陷于自我为中心的淫佚耽乐。"(卡洛尔,2007:294)

所以卡洛尔在《西方文化的衰落——人文主义复探》一书的"引子"归纳道:"我们生活在人文主义五百年来伟大时代的废墟之上,残垣断壁在我们周遭森然挺立。……我们在忙碌的外衣下呆滞慵懒,我们在富足中日见赤贫,我们在自己的家园内流离失所。"(卡洛尔,2007:1)这便是西方文明衰败的形象写照。

对西方人文主义文化的最后一击的事件就是9·11事件。这件轰动全球事件的策划者就是大名鼎鼎的乌萨玛·本·拉登(Usama bin Laden)。有趣的是,根据卡洛尔的描述:"这个人的名字先前更常用的英文拼写作'乌萨玛'(Usama)——从阿拉伯文发音准确的音译——在9·11后立刻被替换成'奥萨玛'(Osama):因为原文的头三个字母很容易使美国担惊受怕。"(卡洛尔,2007:285-286)从这个更换译名的小小事件中,不难看到这件大事件对美国人的心理冲击是多么致命。

应该说,9·11事件就是一种象征,是主导人类500年的西方人文主义文化行将终结的转折标记。用卡洛尔在《西方文化的衰落》中的结语讲就是:"人文主义已经寿终正寝,它在19世纪即咽下了最后一口气。早到了和它分道扬镳的时候了。"(卡洛尔,2007:299)

当然,西方人文主义文化在崇尚理性精神和自由意志的召唤下,在科学技术进步方面取得了无与伦比的成就,从而为人类提供了丰富、便利和舒适的物质生活条件。但是就人类精神生活而言:"当我们回首过去的时候,我们倾向于只看到现代进程的悲剧性的缺陷,只看到它肤浅的物质主义和自我毁灭的个人主义,只看到它的沙文主义和排他主义的形象,只看到它对技术的迷恋。"(罗,1998:11)这些就是西方人文主义文化走向衰落的根本原因。

显然,西方人文主义文化已经无法引领人类全球文明融合化发展进程。因为用史蒂芬·罗的话讲:"目前的西方文化处于混乱和瘫痪的状态中。当世界上原来处于分割状态而迄今一直都被西方高高在上的观念和技术上的优势所维系着的地区逐渐汇合在一起的时候,当全球文明逐渐出现的时候,这种状态明显表现出来。极为讽刺的是,尽管全球文明的汇合主要是由西方的活动引发的,但西方在当前的汇合的动荡中却捉襟见肘。"(罗,1998:6)因此,引领全球文明融合发展进程的历史使命,无疑就落到了中华圣学文化的复兴之路上了。

人类新的征程就要开启,唯有顺应天道法则,才能赢得更加美好的生活:"埋葬死去事物的时刻既已降临,发轫在即,我们应踏上生活能力的复元的崎岖征程。太初有道——道,是基础,是所有真理之路汇集之处。"(卡洛尔,2007:300)这种汇集之处的道,就是中华文明之易道,是天道,是自然之道。让我们从西方人文主义文化的兴衰中吸取经验和教训,告别过去,迎接未来以新生的中华圣学文华为主导的新时代。

三、中华文化复兴

通过前面分析,我们可以看到西方人文主义文化与中华易道圣学文化具有天然的互补性。西方文化具有阳刚的特质,即为富强、动进,表现为不断自强不息;中华文化则与之相反,具有阴柔的特质,安足、静定,表现为持续厚德载物。特别是西方后现代处境(成熟的体魄而幼稚的心魂),正好与华夏早熟文化相反(幼稚的体魄而成熟的心魂)。因此,两者取长补短,加上华夏文明固有的天下观,就可以融汇出一种全新的全球世界观文化。

如果从易道圣学知天道、致中和与躬亲民三分架构来分析,那么我们可以更加清楚地看出如何通过引入西方人文主义文化中的合理内容来弥补中华文化之不足,从而发现中西方文化融合的困难所在。在知天道方面,易道圣学建立起来的天道学说,虽然属于形而上之论,但完全可以与当代整体科学思想相互沟通。只是缺乏科学实证之方法,缺乏科学精神,使得这样的天道学说只能停留在形而上学层面,不能产生现代科学。须知科学精神的形成离不开理性思维和自由意志,这正是西方人文主义文化的擅长所在。所以自由意志的保护和理性思维的培养,是发扬科学精神的基础,应该营造自由宽松的环境,强化理性思维的养成。

在致中和方面,易道圣学建立了天道到心性合一的心性学说,已经臻于完备,其有效性也已经为脑科学所证实。这是中华文化殊胜之处,正可以弥补西方人文主义文化在精神本原归宿方面的不足。应该大力弘扬中华文化的心性学说以纠正西方物质至上主义的偏差,从而让社会走出物欲泛滥的困境。

在躬亲民方面,易道圣学有着良好的愿景,强调天下为公,并以天下大同为其理想社会。但是缺乏社会组织的先进理念和行之有效的措施,这样的理想始终停留在口号之上。为了人类全球化事业的宏伟目标,易道圣学文化应该进一步吸收西方文化中合理的民主与法制理念,保障公民权利,进一步推进民主法制化进程。

实际上,通过最近二百多年的西学东渐的不断深化,现代中国的社会组织体系和科学技术体系,已经成为社会主义中国的有机组成部分。关键是要强化对民众的教化,使得社会主义民主思想和科学精神深入人心。就中国的民情而言,启发民智最为重要,而启发民智又以科学理性精神的培养最为关键。英国学者安德鲁·甘布尔在《政治与命运》中明确指出:"尽管存在着方法上的差异,但对科学理性却有广泛的共识:科学理性能够推动人类社会进步,使之更富裕、更自由、更幸福、更有教养和更健康。"(甘布尔,2003:80)五千年中华文明最为缺少的就是这种科学理性精神,从而导致后来全面落后于西方文明的发展。

现在中国社会进入现代文明社会,随着欧美文明的碰撞越来越深入,就文化融合而言,摆在中华文化发展面前的艰巨任务就是:"即是如何吸收融和西方文化而使中国传统文化更广大、更充实。"(钱穆,1994:205)在这其中,关键要弘扬吸收科学精神、方法和成就。因此对易道圣学进行系统的科学诠释,有着极为重要的意义。唯有这样,才能使中国传统文化走向科学化的道路，弥补先天缺乏科学精神的不足。正如钱穆在《中国文化导论》指出的："换辞言之，即是急剧的自然科学化。而科学化了的中国，依然还要在中国传统文化的大使命里尽其责任，这几乎是成为目前中国人的一般见解了。"（钱穆，1994：212）

随着科学的不断进步，特别是科学不断与人文相结合的第三种文化兴起，在中西文化融合的进程中，科学起到的作用将越来越关键。普里戈金在为《从混沌到有序——人与自然的新对话》中译本写的序指出："一个非常有希望的迹象是，科学现在能够把与其他文化传统相联系的观察能力集合起来，因此能够促使这个世界经历了不同进化路径的各部分相互尊重和理解。"（普里戈金，2005：3）

文化认同的主流（历史长河中）就是人文与自然的不断融合的过程。就中国而言，先是名教与自然的融合为玄学，然后是心宗与道学融合为理学，最后是圣学与科学融合为第三种文化（文理沟通）。正如普里戈金所期望的那样："我们相信，我们正朝着一种新的综合前进，朝着一种新的自然主义前进，也许我们最终能够把西方的传统（带着它对实验和定量表述的强调）与中国的传统（带着它那自发的、自组织的世界观）结合起来。"（普里戈金，2005：24）

世界正走近一个历史的大转折，必然会有一次人类文化思想上的大飞跃，融合不同文化思想而形成全球文化思想新体系。史蒂芬·罗在《再看西方》中认为："这一跃升不啻于攀上了人类的又一层台阶。世上再没有别的路——唯有向上。"（罗，1998：238）所谓向上，就是中西文化的融合必须在现代文明的基础上进行融合升华："一个新世界的文明意味着东西方文化的整合和对传统文化的扬弃，在现代文明的基础上进行复兴。"（罗，1998：3）

中华文明贡献了理想化的思想观念——大同社会的天下为公，西方文明则贡献了达成这一理想的民主制度和科技途径。按照文化三要素：思想观念、典章制度和技术支撑，两者相辅相成，便是全球化文明的未来蓝图。

为此，我们理应引入科学精神与民主思想来重塑易道圣学，使之发扬光大，主要应该体现在两个方面，一方面应该弘扬科学精神，并通过吸收科学思想、方法和成就再塑全新的易道圣学理论；另一方面是进一步强化社会主义民主法治精神，重建易道圣学的淑世学说。诚如此，则易道圣学可得以复兴，并真正带动中华民族的伟大复兴事业。

第三节　共同文化价值

要为未来人类社会的和谐发展做出贡献，必须将易道圣学中先进文化要素加以含弘光大。那么从构建全球文化体系角度来看，易道圣学中最为重要的先进文化要素是什么呢？显然，就人类社会的发展而言，强调人类整体关联性，其中最为核心的观念就是易道圣学的仁爱精神（或称西方的博爱精神，或称佛教的慈悲精神）。应该清楚，仁爱是一切社会关系的基础，建立全球化理想社会的首要任务就是倡导仁爱利他行为准则。

一、文化价值根基

须知不同文明之间的融合，关键在于不同文化载体的人际交往交流之中。人与人之间有效思想的交流是以信任为基础，而信任的根基在于爱。没有爱，信任是不可能的。克拉默说过："没有一点点信任，自由生活就不能得到控制。……因此，信任是人类共存的原则，但没有爱，信任是不可能的。所以爱是我们人类世界的必要原则。……爱是我们世界上起作用的力量。没有这种力量，人类世界就不可能存在。"（克拉默，2000：307-308）

必须强调，仁爱是自由生活的基石，强调唤起仁善之心的个人道德修养无疑就是社会稳定最重要的基础。缺乏利他精神的自由对于人类整体福祉而言是有害的。所谓过犹不及，一味强调个体自由而缺失道德自律，是行不通的。因此，只有唤起人们内在的仁爱之心，全球化的文化融合才真正可以得以展开。

联合国前副秘书长穆勒为全球教育呼吁道："我们应该给全世界的孩子以全球视野，告诉他们生活的奇迹和圣洁，教导他们爱的必要性，这既是为了我们的星球，为了我们伟大的人类家庭，为了上天的恩赐，也是为了这些奇迹的创造者。我们应该教会他们正确对待我们的地球和我们的

兄弟、姐妹的行为,以便为全人类创造一个和平、公正和幸福的家园。"(赛诺,2006:67)

是的,在人类这个大家庭中,要教导孩子们爱的必要性,而不是用狭隘的爱国主义,甚至是民粹主义来禁锢孩子们的思想,否则人类的未来必然陷于战争的灾难之中。正像美国政治学家伯恩斯在《当代世界政治理论》中指出:"每个国家的爱国者都咒骂其他国家的民族主义,而认为自己的特殊民族主义牌号是可贵的和高尚的,这一事实使理解民族主义复杂化。"(伯恩斯,1990:458)

应该将"仁爱"指向爱整个人类而不是狭隘地"爱国"或"爱本民族的人民"。人类社会应当维持公平正义、化解矛盾冲突、保障弱势群体(扶贫)、维护社会稳定、维护生态系统、保障社会可持续发展、制止犯罪活动、镇压暴力行为、监管金融和市场,宗旨就是要为全体民众谋取最大利益(人类社会的健康幸福生活)。

在世界文明发展历史中,不难发现这样一个事实,什么时候出现狭隘的民族主义思潮(民粹主义),什么时候就会遭遇战争和灾难;什么时候倡导国际主义精神(比如人道主义救助),什么时候人类社会就和谐稳定。民族自决自主值得倡导,但狭隘的民族主义应当扬弃。按照文化生态系统的自然法则,民族及其文化占据自身适应的生态位生存与发展,文化生态位相互重叠与交流,构成更大规模的人类共同体(具有固有的相干性),才是理想的常态。

其实,这对于个人也一样。遭遇危机时,如果人人自危,只考虑自身利益,就会带来整个社会的恐慌。比如新冠肺炎疫情流行期间,民众哄抢生活用品,导致社会恐慌。但如果人们众志成城,团结一致,就可以战胜灾难、解决危机。比如中国政府强有力的领导,为全球有效防控新冠疫情做出了表率!

仁爱利他的原则就是"己所不欲,勿施于人",关键在于自己付出爱的行动,而不是苛求他人。遗憾的是,在现实社会中,"我们大多数人要求人们有爱心,却只是为了要别人关心我们自己,而不是打算为别人做点什么。对许多人来说,这种追求是苦涩的,没有结果的"(尼斯,1998:222)。为什么只要求别人付出爱心,最终会毫无结果呢?道理非常简单,如果世上人人都只顾自己,不关爱他人,那么人人都得不到关爱。反之,如果人人都关爱他人,那么人人都可以得到关爱。当然这时会遇到一个囚徒困境的难题,即一方遵守关爱原则而对方却背叛关爱原则所遭遇的境况。如何解决这一困境难题?根据科学家的研究分析,结果是"一报还一报"的应对策略最为成功:"要怎样解释'一报还一报'的成功?阿克塞尔罗德指出好几项性质,特别是'良善'(绝不先背叛)、'强悍'(惩罚变节行为)以及'宽厚'(遗忘过去,重新合作)。良善能带来合作的报酬,强悍则吓阻不断的变节。至于宽厚,则避免落入永无休止的报复与反报复循环。"(克罗宁,2000:345)

唯有倡导仁爱才能从根本上实现信任和合作,并运用"一报还一报"的智慧,才能有效摆脱囚徒困境的魔咒。对此,沃尔德罗普就指出:"当然,在现实世界里,信任与合作很少达到如此两难的境地。"(沃尔德罗普,1997:368)关于这一见解,作为一位科学家也是一位政治哲学家的克鲁泡特金公爵有着同样的结论,他在《互助——一个进化的因素》中指出:"对许多生命体说来,实际生活的法则是互助,而不是生存竞争。"(伯恩斯,1990:38-39)因此,真正的仁爱不是不讲原则的泛爱,而是强调与"智慧"结合的"仁爱",所谓"显诸仁,藏诸用",是乾元刚智与坤元柔仁的相辅相成。"良善"是"柔仁"之体,"强悍"是"刚智"之用,"宽厚"是仁智"中和"之态,这就是易道在世道中的运用原则:立刚与柔,一柔一刚之和,是为易道。"所以像'一报还一报'这样的策略愈是成功,它遭遇到自己同类的机会也愈大,因此,他将更能从合作中获益。而这正是达尔文式的自利合作能够进化出来的原因——出于自私,结果却是利他"(克罗宁,2000:346)。

在生物相互竞争的生态系统中,普遍存在着利他基因的原因也在于此。美国学者平克指出:"当动物的行为以自己受损为代价而使另一个动物受益时,生物学家便将这称作利他行为。当利他行为得以演化,因为利他者与受益者相关,从而导致利他行为的基因令自己受益时,生物学家称之为亲属选择。但当我们认真研究动物如此行为的心理后,我们可以给这种现象另起一个名字:爱。"(平克,2016:406)

真正的爱不期待任何回报。所以:"在利他主义中不存在任何对个人利益的期待。李滋(1963)用了三条标准来给利他行为下定义:(1)这种行为不是为了自己获利,它本身就是目的;(2)这种行为是自觉自愿的;(3)这种行为的结果有一些益处。"(梅多,1990:364)那么不求回报的利他主义为什么会盛行呢?在文化传播的意义上利他行为是一种成功的模因。美国学者布莱克摩尔就认为:"在我看来,利他行为、合作行为,以及豪爽大方的行为就属于那些成功的谜米(模因)之列。"(布莱克摩尔,2001:279)

人类是利他主义者。友善利他的人朋友圈大,社会收益也就更大。收益主要是来自交往过程中(流通领域、货物交易、思想交流等等都依赖于社交圈)。于是善良、大方的行为会通过模仿而得到传播。另外,对大方之人报以大方之举也是一种传播。以至假装豪爽大方的人也可以从中获益。所以"拷贝利他主义者"作为一种生活策略必将得到广泛传播。不过,利他行为在社会广泛传播却往往对利他行为的个体不利。比如奢侈浪费、攀比成风都对个体的利益有所损害。

除了文化模因意义上的好处使得利他主义得以传播之外,即使社会学意义上的好处也会使得利他主义得以流传。那么在社会意义上利他主义给成员的好处究竟是什么呢?"好处是:它们能通过更有效的合作方式,相互交换利他恩泽,而这是单打独斗无法提供的。良好行为所耗费的成本,可以被回报的良好行为利益给抵消"(克罗宁,2000:342),因此"只有每位成员都愿意合作,每位成员才可能过好日子。但是如果每一生物个体最在意的都是追求自己的最大利益,结果免不了大家都活得更惨"(克罗宁,2000:343)。

如何解释生物世界中的利他行为?美国生物学家克罗宁在《蚂蚁与孔雀》一书指出:"我们必须考虑,这种行为有可能确实是一种自我牺牲,而牺牲者只是获利者的工具。……或许,有些利他主义者就真的是利他主义者,真的是违背自己的最大利益,复制于其他生物个体的基因,随着他人的进化乐音起舞。如果真是这样,他们所表现出来的利他主义,其实是那些操纵基因的衍生表型。而且从中获得选择利益的,也正是那些操纵基因。"(克罗宁,2000:349)并进一步解释说:"我们或许可以这么说,由于基因操纵,我们最后终于找着真正的利他主义,虽然那并不是出于利他行为的本意。通过近亲选择、互惠合作或是累赘装扮的宣传,利他行为者或是利他行为基因的复制品,将会受益。但也由于基因的操纵,利他者只能付出代价(或许要排除这种代价的成本太高了)。"(克罗宁,2000:354)

是的,一方面"天地不仁,以万物为刍狗",生物之间为了不被自然选择所淘汰,必须采取自利的竞争策略;另一方面则是"以其无私耳,故能成其私",生物之间也存在着利他友善来对抗天地之不仁,使得物种乃至整体生态系统利益最大化。这个天地不仁的自然选择法则,同样也是利他行为的根源。因为只有"利他"才能成其私,从而被自然选择而不断生生不息地繁衍。

人的本能虽然具有好争、逃跑、好奇、傲慢、贪欲、好群等等,并都伴随着相应的情感,如好争与愤怒,逃跑与恐惧,好奇与惊异,傲慢与得意,贪欲与痴迷、好群与依恋等等。但天命所赋之性则是仁爱与慈善。人类的本能多半是由基因决定,难以通过强化教育或改善环境来改变。所以要化导民众,首先通过心性修炼让民众摆脱愚昧无知和不良本能的困境。恢复心性之仁爱才是根本出路,途径就是去除四种不正之心,方法则是仁智双运。所以成熟的爱是需要通过仁智双运的途径来达成。

什么是成熟的爱的表现特征呢:"普雷斯科特对成熟的爱的一些特征做了概括,(1)通过感情的移入与人同甘共苦,有助于了解别人的需要和感情。(2)能够深切地关怀别人的幸福。(3)能愉快地给予别人。最后,(4)成熟的爱者尊重他人的个性特点,毫无占有欲地允许对方自由地成长和变化。"(梅多,1990:362)一句话,成熟的爱将爱当作动因,而不成熟的爱,把爱当作需要:"成熟性包括给予爱和接受爱。接受爱让他人成为给予者,并帮助人认识到他的未开拓的潜力。"(梅多,1990:363)

所以平克认为:"爱的本质是为他人的幸福而感到高兴、为他人受伤而感到痛苦。这些感受激发了使被爱者受益的行为,如抚养、喂养和保护。……人们帮助亲戚等同于在基因上帮助自己。"(平克,2016:406)这便是仁者爱人须由近及远的生物学意义。所以自然选择更倾向于选择具有利他基因的群体。当然,这里面也有一种自利与利他的博弈,只有恰当平衡最优,才能受到自然选择的青睐。这一点可以用前面的囚徒困境博弈策略(一报还一报是最优的)来说明。可见无论是生物意义上,还是社会意义上,仁爱利他都是人类社会共同繁荣幸福的根本保障。

二、心性天赋平等

对于生态系统而言,不管是自利还是利他,都是维持整体关联性的必要机制。自利与利他只有相辅相成,才能维护整体利益的最大化:"因此,自利行为看起来不见得一定很残忍、严酷,它的形式是非常多样的。"(克罗宁,2000:358)在多种多样的自利行为中,自然包括他利行为而成就的自利效果。

作为生态系统,进化稳定策略是最为重要的选择。适者生存到了整体性生态系统,就演变为稳定者生存。正如克罗宁强调的:"答案落在对局理论手上,也就是进化稳定策略(ESS)的理论。……ESS理论提醒我们,掠得单一冲突的胜利果实是不够的。对自然选择来说,重要的是策略必须具有进化稳定性。"(克罗宁,2000:422)

在生态系统中,共生是非常重要的机制。自觉改善环境,自利利他,一切生机勃勃的自组织复杂系统都如此。关键是自发动力的自组织,只有排除了任何人为的干扰,才会导致多样性的繁荣。因此自发共生才是多样性生态系统形成和发展的根本机制。

相互扶持、相互合作共赢要比一味自利获得一时利益更具有持久获利的稳定性,这也就是为什么在囚徒困境中"一报还一报"策略最为成功的原因。也就是说,仁爱利他基因,也是自然选择的结果:"利他基因之所以能传播,是因为它能通过对近亲的影响来强化自身的复制。"(克罗宁,2000:411)

应该说,利他基因反映的就是事物整体关联性,是宇宙精神本性的体现。"爱是那种对精神和物质之间的相互依存和那种'完美的一致'的认识,同感是那种强烈地感受到把一切生命都统一在一个唯一的有机体里的同一性,或者说是亲族关系的束缚能力。"(沃斯特,1999:118)进化论的推动者华莱士则认为:"大自然赐给我们躯体以及较低等的心智能力,但是我们的灵魂则是由超自然赋予的。"(克罗宁,2000:478)这里的"灵魂",就是我们的精神本性,是由"超自然"的天道所赋予,即所谓"天命之谓性"。

天命所赋之性,就是仁性,是宇宙精神本性的投射。朱熹在《仁说》中指出:"天地以生物为心者也,而人物之生,又各得夫天地之心以为心者也。故语心之德,虽其总摄贯通,无所不备,然一言以蔽之,则曰仁而已矣。……其发用焉,则爱恭宜别之情,而恻隐之心无所不贯。故论天地之心者,则曰乾元、坤元,则四德之体用亦不待遍举而该。盖仁之为道,乃天地生物之心,即物而在。情之未发,而此体已具;情之既发,而其用不穷。诚能体而存之,则众善之源、百行之本莫不在是。此孔门之教所以必使学者汲汲于求仁也。"(朱熹,2002:3279-3281)

对于拥有自觉意识的人类个体而言,为了整体人类利益的最大化,更应该以仁爱利他为行为指南。在人类历史上因为争夺资源、种族清洗、宗教论争而发动战争,给世界带来的只有痛苦和哀伤:"人与人之间的不仁道行为,确实曾制造了无数的哀伤。但是真正令达尔文主义者踌躇深思的,却是人类的人道行为。达尔文主义者很慢才从勤勉的蚂蚁以及仪式化的争斗中,看出利他行为。"(克罗宁,2000:437)

实现爱的能力的途径就是社会关系。爱虽是对他人关心的外在表达,但其反映的却是自己内在的仁心。所谓仁者爱人,不仅是利他,更重要的也是利己。也就是说,仁爱不仅仅是一种简单的个人行为,而且更重要的是全部社会关系的基石。因此,如果进一步考虑到人际关系是我们生活主要意义所在,反过来建立在仁爱基础上的良好人际关系就不仅是生活快乐的源泉,也是个体自我存在感的源泉。

仁爱就是利他,追求世人的利益,而不是出自私心的偏好。对于我们人性而言,只有一种品质是内在,那就是仁善,就是爱:"我们说爱永远是善的,这意味着在任何特定的境遇中,凡是表达了爱的东西都是善的!爱是待人的方法,是使用物的方法。……爱是为了人,不是自在之善。"(弗莱彻,1989:47)

当然,在日常生活中,我们有两种表达爱的情感,一种是自爱(独善其身,君子慎独,自我完善),一种是仁爱(与人为善,与民同乐,廓然大公)。就像自利利他一样,这两种情感并不矛盾,而是可以相辅相成。如果两者发生了冲突,人的一种内在本善之性就会出现,所谓良心发现,便可以做出有利于仁爱的决定。

借用美国哲学家梯利的话来说:"我们的结论是:至善就是那些由于

自身的缘故而被人类普遍追求的东西,它具有绝对的价值,依赖于不同的内外条件,以民族和时代的不同而互异,因而我们不可能对至善给出一个详细的描述。我们所能做的是观察人类各种理想的共同点,把其归到一个一般的公式或原则之下。"(梯利,1987:185)梯利所给出的这个原则就是:"我们已经知道,个人和社会生活的保存和发展是至善,是人类的目的。"(梯利,1987:182)这对于构建全球化文化体系也同样适用。

所以无论不同文化、环境、贫富之间形成的生活方式有多么不同,幸福生活的原则却大抵是一致的。本着至善的仁爱之天性,利他基因互助互利,充分体现人类整体关联性;唯有人人都无条件的关爱他人,才是人类社会走向繁荣的根本出路。

因为人性本善的天性就是倡导平等、博爱、自由,从而成为建立社会主义民主制度的根本基础和保障,如图6-1所示。首先,天道所赋之性,即《周易·系辞》所说:"一阴一阳之谓道,继之者善也,成之者性也。"人性皆同此源,故人人生来平等,享有同等权利。其次,天赋众生平等根源乃是心性本善,其显诸仁的表现自然就是博爱。最后,心性之用为智慧,所以从心性所藏之诸用(智慧)必将延伸出自由。因此原则上,从人人心性本善这个平等前提下,自由和博爱的主张是可行的,符合自然法则。生存权、博爱权和自由权是人类最基本的不可剥夺的权利,也是自然法的基础信念。

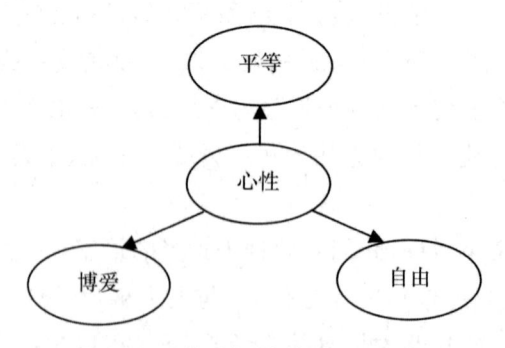

图 6-1 平等、博爱与自由三位一体

那么建立在心性本体之上的平等、博爱和自由的心理基础是什么?法国思想家皮埃尔·勒鲁在《论平等》一书中分析指出:"事实上,我们在别处已经讨论过,人在他一生的全部行为中都是合三而一的。这就是说知觉－感情－认识同时并存,因而在政治上必须对人的本性这三方面的每一个方面都有一个相应的词。与人的形而上学中的知觉一词相应的政治术语是自由,与情感一词相应的是博爱,与认识一词相应的是平等。"(勒鲁,1988:11)

根据勒鲁的分析,对应平等的心理能力是认知,对应博爱的心理能力是情感,以及对应自由的心理能力是知觉。如果用当代意识科学的术语讲,这里的"认识"应该专指"悟识"意识能力,这里的"情感"应该专指"感受"意识能力,而这里的"知觉"应该专指"觉知"意识能力。这样,三种意识能力的合一,恰恰就是我们的意识本体"心性"(周昌乐,2016:132)。

天命所赋之心性人人如此,这才是真正的自然法则:"平等是一切人类同胞所具有的权利,这些人同样具有知觉－感情－认识,他们被置于同等条件下:享受与他们存在的需要和官能相联系的同样的财富,并在任何情况下都不受支配,不受控制。平等被认为是一切人都可以享受的权利和正义。"(勒鲁,1988:272-273)所以神授神性不如自然心性合理。天赋人权的基础就是人的精神本性是天赋的,人人具足,无有差别。所以平等是天赋的,而唤起这种平等心,唯有智慧悟识能力。

至于博爱则是一切情感的根源。按照勒鲁观点:"博爱的意思是:人的本性在他的全部活动中充满感情;人在自己的同类面前,不可能在与他接触时不跟他产生感情。公民的理想,就是对于所有其他人的爱以及与这慈善,与这爱相应的行动。"(勒鲁,1988:12)博爱的基础是人人平等的心性。孔子说"普天之下皆兄弟也",故"仁者爱人"必定成为人生基本行为准则,其途径就是忠恕之道,前提就是人人生而平等。

勒鲁认为:"博爱是一种以向人们灌输他们的共同起源和团结精神来巩固结社的感情,在结社中人们都是自由和平等的。博爱是一种连结自由(或每个人的权利)和平等(或一切人的权利),并表现出它们实质上的一致性的纽带。"(勒鲁,1988:272)从脑科学的角度看,人脑边缘共振的共情心和同理心是仁爱本性的自然流露,人人具足。所以博爱的心理能力就是呈现感受意识,博爱行动的前提首先要有显现仁爱的感受意识。因此也就有勒鲁这样的论述:"同样可以肯定,如果没有博爱,或者尚未表露

博爱,人的本性也就不存在。从这个意义上说,人的本性既没有确定,也未得到承认。"(勒鲁,1988:13)

最后再说自由。勒鲁认为:"自由对任何人来说主要是在自我表现形式下生存的权利、行动的权利、根据基本性别和主要官能而自我发展的权利,而要充分行驶这种权利,就一定要摆脱人压迫人,人剥削人的局面。自由对每个人的直接含义就是公民有权一起来创立城邦政府。"(勒鲁,1988:272)达成自由的心理能力就是反思觉知意识,所以自由行动的前提首先是拥有反思觉知能力。按照勒鲁的说法:"自由就是有权行动,所以政治的目的首先就是在人类中实现自由。使人自由,就是使人生存,换言之,就是使人能表现自己。缺乏自由,那只能是虚无和死亡;不自由,则是不准生存。"(勒鲁,1988:12)

(知觉)觉知意识是自由行动的意识能力保障(也是内心自在的途径),所谓自由意志。情感(感情)源自于博爱的本性,与感受意识关联在一起。悟识(认识)的途径达成的天赋心性,便是人人平等的源泉。只有悟识能力引发出来的智慧才能唤起平等不二的心性,表现为博爱之感受与自由之觉知的叠加态。

总之,勒鲁指出:"平等、博爱、自由彼此包含着。这三者之中没有一种可单独存在,或者在其他两者尚未实现的时候,第三者只能名义上存在,或者只是一种向往而已。"(勒鲁,1988:273)于是可以说自由(智慧)、博爱(仁爱)、平等(仁智统合的心性)三位一体,因为赋予其背后的觉知—感受—悟识是三位一体的心性。启迪人智是培养智慧,途径就是"藏诸用";匡正人心是培养仁爱,途径就是"显诸仁"。两者不相分离就是仁智双运,其成就的目标正是《周易·系辞》所言:"成性存存,道义之门。"

心性天赋,人人平等,所以我们有自由的权利和博爱的义务。只有呈现这一天性,我们才会拥有自由的权利和履行博爱的义务。天性的显现则全凭智慧的悟识途径,因此心法修炼方法至关重要。正如《周易·系辞》所言:"显诸仁,藏诸用,鼓万物而不与圣人同忧,盛德大业至矣哉!"可见心性修养是全部教育的关键所在。

三、培养仁爱精神

从上面的分析可知,无论是对个人还是对整个社会,追求仁爱利他的价值取向都是极为重要的教育导向:"我们不能创造自己的人生价值,并且我们不能只是通过捏造自己的目标而获得人生意义。人生的完满取决于人类系统地发现世界之美的奇迹和愉悦的能力,以及开发人类的情感、悲悯情怀和与他者理性对话的道德感悟力。然而由于人类境遇的脆弱性,仅靠理性是不能引导人类向善的。我们需要信仰来支撑我们获得终极仁善的开悟,我们需要生活在希望之中。"(科廷汉,2007:159)

正如我在《明道显性》一书中一再强调的那样,理智不足以引领人行善,因为真善超越概念分别,非理智所能把握。至于意志,确实受理智的控制并受欲望的诱惑,这都是因为分别之心的缘故。因此意志不能带来真正意义上的自由,只有"物来顺应,廓然大公",才能引领人们达到自由之境,这便是秘密认知(悟识)的结果。需要切实的心性修炼才能得以达成的境界,自我心性的明觉。

哈多在《哲学作为一种生活方式》中指出:"所有的心灵修炼从根本上说都是回归自我,自我摆脱掉与世隔绝的状态进入'焦虑'状态。通过这种方式得以解放的'自我'不再只是自我中心和受感情支配的个体,而是有德行的人。……心灵修炼的实践暗示着全面颠覆头脑中固有的概念:主体拒绝了追求财富、荣耀、享乐的错误价值取向,转向寻找美德、冥想、简单生活和简单生活的幸福。"(科廷汉,2007:123)

中华易道圣学给出的人道修养体系,其目标也全在于此。易道洗心藏密要旨追求的就是简单生活的幸福快乐。所谓内在自由状态,就是把"我"从被各种妄念和欲望所蒙蔽状态中解救出来。通过秘密认知,从而达成无将迎、无内外、无物我的状态,然后便可以"物来顺应,廓然大公",任运自在去践行充满仁爱的生活。

秘密认知就是灵慧显现,是通达默识会通的途径。所谓灵慧,就是灵性智慧,顿悟自我本性的智慧。与秘密认知相对的是公共认知的理智,只会导致纠缠态的坍缩,是一个碎片化的选择过程,所以说"仅靠理性是不能引导人类向善的"。唯有通过秘密认知,才能引导人们从小我的自爱走向大我的仁爱,并信行仁爱。

简单地说,所谓信行仁爱就是要:(1)把生命看作是自然弥足珍贵的礼物,看作是天道的化身,从而毋不敬;(2)把人生看作是超越是非善恶的过程,躬亲民则是自己义不容辞的责任,所谓泛爱众;(3)采纳符合天道法则的生活方式,日常生活都应符合仁爱利他的宗旨,以获得符合天道的德行,心灵长处思无邪。

当然,由于历史的原因,心灵修炼常常与宗教有所瓜葛,其中不乏吹牛夸张、骗人财色、权力欲望、控制他人者。对此人们应该学会辨别能力,不可为人所欺骗利用。许多宗教传播者利用民众希求安全感,那种超越有限的彻底归属感,编造种种至高无上的神祇来忽悠民众。此时必须明白,所有的神祇都是人类幻想出来的假象。或许相信真主、耶稣、佛陀等,会给人们带来一种被保护的安慰剂效应。但这不过是一种幻觉,是内心缺乏肯定的一种臣服和依赖,个体不可能从中得到真正的自由和至乐。

赛诺在《捆绑的世界:生活在全球化时代》中语重心长地告诫:"人类不能总是被虚假的发展承诺所欺骗,不要再想重返伊甸园。无论是进步的福音,还是原始文明的福音,都与现实相去甚远。"(赛诺,2006:279)对基督教是如此,对其他宗教也是如此。请牢记,心灵修炼不在繁复的说教,而在于切实简单的践行!洗心、明心、纯心等这些自我净化都属于内化修炼。义理说教的灌输则属于训诫,虽说也可以在心路历程中对于启发心灵起到作用,但不是心灵修炼的主要途径。确实,如果说心灵修炼可以赋予义理内涵有些夸张,但毫无疑问,修炼境界的提高却有助于对义理的悟解,甚至就像顿悟心性那样,能够在没有精神训诫所提供的静虑境界之外获得人生意义的洞明。

感受意识就是宇宙精神,是宇宙整体关联性的体现。天人合一应该成为全球化治理的共同理念,正如布里格斯所指出的:"感受与整个宇宙休戚相关,让我们从长久以来的想法中解放出来,不再认为自己仅是孤独的片段。从强调孤立的自我和只知道个体,到知道整体;从强调个人英雄般地与世界斗争,到协同进化与合作;从视自然为孤立个体的集合,到感觉到我们是自然之组织的重要方面。我们意识到观察者必然总是观察对象的一部分。"(布里格斯,2001:156)只有达成这种"浑然与物同体"的仁性,我们才有可能实现人类历史上对大同社会理想的期待。

美国学者史蒂文·平克在《心智探奇:人类心智的起源与进化》中对现代版理想社会描述的期待是:"大家聚在一起,努力彼此相亲相爱。这是大同时代的黎明:和谐与理解、志同道合与相互信赖,不再误解或嘲笑,金色的梦想成为现实,神秘的水晶给予启示,还有心智的真正自由。想象一下,没有私人占有,但我怀疑你能否做到。贪婪和饥饿无处藏身,到处充满人与人之间的兄弟之情。想象一下,所有人分享自己的所有。你可能会说,我是一个做梦的痴人,但我不是唯一一个这样的人。我希望有一天,你能加入我们,那时这个世界将会是大同世界。"(平克,2016:434)

如此说来,只要人人都能献出仁爱,人类世界就会成就如此美好的大同社会!应该说,追求大同理想社会,是我们人类共同的美好愿望,也是易道圣学的终极理想。不过要想使这样的理想变为现实,还离不开群体治理制度的保障。因此,我们需通过遵循仁爱原则来指导人类社会的行动规范。

仁者爱人、自利利他、关爱社会,这是生活中最有价值的活动和事业。正如科廷汉所言:"人生的意义在于那些有价值的活动和事业,他们使我们成长为真正的人。这个成长的过程,需要主体自身的感性和理性的不断发展:包括培养情感以及与他人理性对话的能力。"(科廷汉,2007:108)说得多好!感性的基础是本善之仁性,理性的高度是无住之智慧。两者相合,就是所谓仁智双运。

仁智双运:敬天须明道,用智而已;爱人当显性,体仁便是。世间之道,地道也,当以刚柔相济。刚者,自强不息;柔者,厚德载物!自强不息当顺乎天道,体现科学精神,所以敬天为上;厚德载物必应乎人道,强调利他精神,因此爱人为上。仁智双运的宗旨须落实在淑世亲民之上,此即为人类共同价值,也是易道圣学的要义,自当含弘光大!

第七章

天下文明

古老的《周易》以及不断发展形成的易道圣学文化,能否为当代全球化文明的发展做出全新的贡献呢?《周易·系辞》说:"易简而天下之理得矣。天下之理得,而成位乎其中矣。"又说:"知周乎万物而道济天下,故不过。"以天道指导人道,然后道济天下,所谓"见龙在田,天下文明"。这便是易道最为根本的精神遗产所在。为了将这份精神遗产发扬光大,必然涉及"易道"内涵的拓展,将"圣道易学"文化精神加以现代化、科学化和全球化,并融入到未来文明体系的构建之中,为人类社会更加和谐发展做出贡献。为此让我们从人类一体化发展的大势说起。

第一节 人类发展大势

人类全球一体化发展将促使人类更加紧密地联系在一起,如果人们不能尽快适应这种全新的发展常态,那么在面对突如其来的事件发生时,一定会惊慌失措而无从应对。在全球化的背景下,人类更加体现出整体关联性。我们人类休戚与共,唯有团结合作,才能战胜未来必将面临的各种灾难和挑战。但遗憾的是,在全球化的进程中,人类却面临着种种挑战,特别是民族主义主导下的民族国家体系,极大地困扰着全球文化融合的进程,不得不引起我们的重视。

一、当代历史进程

人类全球化是经由经济贸易的全球化所推动而得到不断深化发展。

第七章 天下文明

早在19世纪的大航海时代,英国工业革命就推动了第一次全球化贸易。但由于建立在民族国家体系之上的资本主义列强之间固有的利益冲突,导致两次世界大战,全球化被迫终止。

二战结束之后,特别是苏联解体之后,在以美国为主建立的西方政治经济体系下,特别是在美国主导发展的全球信息网络技术推动下,全球化开始最新一轮的快速扩张。经济、贸易、资本、生产、经营、治理、军事、科技、文化、移民、社会、生活方式等都进入了一个全球化进程。

在此背景之下,我们就有了经济全球化、资本全球化、信息全球化、文化全球化和政治全球化等等。在这其中,首当其冲的就是经济贸易的全球化,这也是带动全球化发展的原动力。德国著名经济学家施瓦布和万哈姆指出:"所谓全球化,指的是世界各经济体之间的相互依存度不断提高的过程,其标志是商品、服务、人员和资本的流动日渐增多。"(施瓦布,2021:20)人类社会从来没有像今天这样紧密关联在一起。

在经济贸易全球化的过程中,自20世纪90年代开始,信息技术的快速发展加速推动了全球化发展的进程。应该看到,正是互联网信息技术带来了信息流动的日渐加快,从而增加了人们信息交流的广度和深度,而航空、高铁和海运等交通业的高度发达又增加了人流与物流来往的繁荣。在互联网的加持下,经济全球化迅猛发展,数字经济、电子商务、数字服务等成为主要的催化剂。

进入21世纪,不断涌现的新技术将人类社会带入了第四次工业时代:"一个拥有人工智能、先进的机器人技术以及信息物理融合系统的崭新时代,这些先进技术共同构成了第四次工业革命。我们还目睹了其他很多新技术的诞生,包括3D打印、量子计算、精密医疗等。"(施瓦布,2021:148)可以说,自从进入21世纪最初十年,经济贸易全球化以超出人们想象的速度迅猛发展。

如果说第一次工业革命源自蒸汽机技术、第二次工业革命源自内燃机和电力技术、第三次工业革命源自电子信息技术和计算机技术,那么第四次工业革命源自更加伟大综合性的融合技术:量子技术、生物技术和智能技术的融合。层出不穷的新技术包括无人驾驶、无人机、虚拟现实、智能软件、人工智能、智能机器人、脑机接口、文化计算、机器翻译、海量数据技术、合成生物技术、脑机融合技术,甚至混合智能系统(周昌乐,2023)。

今天,人类拥有了充分发达的能源网(电网)、物流网(陆运有高铁,海运有万吨轮,空运有飞机等交通网)和信息网(互联网、通信网和卫星网),以及泛在化信息传播技术,如无线网、物联网(甚至未来的脑联网)、云计算、区块链、大数据、元宇宙、混生体等作为先进技术支撑,使得物资流、能源流、信息流加速流动,形成了覆盖全球的巨大复杂的动态网络。所有这些无疑都会加快全球政治、经济和文化交流一体化的进程。

在全球化不断发展中,世界从未有过如此相互依存:(1)多元关系网络而不是单一联系;(2)全球范围的网络而不是区域网络;(3)跨域关系的联系而非邻近局部关系。全球各地区之间形成了一张多元关系网络,不仅加强了资本流动、货物流通、人员交往、信息散布和思想交流,而且同时也促使了恐怖主义、邪教信仰、生物病毒等加速传播。当然,全球性(globalism)并不等于普遍性(universality),也不意味着平均化,世界各地全球化程度存在着不平衡性。

施瓦布和万哈姆在《利益相关者》中认为:"从理论上来说,全球化是推动世界发展的力量,但在实践中,只有在确保人人都能从中受益且国家韧性和主权不受影响的基础上,全球化才能发挥出积极作用。"(施瓦布,2021:137-139)"因此,确保全球化是一个可控的过程至关重要。在这一过程中,我们需要采取一切预防措施以确保经济体制公平、稳定,富有韧性。"(施瓦布,2021:140)

事实上,由于推动全球化进程的主要西方国家缺乏有效保障社会契约的公平机制,经常以人权等政治偏见为幌子单边实施经济制裁、技术封锁和军事行动,不仅使得全球化经济发展、贸易开放与投资环境极不平衡,而且极大阻碍了全球化发展的进程。最近甚至出现了全球化发展的迟滞和倒退。

尽管由于经济贸易原动力的不断驱动以及第四次工业革命新技术的加持,全球化网络的深度和广度的发展趋势越来越加深加厚。但由于西方文明所固有排他性的文化特性,以缺乏全球化包容性文化理念做思想层面的指导,这场由西方文明核心国家美国引领的全球化进程,已经举步维艰,遭遇了严重的内部阻力。只要外部环境有蝴蝶扇动一下翅膀,全球化发展的不确定必将变得非常脆弱敏感。正如非线性系统的混沌蝴蝶效应所阐明的那样,"动之微"可以产生连锁宏观效应,对于一切复杂事物的长期发展难以预料。特别是对于全球化错综复杂的网络系统,由于不断增加的系统复杂性以及不确定性因素,在全球化发展过程中,因为某些不可预测的全球性偶发事件(如突发疫情传播、地缘冲突战争、政客操弄舆情)、生态环境恶化的压力、贫富两极分化的加剧或民族主义保守势力的阻碍,都会导致全球化进程或有延缓或中断现象的出现。

"我们的经济从未像今天这般发达,而不平等问题也从未像今天这般严重。我们没有如人们希望的那般,看到环境污染的减轻,反而深陷全球环境危机之中。"(施瓦布,2021:28)全球化发展也带来了贫富分化社会问题、导致了环境恶化、民粹主义思潮!因此就有学者认为我们不应一味地盲目接受全球化。

如果从更加深层次的视角来分析,这场以经济扩张为目的,以科学技术为支撑,以美国为首的西方集团推动的将近50年的全球化进程,已经陷入了难以为继的困境之中。阿瑟·伊萨克·阿普尔保姆在《文化、认同和合法性》一文中指出:"人们经常用这样一个理由来说明全球化为什么令人恐惧,那就是全球化会危及原本各具特色的民族文化和种族文化。"(奈,2003:267)

从这一点可以推出,全球化发展需要将不同民族的文化整合成一种具有包容、适应和教化能力的新文化形态。人类发展的总趋势是朝着全球化程度不断强化的方向发展,关键在于人类需要有与全球化发展相适应的全球化文化观念做指导。我们真正需要的是重建那种团结统一的全球性社会,体现人类社会的整体关联性。

二、全球面临挑战

这场全球化发展面临着不少问题和挑战,首先就是全新技术革命带来的问题和挑战。比如网络战争、生物武器、生物技术滥用以及脑机融合带来的伦理问题等极具危险性的技术挑战。施瓦布和万哈姆认为对此引发全球化4.0的结局就是:"随着新一波数字全球化、气候全球化、病毒全球化来袭,很多人开始抗拒全球化。"(施瓦布,2021:136)如果监管跟不上技术进步的步伐,未来世界冲突的后果难以想象。

不过技术挑战不是全球化面临的主要问题,因为任何技术都是一把双刃剑,关键在于技术掌握在什么人手里、为了什么目的以及如何运用技术。真正的问题是即使抛开技术性挑战不谈,全球化带来的非技术性问题更加严重。因为伴随着全球化的发展,同时还产生严重的生态恶化、气候变暖、资源短缺、贫富分化、难民危机、民粹主义、文明冲突、恐怖主义、核武威胁、金融危机以及病毒传播等都是人类面临的棘手问题。如果加以梳理归纳,最为核心的问题和挑战主要归结为生态环境资源的挑战、贫富两极分化的挑战以及民粹主义泛滥的挑战。这些挑战如果不能加以有效应对解决,全球化就将成为一句空话。

首先全球化带来了生态环境资源的挑战。人们有目共睹,随着全球化经济活动的不断扩张,加上消费主义盛行和人口迅速增长,加剧了自然生态的破坏、生存环境的恶化、地球资源的枯竭以及异常气候的侵临。

现代先进的科学技术确实带来强大的生产力,就整体水平来看,让人类过上了比以往任何时候都要富足的生活。美国学者平克甚至说:"今天的人们比历史上任何时候的人都活得更加安全、健康,营养好,寿命也更长,但我们并没有快乐得像腾云驾雾,估计我们的祖先也没有长期闷闷不乐。现在西方国家中许多穷人的生活条件是过去的贵族们做梦也想不到的,指出这一点并不算极端反动,不同阶层、不同国家的人往往对自己的生活状况还算满意,直到他们拿自己和更富裕的人相比较。"(平克,2016:396)但也正是先进科学技术武装起来的强大生产力,以掠夺性方式向自然界索取越来越多的资源,然后又毫无节制地向自然界大量排放各种污染物,使得我们的环境遭到前所未有的破坏。

按照《利益相关者》一书的统计:"50年过去了,如今我们的生态足迹比以往任何时候都要大,因为我们消耗自然资源的速度是地球资源再生速度的1.75倍。"(施瓦布,2021:24-25)而且"从目前来看,第四次工业革命使人类的环境足迹继续扩大"(施瓦布,2021:202),也就是说,技术进步引发了更大的环境恶化。

如果用地球生态超载日来表示地球已经用完了全年度可再生的自然资源总量的日期,那么全球化引发地球生态超载日的提前速度触目惊心。

比如1970年差不多刚好在12月31日用完了一年的再生资源,但到了2019年8月31日,我们就用完了一年的再生资源,剩下的4个月都在透支地球资源。长此以往,人类所赖以生活的地球真的会"球"将不"球"。仅仅从地球生态超载日急剧提前这一个事实就可以显而易见地得出,人类对自然资源的利用绝对不可持续。这意味着自然环境的恶化已经超越自然净化能力,成为一个不可逆转的过程。

在这一不可逆的过程中,全球的人口却剧增到了80亿,导致生存空间和资源越来越稀缺,无疑又起到了推波助澜的负面效应。由于人类活动的加剧,加上人们贪得无厌的欲望,不仅要生存,而且要奢侈地生活,结果必然加剧环境和气候的进一步恶化。对此施瓦布和万哈姆可谓道出了深深的忧虑:"如果人类从骨子里就如此渴望过上更好的生活,而根据过去200年的发展经验,这意味着每个人的碳足迹都会不断扩大,那么即使有更加可持续的气候政策,它们真的可行吗?"(施瓦布,2021:199)

还有对生物多样性的打击,目前来看,也主要是人类对生态环境直接和间接活动造成的。美国生态学家威尔逊指出:"人类的活动使物种灭绝增加了1000至10000倍,超过了雨林面积减少这单一因素所造成的物种灭绝水平。显然,我们正处于某一地质史上突发性物种大灭绝之中。"(威尔逊,2003:248)宝贵的生物资源正在被短视的人类一片一片地消灭殆尽。应该明白,除了物质财富、文化财富,我们还有价值连天的生物财富(光光丰富的生物基因库,就是一笔无比巨大的财富),而对此生物财富,因为无知或不知如何利用,人们往往不予重视。

生态环境没有国界,其本身就是全球性的问题,需要全球性治理方能有效。因此面对环境资源生态问题越来越恶化的困境:"在这个领域,任何人、任何群体、任何国家都必须采取负责任的行动,因为我们是生活在一个相互依存的世界。在这个世界上,对我们安全的最大威胁就是我们共同赖以生存的地球的毁灭。"(李少军,2014:311)

对于人类温水煮青蛙式的处境,美国心理学家詹姆士做了十分生动的形象说明:"人类简直像一帮人住在冻冰的湖面上,四面有悬崖围住,无从逃出。可是他们明知冰是在一点一点地溶化掉,总有一天,最后的薄薄一层冰也要消灭,这一天越来越近,他们的命注定是要这样不名誉地死了的。溜冰溜得越高兴,白天的太阳越暖并越灿烂,夜里的烛火越光红红的,这些人领略这整个局面的意义的当儿必定感到的悲惨,就也越尖锐了。"(詹姆士,2002:140-141)詹姆士这里所描述的境况,不仅仅寓意着生态环境破坏所带来的恶果,其实也是西方天人对立文化观念必然走向衰败的形象写照。

我们绝不能光顾眼前的利益而牺牲人类长远的利益,我们必须迅速行动起来。为了确实有效地改变现状,发达国家要带好头,而且限制减排应该立足于人均!富裕的人们要主动牺牲自己的既得利益。只要我们的生产企业能够坚持节能减排、调整投资重点、创新经营模式,那么气候危机可以化解,生物多样性下降、自然资源减少、各类污染严重等相关的地球危机也有机会扭转。

全球化更加严重的挑战就是加大了不平等的贫富两极分化。当前,特别是全球化程度发达的国家,公民收入极为不平等。收入和权力都聚集在最富裕的1%个人和企业手中,而技术进步却正在加剧这一不平等的自然趋势:"技术进步带来财富的巨大增长,但剩余财富的分配几乎总是不平等的,甚至会被顶层的少数群体独占。"(施瓦布,2021:164)特别是第四次工业革命所仰仗的先进技术:"与前几次一样,这些技术也会加剧不平等,扩大社会及政治裂痕,会让我们的现有社会濒临崩溃。"(施瓦布,2021:181)

这种贫富两极分化已经极为严重,富足人群的生活与贫困人群的生活天壤之别,形成了鲜明的反差。占人口1%的人群却占有20%的收入,而收入最低的50%人群只占12%的收入。就拥有财富而言,差异更大:占人口1%的群体占有40%的财富。即使在强调社会公平的社会主义中国,贫富差距状况也比较严重:10%的群体占收入的40%以上。

正如施瓦布和万哈姆描述的那样,我们正陷入一种"双城记"困境:"一方面,我们的生活几乎从未像今天这般富足。"(施瓦布,2021:3)"另一方面,当今世界和公民社会所充斥的不平等现象令人沮丧,发展道路的不可持续性更是散发着危险的信号。"(施瓦布,2021:3-4)"在美国,这种不平等状况的恶化导致了非常严重的社会后果和经济后果。美国作为世界上最富裕的国家,再次出现了大量贫穷的劳动阶层,这是一个非常令人头

疼的问题。"(施瓦布,2021:48)

更为严重的问题是产生的大量贫穷阶层出现了固化发展趋势:"与财富不平等同步发生的是,高额的私立教育、高质量的医疗服务日益成为中上层阶级和上层阶级的特权。在缺乏适当的公立教育和公共医疗资源的国家,这种情况尤为突出。"(施瓦布,2021:51)那些富裕阶层聚居在高档社区,具有优质私立学校、优美生活环境,与大学、科研创新园区和跨国公司总部比邻而居,优质的公共服务,优良的医疗保健、一流的信息网络设施。与此鲜明对比的则是,底层贫穷阶层则生活在落后的、设施陈旧、缺乏医疗保障的环境中,他们的子女就读的学校只能是缺乏优质师资的公立学校,上升通道已经阻断。除了难以确保教育、医疗和住房的机会平等,在网络信息技术时代,还难以确保数字连接的机会平等。富裕阶层与贫穷阶层在使用公共资源互联网也出现了一道无形的鸿沟,于是阶层固化便在世代之间沿袭。

发达国家这种两极分化或阶层固化的根源就是政府不作为,形同虚设或为权贵富豪开绿灯。阶层固化导致生来不平等、机遇不平等、教育不平等!也导致掌握舆论不平等。"愚民洗脑"使得普选制也形同虚设,舆论掌握在资本手中,日本学者大前研一在《民族国家的终结》一文中指出:"但是最近,由于选举政治不可逆转的衰落大大地束缚了经济发展,它们变成了财富分配最无效的动力。"(赫尔德,2004:184)

那些议员也被资本控制。财团左右了美国的选举是难以逃脱的必然结局,特别是信息传播依赖于高度发达的网络系统的当今社会,舆论统统掌握在财团手中。于是越是低层百姓,越缺乏行驶投票权的热情。久而久之,底层民众便进入了一种"觉得政治行动徒劳无益是一种'信则灵'的怪圈"(赖克,1994:295)。

这种社会现象的出现极不正常,也与人类社会应该追求的目标背道而驰。因为任何一个为人民谋利益的正常社会,都应当让社会中的所有人都共同富裕,而不是让一小部分人兴旺发达。社会财富由全体人民共同创造,不是由一小撮权贵或财阀所创造,即使没有直接参与生产一线的教育工作者、科学家、文化行动者,也同样对间接财富的创造做出了重要贡献。况且在创造财富的过程中,所涉及的社会环境和自然环境,属于全体人民。也即是说，自然、生物和社会资源属于全社会每一个人，不应该被开发利用的企业所无偿占有和支配，并冠以合法的技术专利。

那么，应该如何破解两极分化难题呢？关键是要提倡人类命运共同体的理念，对人类整体忠诚的信念！人类整体的力量取决于较富有的人为未来社会理想在某种程度上愿意做出牺牲。只有这样，人类社会才能整体上得到发展并赢得幸福生活。否则，两极分化越演越烈，民粹主义最终导致社会动乱，富人也必将反受其害，遭遇反噬而难以自保。

三、民族主义困扰

贫富两极分化问题衍生出第三种全球化的挑战，那就是全球化后期民粹主义思潮的泛滥。民粹主义源自于狭隘的民族主义，狭隘的民族主义是阻碍全球化经济发展的最大障碍！全球经济发展的不平衡，收入分配的两极化以及环境破坏的不均匀化，是导致民族主义和民粹主义抬头的根本原因。

贫富两极分化不仅导致那些欠发达国家和地区民族主义保持强劲的势头，同样，即使发达国家一旦出现经济危机或者贫富两极分化，民族主义运动一样会重新抬头。实际上，最近十年间，世界各国民族主义、民粹主义和专制倾向明显抬头，国际主义、人文主义和民主倾向在削弱。社会在撕裂、仇恨被煽动，暴力在增加，社会趋于动荡！比如就以最发达的美国社会来说，最近20年来，民粹主义思潮愈演愈烈，导致美国优先政策形成，并已经开始阻碍了全球化的发展进程。

狭隘民族主义者往往认为本民族是最优秀的民族，但是如果每个民族都认为自己民族最优秀，这显然是一个悖论式的信念。无论从什么角度看，倡导民族主义都是荒谬的。从逻辑上讲，民族主义是逻辑混乱的主张，其基本假设经不起推敲。从人类共同体的伦理上看，民族主义是极端主义，其否定了个体独立自主、多样化和人权。即使从地缘政治上看，民族主义破坏世界或区域稳定，造成分裂，比如最近爆发的巴以战争。还有从经济发展上看，民族主义必然会威胁到全球的经济繁荣。

面对诸多全球性问题和全球化发展的困境，要避免国家之间、民族之间无谓的"零和"博弈和争斗，应该提倡世界主义，倡导一种爱全人类的信念(所谓普天之下,皆兄弟也)。本着仁爱天下的精神,应该提倡人类命运共同体的理念,走共同富裕发展的道路。正如美国著名学者赖克所言:"专注于一国的富裕既危险又狭隘,因为尚须考虑其他通过全球合作才能解决的问题,诸如酸雨、臭氧层耗损、海洋污染、使用矿物燃料和全球变暖、物种丰富的热带雨林遭破坏、核武器扩散、毒品贩运、艾滋病蔓延和国际恐怖主义。狭隘的民族主义态度大大增加了解决这些问题和其他国际危机的困难。"(赖克,1994:311)

唯有面向世界主义的全球治理才是解决民族主义的政治诉求,才能避免民族冲突,以实现全人类大同社会的关键。我们应该旗帜鲜明地反对民族主义,倡导人类命运共同体的世界主义。只有各民族都有了人类命运共同体的愿望,才能够实现人类社会长久的和平。人类将进入全球一体化治理的新时代,是任何逆世界潮流而动的势力所阻挡不了的。日本学者大前研一在《民族国家的终结》一文中指出:"作为18、19世纪的产物,现代民族国家本身也已开始趋于瓦解。这一现象虽然不明显,但是很重要。"(赫尔德,2004:183)

确实,随着全球化进程的不断推进,文化思想观念交流的全球化,必然提出一个全球化治理问题。格雷厄姆·埃利森指出:"结果是:跨国问题,包括经济的、环境的、恐怖主义的、文化的、犯罪的和其他对国家安全的威胁无法只通过一国的努力而解决。解决问题的方法需要地区的,甚至是全球的合作和协调。因此,以科技驱动的在全球范围形成的联系,包括信息、传播、金融、贸易和军事力量的使用,产生了超国家治理的需求。"(奈,2003:76)

因此费格森和曼斯巴赫认为:"推动这一过程加速的主要动力来自市场的一体化、跨国的社会运动、旅游、新的交通与通信技术,以及对普通人的更好教育。这些新的趋势使得统治权已不专属于政府,而形成了所谓'全球治理'。……实际上,这种治理乃是一种控制机制的总和,它受到不同的历史、目标、结构和过程的驱动。"(李少军,2014:122)

于是伴随着思想观念全球化传播,从而带来了文化交融的全球化。另外,全球化人口迁移伴随着的就是文化迁移,带来新观念、新宗教和新信念等的变动与交融。这将导致产生混合文化和新的全球文化网络。随着最近 20 年来的全球化发展,特别是在经济和技术力量的推动下,人类社会正在成为一个休戚与共的共同体。我们已经深深感受到,人类社会的联系越来越密切,任何一个局部发生的事件,都会影响整个人类社会。

接受新技术生活方式的年轻人更加具有世界主义价值观。比如耶鲁大学法学院教授查尔斯·赖克(Charles Reich)出版了一部书叫《绿色美国》,他在这部书里指出:"美国的年轻人已经演化出一种新的意识形态——少一些罪恶和焦虑,没有评判、没有竞争、非物质至上,热情、诚实、不被操控、不具侵略性、共有共享、不多关注地位和职业。"这种新型意识形态承诺了"一种新的理性,一个更具人性的社群和一个全新、自由的个人。它的最终创造将是一种新式、持久的整体和美——一种人类与自身、与他人、与社会、与自然、与地球的全新关系。"(平克,2016:435)

所以"从长远的观点看,人们对民族主义的认同将会下降,大众的认同感将转向世界主义的价值取向"(奈,2003:147)。近些年来,学者通过问卷调查,结果表明年岁越年轻,全球主义态度越肯定,对世界主义的认同感占比就越高。

由此可见,全球化治理是人类发展的必然趋势,人们应该积极主动地去迎合和推动人类全球化治理一体化的早日实现。在这其中,联合国体系、世界贸易组织以及各国政府的活动,是全球治理的核心。当然,各种社会运动、非政府组织、区域性的政治组织也起到了重要的全球治理作用。

全球治理只需设立世界性联邦政府,因此主张世界联邦主义便应运而生。"世界联邦主义是有关国际组织运作的最激进观点。这种观点认为要促进国际社会的合作与和谐,就必须自愿地拆除国家主权的藩篱,按照联邦与民主的原则,实现政府权力的集中化。换言之,世界各国应通过法律程序,在全球层面上建立一个世界政府。这个政府可以降低及至清除战争,促使人类的幸福。"(李少军,2014:218)美国政治学家伯恩斯指出:"克鲁泡特金主张,推翻国家以后,将成立一个自由公社的联合会,而自由公社则由为特定经济目的而集合在一起的个人所组成。……这样就为根据同意而不是依靠暴力建立的整个社会结构奠定了基础。也许更重要的是为经济制度做出规定。"(伯恩斯,1990:39)

人类从零星分散部落社会,经过城邦社会、诸侯分封、区域帝国,到近代民族国家和强盛帝国,发展到今天千丝万缕关联一体的全球化生态,逐步扩大人类的联合,几乎是一种普遍规律。推动这一不断联合的背后力量正是有增无减的经济复杂性,已经昭示着全球化进程的不可逆。所以博阿斯在《人类学与现代生活》中得出结论:"只有人类的联合,建立一个世界联邦共和国,才符合人类的需要和利益。"(伯恩斯,1990:394)

全球化总的发展趋势任何力量也不可能阻挡,尽管在此发展过程中,一场全球性灾难(比如大流行性病、地缘战争或气候变化等)会延缓推迟或暂时中断这一进程,但不久又会恢复这一总趋势的进程。当然,从文化融合的角度着眼,人类全球化进程最终完成,离不开中华圣道文化的全面融入。只有中华圣道文化的天下观,比如人类命运共同体这一当代天下观理念的提出,象征着将开始引领世界大同社会发展的新时代!

第二节 道济天下精神

为了更好地引领全球化发展进程,现在就让我们回到易道圣学的道济天下精神上面来。在《周易》的文化思想遗产中,最为影响久远、最为丰富多彩和最为行之有效的就是道德修养内容。但必须清楚的是,在易道圣学中君子道德修养是建立在以天下为己任这个宗旨之上的。也就是说,《易传》乃至整部《周易》的核心思想都是遵循天道以修人道,然后要归结到淑世爱人以道济天下这个落脚点之上。应该说"道济天下"这个文化基因也深深嵌入在易道圣学文化思想体系之中。

一、从易理观天下

需要指出,"易"所以称之为"周易",就与"道济天下"这种文化基因有关。陆德明在《经典释文》卷二中就称:"周,至也,遍也,备也,今名书义取周普。"(孔颖达,1999:47-48)所谓"周普",放之四海而皆准。所以在《周易》一书中,凡言天地效法之断言,必言"天下",常常视天下为一个整体而言之。

我对《易传》内容做了一个简单的词语统计,"天下"一词统共出现60

次,除了乾卦《文言》和《周易·系辞》之外,全部出现在《彖传》中,没有出现在《象传》、《说卦》、《序卦》和《杂卦》中。作为对比,"国"出现6次(而且出现无关紧要之处,即使去掉,也无关大旨),家出现20次(其中1次为"国家"同现)。可见《易传》着眼点更多的是在"天下"和"家"角度。这可能跟古代社会不分国家的传统有关,而出现国家是后来私有制发达之后的产物。凡言及地域人民,便称普天之下。正如明儒赵贞吉所言:"三代以前,如玉帛俱会之日,通天下之物,济天下之用,而不必以地限也。"(黄宗羲,1986:754)

《周易·系辞》记载说:"古者包牺氏之王天下也,仰则观象于天,俯则观法于地,观鸟兽之文与地之宜,近取诸身,远取诸物。于是始作八卦,以通神明之德,以类万物之情。作结绳而为网罟,以佃以渔,盖取诸离。包牺氏没,神农氏作,斫木为耜,揉木为耒,耒耨之利,以教天下,盖取诸益。日中为市,致天下之民,聚天下之货,交易而退,各得其所,盖取诸噬嗑。神农氏没,黄帝、尧、舜氏作,通其变,使民不倦;神而化之,使民宜之。易,穷则变,变则通,通则久。是以自天佑之,吉无不利。黄帝、尧、舜垂衣裳而天下治,盖取诸乾、坤。刳木为舟,剡木为楫。舟楫之利以济不通,致远以利天下,盖取诸涣。服牛乘马,引重致远,以利天下,盖取诸随。重门击柝,以待暴客,盖取诸豫。断木为杵,掘地为臼,臼杵之利,万民以济,盖取诸小过。弦木为弧,剡木为矢,弧矢之利,以威天下,盖取诸睽。上古穴居而野处,后世圣人易之以宫室,上栋下宇,以待风雨,盖取诸大壮。古之葬者,厚衣之以薪,葬之中野,不封不树,丧期无数,后世圣人易之以棺椁,盖取诸大过。上古结绳而治,后世圣人易之以书契,百官以治,万民以察,盖取诸夬。"

这段《周易·系辞》论述的核心思想大意就是,先王伏羲、神农、黄帝、尧帝和舜帝以及后世圣人之王天下,无不是顺乎易道而观天下之理,就是要"以通神明之德,以类万物之情",为的是"致天下之民,聚天下之货",然后实现"通其变使民不倦,神而化之使民宜之"。总之,是要通过"教天下""利天下""威天下",以达到"天下治"的目的。

当然,由于生产力十分有限,先民们活动地域也不过方圆几百里到几千里。但先王们这种以天下为己任的精神,一开始就注入了《周易》成书

第七章 天下文明

的过程之中,这是毫无疑问的。先王们的这种天下观也深深影响着《易传》作者的"天下"视野和胸襟。

乾卦为《周易》六十四卦的主卦,其《文言》凡言"天下"者有"乾元用九,天下治也""见龙在田,天下文明""乾始能以美利天下,不言所利,大矣哉!大哉乾乎!刚健中正,纯粹精也""六爻发挥,旁通情也;时乘六龙,以御天也。云行雨施,天下平也"。这里的"天下治也""天下文明""美利天下""天下平也",都是极言"乾元"之大德,无不以天下为视角,所谓"通天下之志"。所以同人《彖传》说:"乾,行也。文明以健,中正而应,君子正也。唯君子为能通天下之志。"而大壮《彖传》说:"正大,而天地之情可见矣(王弼注云:天地之情,正大而已矣。弘正极大,则天地之情可见矣)。"是指"乾行坤顺"之正大,然后"天地之情可见矣"。

如果说乾卦是立下"通天下之志",那么具体实行首先离不开"观"天下。所以不但有观卦《彖传》说:"大观在上,顺而巽,中正以观天下。观,'盥而不荐,有孚颙若',下观而化也。观天之神道,而四时不忒。圣人以神道设教,而天下服矣!"要实现"天下服",不但需要天下之观,而且还需要神道教化相辅相成,才能"化成天下"。所以贲卦《彖传》说:"贲,'亨',柔来而文刚,故'亨'。分刚上而文柔,故'小利有攸往'。刚柔交错,天文也;文明以止,人文也。观乎'天文',以察时变;观乎'人文',以化成天下。"

而这其中的"化成天下",是离不开圣人感化的,方能达成"天下和平"。因此,咸卦《彖传》说:"天地感而万物化生,圣人感人心而天下和平。观其所感,而天地万物之情可见矣。"张载在《正蒙·至当篇》中说:"能通天下之志者,为能感人心。圣人同乎人而无我,故和平天下,莫盛于感人心。"(张载,2000:168)此乃恒久之道。所以恒卦《彖传》说:"天地之道,恒久而不已也。'利有攸往',终则有始也。日月得天而能久照,四时变化而能久成,圣人久于其道而天下化成。观其所恒,而天地万物之情可见矣。"

在咸卦和恒卦的《彖传》中都说到了"天地万物之情可见矣",这不是偶然的。萃卦《彖传》说:"观其所聚,而天地万物之情可见矣。"再与贲卦相合,便是构成对观卦要义的完整说明:观天、观人、观其所聚,然后可以"观天之神道,而四时不忒",所以才能够"化成天下"而"天下服"。可见《周易·象传》里的"天下观",就是围绕着"道济天下"这个核心宗旨展开的。

二、以天下为己任

从上分析可以看到,在《周易》六十四卦《象传》的布局中,关于"以天下为己任"的论述系统连贯,绝非偶然之笔。正因为如此,所以在《周易·系辞》中对这种"胸怀天下"的精神做了更加完整的展开,并上升到天人合一的高度来论述。

《周易·系辞》说:"参伍以变,错综其数,通其变,遂成天下之文;极其数,遂定天下之象。非天下之至变,其孰与于此?易无思也,无为也,寂然不动,感而遂通天下之故。非天下之至神,其孰能与于此?夫易,圣人之所以极深而研几也。唯深也,故能通天下之志。唯几也,故能成天下之务。唯神也,故不疾而速,不行而至。"就是说,由于易道支配"天下之至变"形成了"天下之文"和"天下之象",只有把握了易道其中的"感而遂通"之"神几",才能够"通天下之志"和"成天下之务"。

因此,圣人知道了"开物成务"之"易",才能够如《周易·系辞》所说"圣人以通天下之志,以定天下之业,以断天下之疑"。然后进一步才会有这样的结论:"备物致用,立成器以为天下利,莫大乎圣人。探赜索隐,钩深致远,以定天下之吉凶,成天下之亹亹者,莫大乎蓍龟。"利天下、定天下、成天下之种种,都是遵循易道法则的结果。

总的来说,遵循易道法则而安天下,就是《易传》中"以天下为己任"的宗旨。所以《周易·系辞》归纳指出:"是故形而上者谓之道,形而下者谓之器。化而裁之谓之变,推而行之谓之通。举而措之天下之民,谓之事业。"所谓事业,就是通过易道化裁、推行之变通,将"备物致用,立成器以为天下利",为天下之民服务而已。

在全球化的当今社会,《易传》这种"胸怀天下"的文化基因特别需要发扬光大。我们应该从全球的视角来看待未来人类整体性的健康发展,反对狭隘的民族主义,尤其是要警惕民粹主义思潮的泛滥,坚持"人类命运共同体"的思想理念。

美国学者赛诺在《捆绑的世界:生活在全球化时代》一书中指出:"全球化为一个世界文明提供了可能性,但是人类的需求和欲望却使这种可能性变得不受欢迎和不可能。与我们体验世界精彩的需求同样强烈,我们也需要寻求归属感和安全感。"(赛诺,2006:62)其实不然,强化人类整体关联性正可以为我们每一位人类成员提供归属感和安全感,所谓化成天下,就是咸卦《象传》所言"圣人感人心而天下和平"。这里的圣人,不是高高在上的上帝、帝王或总统,而是每一位拥有仁爱之心的普通民众。

因此,全球化所形成的一统文明体系,必须兼顾实用效应。梁启超说:"所谓实用者,一曰有益于自己身心,二曰有益于社会。"(梁启超,2006:95)根据遵循天道原则,我在这里再加上一条,变成三项要求:(1)符合天道规律者,(2)有益于社会和谐者,(3)有益于个人心身健康者。合而言之,有利于人类幸福生活进步者!也便是体现"道济天下"精神的全球化准则。

当然,在当今人类社会,要想贯彻这"道济天下"精神,就必须站在全球化全新文化发展趋势上,用当代先进的文化理念和科学精神来改造发展易道圣学文化,这也体现了我们易道圣学"唯变所适"的宗旨。"最富创造力的思想结合是多种族和跨文化的联姻。"(赛诺,2006:5)只有通过与全球先进文化相结合,并进一步融会贯通,才能够真正创造出具有全球视野的全新文化体系,为人类更加美好的生活提供行动的指南。

我一直认为在未来全球文化体系的构建之中,中华圣学和西方科学的融合发展是不可或缺的。科学及其衍生的先进技术,解决物质生活问题,而圣学及其适应现代文明的改造形态,解决精神生活问题。如果能够将这两种文化核心要素有机融合起来,并通过吸收其他优秀文化要素加以扩展,形成一个完整的全新文化体系,那一定会成为未来人类社会生活普遍的行动指南。

西方文化中的科学,继承古希腊的理性精神以追求真理为宗旨,提倡批判性思维方法。这种科学思维方法通过证伪途径来淘汰不合理的假说,从而形成得到实际检验的科学理论体系。马克斯·韦伯在《新教伦理与资本主义精神》一书的导论中指出:"唯有在西方,科学才处于这样一个发展阶段,人们今日一致公认它是合法有效的。"(韦伯,1987:4)因此,西方文明对人类文化贡献最大的方面,就是开创了以科学为主体的理性文化。

理性思辨是西方文明的精髓,无论是在艺术(美学)、宗教(神学)和科学中,还是在日常行为规范以及在作为概念世界的语言学、逻辑学和认识论中,无不都印刻着理性思辨的烙印。因此不了解这一点,就无以了解整个西方文明。

理性思辨精神也带动了西方高度发展的哲学思想体系。从严格意义上讲,尽管在古代中国浩如烟海的典籍中不乏有关哲学问题的探索和论述,甚至也有关于自然法则的讨论,却没有西方意义上的哲学。科学与哲学,乃至发达的逻辑学,是理性思辨的必然结果。对于中华文明而言,最有代表性的学说都是关于诗化艺术、人生感悟和心性体悟的经验性论说,是积极入世或消极出世的实践总结。于是道德修养、礼俗说教、穷理尽性、益寿延年之道就构成了华夏文明的文化精髓。

西方文明的理念追求"普遍性",因此西方哲人学者偏好追求大一统理论,却在生活中追求个性和民主;中华文明的理念则强调"具体性",因此古代中国哲人学者鼓吹大一统社会,但在学术思想上却缺乏系统论述。西方文化面对的是外在自然,希望自然发生的一切均是井然有序,而中华文化面对的是内在心性,希望心性发生的一切均是井然有序。这便是中西文化差异的主要原因,其本质却都反映了人类追求条理、规律的本质,也就是人心活动的一般规律之趋向。

既然这样,为什么在近代西方文化的冲击下,中华文化不可避免地衰落了呢?或许答案就在科学理性精神之上。赛诺在《捆绑的世界》中就说过:"许多时期和地方都取得了科学和商业上的成就,但是只有欧洲和中国的文明程度能够既提供创新的'临界量'(critical mass),又在创新一旦开始后提供维持连锁反应的连续性。然后问题就提出来了,为什么是欧洲而不是中国?答案可能包含在帝国的特性中。"(赛诺,2006:23)而这里所提到的"帝国的特性",就是上述所分析两种文化之间的内在差异性。

只要了解文化的构成,就不难明白,要将某种文化发展成为具有全球影响力的优胜文化,这首先依赖于科技的进步和经济的繁荣。在文化构成的三大要素中,技术进步永远是根本性的要素。技术进步带来经济繁荣,人类社会才能适应环境而获得高质量的生存状态。而正是西方的科学带动了技术翻天覆地的变革。西方发达的科学技术绝非是还停留在农耕生产水平的东方所能抗衡的。卡普兰就曾隐含指出:"中国文化对于进人其环境界内的野蛮人之同化能力是众所周知。但是相反亦同意,出了这个环境界线,中国文化的热力学优势便告失落,其他系统便被证明为更有效益。"(哈定,1987:68)这里所谓"热力学优势",归根到底就是指控制自然的技术优势。

因此传统中华文明的不足很明显,就是在于科学技术的落后,归根到底是科学精神的缺失。比如就易道圣学而言,虽然建立了以易道为本体的天道学说,往往论及形而上者头头是道,但一旦涉及具体事物的现象和规律时却都妄下结论,十有八九是错的。这就是不具备科学精神、根本没有实证检验途径的必然结果。所以一到具体规律事实的致知结果,大抵都是错的,远不如现代科学有效!

也许有人会辩称,中国古代不乏令人骄傲的发明创造,但这些发明创造往往停留在"玩物"或"概念"层面,并没有带来真正的技术革命。至于高深的玄学思想也一样,不在于其与科学思想谁更深刻不深刻,而在于玄学压根儿就没有系统的实验去加以证实和证伪!

三、弘圣道谋未来

现在好了,通过两百年来的学习、吸收和创新,中国现代文明中也拥有了非常可观的科学技术成分,尽管与西方先进科学技术还有差距,但我们已经意识到了科学理性精神的重要性。特别是我们进入了文化全球化的进程之中,为中西文化的碰撞融合带来了千载难逢的机遇,也为中华圣学文化的伟大复兴带来了千载难逢的机遇。

必须清楚,"世界文明不仅仅是美国文化向外国的投射,而且事实上是全球各种要素的融合,当然它为最强大的参与者提供了优先权"(赛诺,2006:38)。但随着美国霸权的衰落,这种所谓"优先权"也必然会被削弱。实际上:"我们已经看到民族文化、民族经济正如何日益变得全球化。与此同时,世界也见证了权利关系的全球化过程。"(赛诺,2006:156)全球化就意味着文化的重整化。

当今中国,就处在各种张力平衡的纠缠之中,其对于地区结构与全球结构之间的张力,处理得比较妥当。因此关键在于对权利结构与机会结构之间的变动张力的应对之上。所谓"几,动之微也",决定着中华文明未来的走向。

就整个世界文明而言,中华传统文化之殊胜,并不在天道(科学技术)和世道(社会治理)之上,而是在人道(道德修养)方面,其关键便是沟通天道与人道的心性论说。因此,如何汲取西方科学文化以及社会治理方面合理内容来发展中华圣学文化,就是当务之急。而对于中华圣学文化擅长的人道方面,也要摒弃纲常名教、繁文缛节、谶纬迷信以及虚伪人伦,而以教人成圣之道(知天、明心、爱人)的易道圣学为主导。

众所周知,理想社会的构成分为观念文明、制度文明和技术文明,如果用人来比喻,其中观念文明属于思想观念体系,是文明体系的心魂部分。而制度文明与技术文明属于体制设计和生产技术部分,是文明体系的体魄部分。从世界主要文明的优势分析来看,西方文明的优势在于制度建设和科学技术,其不适应中华文化的主要是思想观念,特别是基督教教义,严重偏离了中华文明的精神特质。而在文化的心魂方面,中华文明的圣学体系具有特别的优越性。因此,只要面向西方文化中制度与技术相适应的方向,重塑中华圣学文化就一定能够重振中华文明之精神,从而为中华文明的复兴铺平道路。

我们的宗旨是:重塑心魂,强健体魄,振兴中华。我们知道,人与人之间的区分主要是由心灵特质(心魂)决定的,而不是由躯体特质(体魄)决定的。特别是大脑扫描备份技术的出现,给我们的启示就是:躯体可以任意更换,只要心灵得到保存,就可以保证个体的同一性。对于文明体系也一样,区分不同文明体系也由其心魂特质决定,即由观念思想价值体系决定。

重塑中华文明之魂,构建圣学思想全新体系,以适应未来中华文明之复兴的要求。我认为中华文明的复兴,既然不能采取"中学为体,西学为用"的方针,那就已经证明是行不通的。当然更不能全盘西化,那只会葬送中华文明的根基。因此,唯一的出路就是采用"圣学为魂,西学为魄"的方针。所谓"中学为体,西学为用",就是"心身"为一体均保持"中学",而仅仅改变其"功用"表现为"西学"。这样显然是治标不治本。所谓"圣学为魂,西学为魄",或者更具体说是"以圣学为心魂,以西学为体魄",则是遵循圣学内圣外王之道,标本皆治。内圣是存心养性到达诚明无咎之境界,外王是淑世爱人达到天下为公之境界。所谓圣学为心魂,弘扬易道圣学宗旨:诚明无咎则心性至善,天下为公则世界大同。所谓西学为体魄,就是借鉴西学政治经济、民主法治、科学技术,以西方人文主义文化思想为引导主旨,阐述中国古代圣学思想,并在全球化背景下加以发扬光大。

因此,我们需要做的只是发现不同文明共同趋势和共同途径,它们能导致我们文化分支的多样性。我们需要做的就是把我们自己的事情做好,通过吸收其他先进文化基因,来加快中华核心文化体系的发展。改造发展中华核心文化应该遵循易道"唯变所适"的精神,要不断适应当代世界文化发展的潮流,而不是炒冷饭式地照搬陈旧的传统文化。只有适应当代世界文化格局的主流发展潮流,将全球文化优秀基因吸纳过来,通过融合改造中华文化,才能使其爆发出全新的生命力。如此,中华文化才能实现"化成天下"的历史使命,成为人类文化重要的核心部分,而生生不息。

中华文化之所以生生不息从未中断,就在于中华文化最大的优势就是和而不同,具有无比强大的包容性,强调的则是多元化的和谐思想。中华文化善于学习吸收其他文化的优秀文化基因。比如印度佛教进入中国经过五百年的改造,已经融入中华文化体系之中。最近两百年来,特别是改革开放以来,我们同样在不断学习和吸收西方先进的文化基因。我相信用不了多久,同样可以通过吸收改造,将西方优秀的文化基因融入到中华文化体系之中,形成崭新的文化形态。中华文化生生不息的生命力就在于此:以同而异(睽卦《象传》),唯变所适(《周易·系辞》),日新其德(大畜《象传》)。

第三节 化成全球文明

我们已知,古代中国不但频繁使用"天下"这一近乎"世界"或"全球"的概念,而且"天下大同"是自古以来中华文明的政治理想,即所谓"平天下(意为平和天下)"。与"平天下"同义的现代概念就是"全球化",因为中国古人认为地在天之下,因此所谓天下就是坤地(全球)。中华文明的政治理想就是通过文明教化来平和天下,达到世界大同(大有卦象)。所以中华文明的政治理想具有世界主义的取向,这也导致了中华文明发展出一种世界主义的模式,结果便形成了中华文化的包容性、同化性和统一性。

一、文化同化力量

中华文化的包容性能够接纳诸民族的文化，中华文化的同化性则通过文明教化来完成诸民族（诸夏或蛮夷）的融合，中华文化的统一性就是在文明教化所及范围总是要建立大一统的文化道德体系。人群的区分不以民族不同作为标准，而是以文明教化程度作为标准。

正是这种世界主义的天下观，最大限度地促进了民族融合，使得中华文明的王化疆域不断扩大。了解中华文明发展史就不难知道，疆域扩展主要不是通过战争而是由文化同化形成的。从三代的中原腹地开始，不断扩展。秦朝统一时期扩展到了主要东南部地区，到了西汉进一步拓展到了西域，至唐朝更是波及整个亚洲的东西北广大地区。即使受到外族入侵，也照样可以通过同化使其成为中华文明的继承者。

罗伯特·赖特（Robert Wright）在他的经典著作《非零和时代》（Nonzero）中，描述了所谓"人类命运的逻辑"。他指出："在人类发展的每一阶段，都会有一种趋势（不是绝对规律，而是一种总体趋势），那就是人类会形成越来越大的群体，从而使人类福利得到净改善。"（马隆，2019：273）从某种意义上说，赖特的人类命运的逻辑深刻地揭示了人类群体聚集发展的特有模式，即社会会朝着对多数人最有利的方向发展。

中华文明所波及影响的地域，正好证实了这一人类命运逻辑发展轨迹。不同的是，在中华文明发展过程中，除了群体越来越庞大，还伴随着群体文化上的同化统一，即凡是教化所及都应有统一的文化制度和伦理道德。对此，早在《礼记·中庸》中就有形象的描述："是以声名洋溢乎中国，施及蛮貊。舟车所至，人力所通，天之所覆，地之所载，日月所照，霜露所队，凡有血气者，莫不尊亲，故曰'配天'。"（郑玄，1999：1460）

从生态学的角度来看，与生物的适应辐射和趋同进化类似，中华文化具有文化的适应辐射和趋同进化能力："适应辐射是用来描述具有共同祖先的物种向不同的小生境扩散的术语。趋同进化则指不同的适应辐射，特别是世界不同地区发生的适应辐射的产物，可以具有相同的进化特征且据有相似的小生境。"（威尔逊，2003：88）

中华文化就是一种不断适应辐射性文化，通过教化使得其影响区域渐渐扩大。如果将生物学的种群替换为文化类型传播的区域性人群,将物种替换为文化类型,那么不同区域演化出的优势社会群体反映了它们拥有相同的优势文化基因,也是适应性辐射的结果。所以从中华文化不断延续扩大的历史事实看,中华文化不仅是成功的文化类型,还是一种优势的文化类型。这种优势用钱穆的话讲就是:"我们可以说,中华民族是禀有坚强的持续性,而同时又具有伟大的同化力的。"(钱穆,1994:23)

中华文明在漫长的发展历程中形成了三大优势,对未来全球化发展将会发挥重要作用。第一个优势就是始终持有的"天下观"世界主义政治理想:"因此我们可以说,近千年来的中国人,在国内进行着'民族融合',在国外则进行着'文化移植'。只要在地理环境和交通条件允许之下,文化移植便可以很快转换成民族融合的,中国人天下太平世界大同之理想。"(钱穆,1994:187)

第二个优势则是人性教化的系统理论和途径,正是处于这样的文化主义战略,因此古人强调"先王之道,和为贵"。通过和平方式来教化化外之人,轻易不动干戈,或化干戈为玉帛。华夏民族在与周边其他民族的交融过程中,始终强调文明教化作用,用仁爱为核心的圣学文化思想体系,实现疆域治理的一统天下。

第三个优势便是包容同化吸纳不同文明成果的气魄和能力。中国文化的包容性不仅体现在儒释道并存而不相背,并且相辅而成。而且连种族也混而为一,已经难寻其源流了:"中国总是化异为同,自分而合,末后化合出此伟大局面来,数千年趋势甚明。西洋却不尽然,宁见其由合而分,好像务于分而不务于合。"(梁漱溟,1987:310)

作为中华文明的核心文化思想体系,中华圣学文化思想体系的草创及其演变有三次飞跃,都是文化融合的结果。圣学源自周孔,初备于思孟学派,合为孔孟之道。孔孟之道的建立源自西周与东商文化的融合,这是圣学草创期首次来自文化融合的结果。圣学中兴在宋明形成的性理学说思想体系主要是吸收了来自西域的佛教教义,这是与外来文化的融合。现在圣学复兴自然要吸收来自西方文明的科学与民主精神、思想和方法,摆脱了农耕文明形态,迈向信息社会高级文明新阶段,这是来自更为遥远文化的融合。所以作为中华文明核心思想体系的发生发展,都是来自不同文化思想融合的结果。

因此,中华文明是一场不断融合不同文化的过程,以达成融通百家而成就中和之境。这当然与中华文明的包容性有关,善于吸收外来文化,强调教化而非诉诸武力。和平接纳改造吸收,所以能够经久不衰、生生不息!

中国文化同化力量强大,即使后来多次遭遇外族入侵,最终依然被中国文化所同化,不曾对中国文化的主流造成任何大的影响。好在随着西方多元文化的影响,终于激活了这一古老文化的活力,开始了崭新的变革。在全球化文化竞争格局之下,生生不息的中华文化一定能够获得重生,成为全球化进程中的主导文化。

二、易道生生不息

中华文化思想体系为何能够产生这样"生生不息"的广泛影响呢?这与易道圣学文化思想中一个关键的文化基因有关,就是"唯变所适"。这便是《周易》留给我们的最大思想遗产,其体现在《周易》文本叙述之中的思想理念就是"日新其德""与时偕行""革故鼎新"。

"日新其德"的理念,在大畜卦《彖传》中有明确的说明。大畜的《彖传》说:"大畜,刚健笃实,辉光,日新其德。刚上而尚贤。"其《象传》说:"大畜,君子以多识前言往行,以畜其德。"所谓"日新其德",就是要"多识前言往行,以畜其德"。这样才能够如其六爻《象传》所言"(初九)不犯灾也""(九二)中无尤也""(九三)上合志也""(六四)有喜也""(六五)有庆也",并最后"(上九)道大行也"。从不犯灾难到中无忧患,乃至志合上苍的有喜有庆,直到天道大行,这些无疑都是"日新其德"的结果。

"日新其德"应该说也是周朝得以延续八百年的根本原因。《大学》引《汤之盘铭》说:"苟日新,日日新,又日新。"又引《诗经》说:"周虽旧邦,其命维新。"(郑玄,1999:1594)在《周易·系辞》中明确强调"富有之谓大业,日新之谓盛德",又强调"生生之谓易"。应该说"富有"之积累离不开"日新"之盛德,这样才能"生生不息"。

自然,要想"日新其德"就必须"与时偕行",顺应时代的发展趋势。《周易》中的这种"与时偕行"的思想体现在众多的卦象演义之中,其主旨就在"乾卦文言"所言"终日乾乾,与时偕行"之中,而其策略便体现在损、益两卦的《象传》之中。损卦《象传》说:"损益盈虚,与时偕行。"益卦《象传》说:"凡益之道,与时偕行。"也就是说,损益之道,消息盈虚,都要与时俱进,不可教条。即使是遭遇"小过"和"遁隐",也要审时度势,"与时行也",而不违"终日乾乾"之旨。小过卦《象传》说:"过以'利贞',与时行也。"而遁卦《象传》说:"刚当位而应,与时行也。"

更重要的是,日新其德更需要"革故鼎新",这就涉及革卦和鼎卦。在《周易·杂卦》中说:"革,去故也。鼎,取新也。"改革旧弊,方能鼎新气象。当然有破必有立,所谓"破旧立新",所以《周易·序卦》说:"革物者莫若鼎,故受之以鼎。""革""鼎"相辅相成,不可分离。

革卦《象传》说:"汤武革命,顺乎天而应乎人。"凡改革,都要顺应时代潮流,所谓"顺乎天而应乎人"。所以革卦《象传》说:"君子以治历明时。"改革把握时机显得非常重要,比如革卦初九《象传》说"不可以有为也",是指位处初九之时,时机不成熟,不可以行事改革。而革卦六二《象传》说"已日革之,行有嘉也",六二中位为吉,一旦时机成熟,则行事改革定会取得美好效果。当然,改革当有坚定信心和意志,所以革卦九四《象传》说:"改命之吉,信志也。"

至于"鼎新"的原则,则当如鼎卦《象传》所言:"君子以正位凝命。"何谓"正位凝命"?鼎卦《象传》说:"圣人亨以享上帝,而大亨以养圣贤。巽而耳目聪明,柔进而上行,得中而应乎刚,是以元亨。"需要心诚(以享上帝)感召圣贤(以养圣贤),唯有"得中而应乎刚"然后可以亨通(元亨)。因此,原则上应该按照鼎卦六爻《象传》所说"(初六)利出否,以从贵也""(九二)鼎有实,慎所之也"等,从贵从实,慎重其所为。

"革故鼎新"代表的是易道文化不断适应时代的创新精神,"与时偕行"代表的是易道文化适应时代、顺时而为的适应精神,而"日新其德"代表的则是易道文化自强不息的发展精神。最后创新、适应和发展这三者的根本要求总体上都体现在生生不息的乾道变化要求之中。乾卦《象传》说:"天行健,君子以自强不息。"顺乎天道以健,君子当自强不息,就是体现了易道这种"生生不息"的精神。

特别值得注意的是,乾卦《文言》在对乾卦六爻的阐释中,比较全面地体现了易道这种"生生不息"的精神。乾卦《文言》说:"'潜龙勿用',阳气潜藏。'见龙在田',天下文明。'终日乾乾',与时偕行。'或跃在渊',乾道乃革。'飞龙在天',乃位乎天德。'亢龙有悔',与时偕极。'乾元用九',乃现天则。"一切都要"唯变所适",当"勿用"则"潜藏",当"乾乾"则"时行",当"跃渊"则"乃革",当"有悔"则"时极"。总之,要达到"天下文明""乃位乎天德"之结果,以遵循天道法则"乃现天则"。

这便是《周易》生生不息的生命力之所在,强调的就是适应时代变化而发展,所谓"不可为典要,唯变所适"之精神。《周易·系辞》说:"易之为书也不可远,为道也屡迁。变动不居,周流六虚,上下无常,刚柔相易,不可为典要,唯变所适。其出入以度外内,使知惧,又明于忧患与故。无有师保,如临父母。初率其辞而揆其方,既有典常。苟非其人,道不虚行。"正是这种"唯变所适"的文化基因,成为中华文明体系经久不衰的真正动因。

我相信,易道圣学文化思想中的这种敢于不断的"日新其德""与时谐进""革故鼎新"的"唯变所适"精神,就像当今具有理性批判精神的科学文化一样,不断弃旧迎新,一定能够适应时代发展的需要,融入全球化文明发展的洪流之中。个中的原因,就在于易道圣学所阐述的都是支配宇宙演化直到人类社会发展的根本法则,所谓"格物致知"。唯有将科学精神融入圣道易学来发展易道文化,才能开拓易道圣学文化广阔的发展前景,加上易道圣学本身独有的文化内涵,为未来人类社会的和谐发展做出贡献。

因此,今天我们要复兴易道圣学,首先就是要重视格物致知的全新发展。纵观历史,正是建立在圣道易学的发展之上,为圣学在宋明的中兴发展奠定了必要的天道理论,结果建立了崭新的圣学新体系——宋明性理之学。先经周敦颐、张载及邵雍建立了道学框架,之后又经进一步发挥由程朱理学丰富了天道学说和陆王心学丰富了心性学说,以及陈、湛心学形成了更加完善先进的圣学体系。但就圣学整体而言,薄弱环节依然是在天道认识方面,多有牵强附会之处,在西方科学的冲击之下,遂使圣学难以彰显当世,并再次渐被淘汰。

中华圣学思想体系的基础在于格物致知,知天道然后致中和,致中和然后躬亲民。因此格物之学发展了,对自然天道认识越加深刻全面了,才能使中华圣学更加完善。格物致知之所以成为中华圣学基础,正是因为其具有广泛的渗透性,就如当今的科学一样,可以无处不用其力量,无时不显其效应。因此只有格物发达了,中华圣学才能发达,这从《周易》对于构建古代中华圣学体系的作用可见一斑。

从中华圣学的发展历史来看也是如此。什么时候重视格物致知,什么时候中华圣学就得以发展。反之,什么时候忽视了格物致知,甚至迷信谶纬之术,什么时候中华圣学就陷于困顿甚至倒退。中华圣学之所以在周敦颐那里得到复兴,就是因为周敦颐重振格物之学,著《太极图说》与《周子通书》,建立了更加完善的天道理论,才使儒学重新又回归到了圣学轨道之上。宋明理学是中国的文艺复兴,扫荡了两汉至隋唐弥漫着的谶纬迷信和宗教风气。

到了清末之后,由于外来文明的冲击,特别是科学与民主思想,动摇了中华圣学体系的根本。如果说佛教的引入只是对先秦圣学的心性学说带来了冲击而导致圣学的第一次衰落,那么西方文明的科学精神与民主思想,带来的便是对宋明圣学天道学说和淑世学说双重的打击,因此圣学的衰落更为彻底。如何吸收西方先进的科学知识与民主思想来进一步变革圣学思想体系,就成为圣学进一步发展的新课题。

五四运动以来的启蒙运动,科学与民主思潮开始影响着中华文明发展的新进程。经过一百多年的吸收、融合和发展,中华圣学文化思想体系必将更加系统完善,并为人类全球化发展提供我们中华文化思想那些有效的发展模式。

三、引领世界潮流

当前人类全球化进程遭遇到了阻力主要是资源争夺、贫富分化和环境恶化导致的民族主义思潮泛起。民族主义思潮泛起,加上流行性疫情蔓延,导致全球化进程的迟缓,其实是人类进步发展的倒退。在全球化经济发展落后的国家,特别是高科技不占优势的民族国家,比如俄罗斯诉诸武力与以美国为首的西方阵营之间的冲突,其实就是西方文明行将瓦解之前的声嘶力竭。

这里就面临了一个全球民族及其文化融合发展的难题,显然无法依靠具有排他性基因的西方文明。眼下西方国家逆世界潮流而动,民粹主义抬头必然导致西方文明加速衰落!在此背景下,美国及西方盟友为了维护其霸权不惜逆人类全球化潮流而动,经济制裁、战争威胁、舆论攻击,无所不用其极。世界到了失控的危险边缘:"在整个20世纪的进程中,世界失控(runaway)的感受——对于人类而言,这个世界的复杂性扩展得太快,以至人类无法产生出与其后果相适应的新制度——变得越来越强烈。"(甘布尔,2003:127)

但任何霸权的衰落都不以人们的意志为转移,世界的失序恰恰说明由美国霸权主导的国际秩序开始走向崩塌。用美国学者乔纳森·弗里德曼在《文化认同与全球化过程》中话讲就是:"全球体系中的失序是一个高度体系性的过程,这个过程是由霸权的衰落和随后的分裂过程构成的。体系中的失序同时产生了文化创造期和社会重组期。"(弗里德曼,2003:377)美国霸权的衰落必将带来一场世界格局的重组和文化的创新孕育,建设一种进取包容性的全球文化,以适应全球化激烈变化的发展节奏,不但是当务之急,也是势在必行。

唯有中华文明更有包容性,更加适应全球文明的大趋势。中华文明毫无悬念地将成为未来全球文明的主导力量。比如通过和平教化形成民族共同体的方式正是中华民族不断融合扩大的有效途径。采用这种中国文化融和方式是可以成功化解世界失序的态势,尽管这需要漫长岁月的双向磨合。未来世界一体化运动的策略,值得借鉴的就是中国文化发展模式。关键是教化融合途径,即强调内圣外王之道,运用修身养性之法。这为当今全球化和平达成世界一体化进展提供了全球治理准则。

全球一体化的途径无非有两种,一是海商文明和游牧文明经常采用的武力统一途径,结果无论是早期的亚历山大东征、罗马帝国征伐、阿拉伯帝国的征伐、蒙古帝国的西征,还是近现代西方列强殖民战争,历史教训证明都是行不通的。正如谦卦《象传》所说:"'利用侵伐',征不服也。"二是思想教化、王道教化以及科技普及的文化融合,都是取得了成功的典范。正如临卦《象传》所说:"君子以教思无穷,容保民无疆。"

英国学者史密斯在《全球化时代的民族与民族主义》一书中明确指出:"我们可以用两种方式看待欧洲以及其他的统一计划:一种是要取代

民族国家的英雄式努力,即使注定要失败(武力帝国模式);另一种是新型的自然生长的民族共同体的形式(教化融和模式)。"(史密斯,2002:169)如果仅仅从世界主义角度看文明,那么中华文明是和平仁爱教化模式,而西方文明是战争武力扩张模式。

与西方文明以坚船利炮的外向武力道路截然相反,中华文明和平天下的世界主义道路就是一种具有和合渐化特色的文化融合途径,是运用修身养性方法改造人心,通过教化民众接受圣学之道来达成的文化同化。历史证明是一条完全行之有效的途径。正是中华文明的这种教化模式,才具有强大的生命力。

因此,当人类社会进一步融合为全球一体化的时候,由于唯有中华文明教化式融合的一种途径,西方文化的主导地位便将自动消退。这就是为什么在当今全球化发展进程中,中国文化如鱼得水而西方越来越感到不适应并开始加以抵制的文化原因。

为此要大大推广和运用中国模式,特别是中国传统文化中合理有效的融合模式:天下观视角、心性教养方法和民族融和方式。文化融合自然必须符合自然法则,有助于健康幸福生活,有利于促进社会和谐发展。

西方的有识之士也已经看到了这一点。比如德国克劳斯·施瓦布和彼得·万哈姆在最近所出版的《利益相关者》中就明确指出:"从原则上来说,儒家文化追求和谐的精神可以成为亚洲为打造一个良性的世界所做出的贡献。"(施瓦布,2021:91)其实,不仅仅是亚洲,乃至全球无不如此。

美国学者史蒂芬·罗在《再看西方》中指出:"因此,当前的世界状态是一种青春期的状态,人类在这个状态之中的特征是有着成年人的体能,同时有着儿童的心智。在我们这个时代中,我们亟需发现世界社会的积极和成熟的原则,我们需要一种全球的世界观。"(罗,1998:10)西方文化的这种体能成熟而心智幼稚现状正可以用心魂成熟的中华文化思想体系来弥补,特别是中华民族文化骨子里面的天下观(人类命运共同体思想),正是一种全球视野的世界观,必将成为推动全球化发展的动力源泉。

随着全球化进程的不断发展,中华文化全球移植的进程也一定会不断加快步伐,世界大同之社会便将呼之欲出,聚集在人类命运共同体的号召之下。中华文化的天下观,特别欢迎全球化世界的到来,能够施展其隐含的潜在力量,使之大放光彩。中华文明中的文化包容性、适应性和教化能力等方面,将对未来全球文明的发展做出极大贡献,这也是中华文化最为值得称道之处。而西方文明值得发扬光大的则是个体本位之上的民主精神和科学精神,即自由、权利和民治为其根本,理性为其基础。至于西方文明中的基督教依仗天主沐浴则可以弃之不用,不再适应未来全球化文明的发展需要。

中华文明自有阳光,无须天主沐浴,圣学思想体系远比基督教教义高明,尽管在科学方面远不如西方文明发达。因此,就像玄学是名教(孔孟之道)与自然(老庄之道)的融合、理学是圣道(圣学体系)与禅道(佛学体系)的融合一样,未来全球文化必将是西方科学与中华圣学融合的结果。就这一点而言,美国量子物理学家玻姆就发自内心地认为:"所以我们必须吸收全部古代东西方的伟大智慧,进而创造出相关于我们现代生活条件的、有独创性的新感知。"(玻姆,2004:27)

如果从大的方面讲,在个人、家庭、国家与天下四种治理层次,则需要通过淡化家庭和国家,代之以社会,形成新的个人、社会和天下为核心的文化组织体系。中华文化向来重视天下,这在易道圣学中有充分体现,比如在关键词统计中,《周易》一书"天下"出现频率远远高于"国"和"家",但对于个人权利和社会组织的重视则是薄弱环节,应当多多吸收西方文化有关这方面的建树。

我们应该遵循群体自组织涌现的超级智慧来解决全球化发展过程的问题;一种层级自组织系统,才是未来人类社会应有的发展模式。从社区自组织开始,一直到全球化治理系统,将会产生一个人类发展的新天地。乾卦说:"用九,见群龙无首,吉。"群体自组织智慧一定胜过个体权威性智慧。

我们相信,借以时日,在包括遇到暂时的延缓或中断的全球化发展过程中,通过全球化主要文化体系的不断竞争融合,一定能够产生适合于人类社会走向一体化的崭新文明。英国学者史密斯在《全球化时代的民族与民族主义》一书开头指出:"一句话,我们的世界已经成为一体。"(史密斯,2002:1)除了人类全球一体化,我们别无选择。

附录

乐易修养

附录收录了与本书相关的三篇文章。在这三篇文章中,"乐易读书方略"撰写于 2016 年 9 月间,并在乐易读书活动的学员中有广泛传阅。"乐易治心方案"成稿于 2019 年 11 月间,是为了指导民众开展生活修行活动而撰写的提纲。"乐易养生方法"则完成于 2020 年 4 月间,原为新冠肺炎防疫而作。现在为了适应书稿体例,这三篇文章都稍作修改,统一收录于此公开发表,以飨读者。

一、乐易读书方略

人们在文明社会的日常生活中,读书活动是一种获取系统知识、提高思想境界,乃至指导充实人生所须臾不可离的重要途径。明末旅日思想家朱舜水说:"世间何物最益人神智?曰:莫过于读书。盖读书则理明,理明则不期智而自智,理明则无左右瞻顾。"(朱舜水,1981:504)又说:"读书之道,理乎心性,通乎神明。"(朱舜水,1981:513)并认为:"读书之道,所以端本善俗,励世磨钝者也,非独君子之私业也,人人皆有之。"(朱舜水,1981:502)可见读书不但是人生益智明理十分重要的途径,也是人人均可为可行之事。

但遗憾的是,世人都知读书重要,但能读书的却少之又少。宋儒邵雍就指出:"天下之言读书者不少,能读书者少。若得天理真乐,何书不可读,何坚不可破,何理不可精!"(邵雍,1990:437)须知唯有多读书才能多明事理,从而获得人生的真快乐。

在人生经历中,读书常感叹"学然后知不足",涉世则深知"君子患不知人也"。每部书都有人们不知道的内容,故开卷有益,温故知新;每个人均有人们不了解的经历,故不可妄议,切忌臆测。谦卦初六《象传》说"谦谦君子,卑以自牧",可不慎乎!为了人们可以自觉读书,并从中获得天理真乐,特撰写《乐易读书方略》,以为全民读书之助。

(一)乐易读书宗旨

先说"乐易"两字。乐,就是"乐而好易"之"乐"(enjoy);易,是指《周易》,阴阳变化之"易",即所谓"变易"(change)。因此"乐""易"合起来就是所谓乐而好易以求气质变化(enjoy change)。

司马迁在《史记·孔子世家》中说:"孔子晚而喜《易》,序《彖》《系》《象》《说卦》《文言》。读《易》,韦编三绝。曰:'假我数年,若是,我于《易》则彬彬矣。'"(司马迁,1985:227)孔子则自我评价说:"其为人也,发愤忘食,乐而忘忧,不知老之将至。"(何晏,1999:92)这便是"乐易"两字的第一层意思。

当然,"乐易"还有"和乐坦易"或者"乐天居易"的意思。唐代著名诗人白居易,字乐天,其名字就取此意。没有愤怒、恐惧、忧虑和沉迷之心,便是"和乐坦易"之时。《荀子·荣辱》说:"安利者常乐易,危害者常忧险;乐易者常寿长,忧险者常夭折。"(王先谦,1988:58-59)可见"乐易"也是健康长寿的基本保障。

最后从源头上看,"乐易"一词源自《诗经·大雅·泂酌》诗句:"岂弟君子,民之父母。"这里"岂弟"也作"恺悌",岂者,乐也;弟者,易也。其诗有注说:"乐以彊(强)教之,易以说(悦)安之。"(毛亨,1999:1124)因此,乐易君子,化导民众健康幸福生活,这便是"乐易"的宗旨。

通过上述三个方面的论述,归纳起来,所谓"乐易",就是要通过热爱易道,不但自己能够"和乐坦易,健康长寿",而且还要去"化导民众健康幸福生活"。明白了乐易宗旨,我们再来论述如何读书。

既然要读书,就要先来理清读书的宗旨和范围。一般普通民众终其一生大致需要阅读三类图书,即休闲消遣之书、专业谋事之书和安身立命之书。因此,我们首先对这三类图书的功用进行梳理说明,从而确定我们乐易读书的阅读宗旨和范围。

第一类休闲消遣之书,就是有关个人兴趣爱好方面的书籍。当人们有闲暇和空隙的时间,大多数都会或多或少地阅读这类书籍。阅读这类所谓消遣书籍,显然种类繁多并往往因人而异,所以难以求同。通常人们往往都是按个人爱好来自行选择阅读此类图书,因此无法统一加以引导。

第二类专业谋事之书,是人们各自所从事专业方面的书籍。如果人们希望自己成为某个领域的专业人士,并因此立足于社会,成家立业,就需要大量精深地阅读特定专业的图书。自然不同的专业,隔行如隔山,这类图书也无法统一加以引导。

第三类安身立命之书,则是指每个人都必须阅读的有关修身处世方面的书籍。因为这一类书籍涉及世界观、价值观和人生观的建立,所以跟人们健康幸福生活密切关联。当然,由于文化传统、生活环境和生活方式有很大的差异,不同国家的民众,安身立命普适之书的范围也不尽相同。为力求尽量普适化,并适应全球化文化发展的趋势,我们乐易读书活动引导民众阅读的安身立命之书,主要是关于中华圣学和当代科学方面的经典书籍。

我们认为作为华夏子孙,理应阅读我国古代的圣贤经典名著,从而建立有助于健康幸福生活的世界观、价值观和人生观。宋代心学思想家陆九渊指出:"圣人之言,知道之言也;天下之言,不知道之言也。知道之言,无所陷溺;不知道之言,斯陷溺矣。"(陆九渊,1980:273)所以读书首先要读圣贤经典书籍。

宋儒吕祖谦认为:"看《诗》且须讽咏,此最治心之法。"(黄宗羲、全祖望,1986:1655)明儒薛敬之在《思庵野录》中说:"《太极图》明此性之全体,《西铭》状此性之大用。"(黄宗羲,1986:133)明儒黄润玉在《海涵万象录》中指出:"《大学》之道,问学之宏规;《论语》之言,践履之实理;《孟子》七篇,扩充之全功;《中庸》一书,感化之大义。"(黄宗羲,1986:1072)因此,这些圣贤经典,是国人首先要熟读深思的书籍。

当然,社会在不断进步,中华传统圣贤经典书籍虽然是中华文化思想的精华所在,但毋庸讳言其中也存在着许多糟粕之处,应该结合先进的科学思想成就来进行分析,然后运用去芜存精的原则来加以发扬光大。因此我们将结合当代科普读物来开展中华圣学经典的读书知行活动。

一方面,人类生活在一个科学昌明的时代,科学技术为我们丰富的物质生活提供了关键的支撑性保障。无论是社会经济、政府运作,以及百姓生活,人类都离不开当代科学技术提供的条件和手段。应该说,人类最近300年来的进步,主要体现在科学技术的进步之上。因此,读一点"知天道"方面的科普书籍,系统了解科学揭示的知识、原理和法则,对于民众认识自然规律、保障物质丰富和身体健康以及树立适应社会发展的积极观念,都是不可或缺的前提。

另一方面,生活并不是所有东西都可以靠科学技术来解决,比如我们的精神问题,就是靠科学技术解决不了的。幸福生活不仅仅是物质丰富和身体健康,还需要精神愉悦,即使是身体健康,也要以养心为上,同样离不开精神愉悦。此时,除了需要读一点"知天道"方面的书籍之外,我们还需要读一点"致中和"方面的书籍、读一点"躬亲民"方面的书籍,而中华圣学经典在这方面的阐述较为完备。

明白了读书的范围,接下来就是开展读书活动的志向问题了。读书首先要立志,湛若水在《答郑启范》中说:"夫学以立志为先,以知本为要。不知本而能立志者,未之有也;立志而不知本者有之矣,非真志也。"(黄宗羲,1986:882)就乐易读书活动而言,既然要读安身立命之书,当然就要树立求为圣人之志。即使退一步来讲,纵然不立求圣人之志,也当立志为己而学,同样也要读圣贤之书。

宋儒在为陆九渊上书谥议中说:"学道以圣贤为师,圣贤遗书,万世标的也。"(陆九渊,1980:385)这其中所谓的标的,就是人生的准则,也是天道法则。所以南宋理学宗师朱熹论"读书"时就明确指出:"读书以观圣贤之意,因圣贤之意以观自然之理。"(朱熹,1988:162)在科学昌明的当今社会,乐易读书活动将通过中华圣学经典与当代科学原理相结合的途径,以期能够更好地通过"读书以观圣贤之意"来达成"以观自然之理"。

为了能够将此所观自然之理落实到具体的生活践行之中,还要进一步"求其放心",从而彰显本善之人性,即仁爱之心。对此陆九渊说:"仁,人心也。心之在人,是人之所以为人,而于禽兽草木异焉者也,可放而不求哉?古人之求放心,不啻如饥之于食,渴之于饮,焦之待救,溺之待援,固其宜也。学问之道,盖于是乎在。"(陆九渊,1980:373)显然,陆九渊这里的论述又为我们指明了进一步深化读书的方向。

根据上述如此这般的认识,乐易读书活动就是要结合科学原理来阅读中华圣学经典著作。阅读的圣学经典范围即包括儒家经典的《论语》、《孟子》、《尚书》、《礼记》和《周易》,还包括宋明理学的经典《周子通书》、《张子正蒙》、《朱子近思录》、《象山语录》、《阳明传习录》和《朱舜水集》。

当然凡阅读上述经典,自当结合科普读物(量子、宇宙、混沌、生命、神经、意识、精神),以期获得对中华圣学经典的全新理解。如此这般才能有助于民众更加坚固地树立正确的世界观、人生观和价值观,为切实的健康幸福生活提供人生指导。

(二)乐易读书方法

明确了乐易读书宗旨和范围,我们再来谈一谈乐易读书方法。既然要读书,而且要读如此艰深的圣学与科学经典书籍,自然需要有系统的读书方法。很多人读书经常读了就忘,不知道怎么读书才能提高读书效果。为此,我们要讲究读书的策略,使我们花的时间尽量少,收获尽量多。归纳起来,能够有效读懂经典书籍的方法主要有如下三条。

第一,读书要做到专心致志。专心,就是专注地读书,就是要心无旁骛地读书。须知唯有专注,然后人心可定;人心可定,读书方能见得道理。如若心不在焉,即使读了许多书,也难以明白那书中的道理。所谓"致志",就是始终不忘所立志向。只要读书时专心致志,心身一如投入精力,时间一久就会发现所读之书不但效果明显提高,书中义理自然而然就会了然于心。专心致志地读书,甚至还可以达到对书本内容过目不忘的效果。其实,养成专心致志读书的习惯,还会潜移默化地迁移到日常生活之中,从而养成了做任何事情都会专心致志的习惯,这对于健康生活大有好处。因为心脑科学研究已经发现了,如果人做到专心致志学习新事物,就可以激活大脑里面的神经干细胞,继而可以再生神经细胞,从而达到延年益寿的效果。

第二,读书要做到持之以恒。每天投入的读书时间不需要很多,哪怕读十五分钟也没关系,但必须持之以恒。《周易》益卦上九爻辞说:"立心勿恒，凶。"可不慎乎！读书最忌讳的就是那种三天打鱼两天晒网式的状况。我们现在很多人每天都花费很多时间在玩手机、刷微信、看抖音，浏览大量无用的垃圾信息。必须清楚，与其把时间浪费在收看这些无用信息之上，还不如去读圣贤之书。花费一样的时间，读圣贤书必定更有益处。如果所读之书涉及生活的原则，那就更要认真细致的好好读，慢慢吸收和理解，把书本里面的道理内化到自己的行动中去。只要能够持之以恒，要不了多久，就会发现读书所带来的莫大益处了。正如清代学者颜习斋所说："大要古书只管去读看，不问能记否，但要今日这理磨我心，明日那理磨我心。久之，吾心本体之明自现，光照万里，所谓一旦豁然贯通者也。"（颜元，1987：629）总之，读书贵在坚持，必有收益。

第三，读书要做到循序渐进。读圣贤经典之书要按照步骤慢慢细致的去读，贪多无益，不要为了读而读，要仔细地思考书中字里行间所包含的深刻意味。具体来讲，不要囫囵吞枣，要少看熟读、反复体验，不要带着自己先有的成见去读。读书切忌求速，要埋头去品味。当然也不能为了弄懂一句话或者一个段落就停留在原处不动。一种可行的方法可以把不懂的地方圈画出来，然后慢慢往后面读。或许读到最后就会忽然发现之前不懂的问题都懂了，不明白的也都明白了。

总之，读书要专心致志，要持之以恒，要循序渐进。陆九渊录有一首《读书》诗，可以作为读书方法的概括（陆九渊，2000：32）：

读书切忌在慌忙，涵咏功夫兴味长。
未晓不妨权放过，切身须要急思量。

按照陆九渊自己的解释，此诗前三句的读书策略具体意思就是："开卷读书时，整冠肃容，平心定气。诂训章句，苟能从容勿迫而讽咏之，其理当自有彰彰者。纵有滞碍，此心未充未明，犹有所滞而然耳，姑舍之以俟他日可也，不必苦思之。苦思则方寸自乱，自蹶其本，失己滞物，终不明白。但能于其所已通晓者，有鞭策之力，涵养之功，使德日以进，业日以修，而此心日充日明，则今日滞碍者，他日必有冰释理顺时矣。"（陆九渊，1980：35）至于此诗最后一句，则需要用王阳明的话来做解释："学者读书，

只要归在自己身心上。若泥文著句,拘拘解释,定要求个执定道理,恐多不通。"(王守仁,1996:1138)

那么如何才能够不拘泥于文字而获得"冰释理顺"呢?明儒黄道周在《榕坛问业》中给出了一种策略:"真读书人,目光常出纸背,往复循环,都有放光所在。若初入手,便求要约,如行道人,不睹宫墙,妄意室中,是亦穿窬之类也。"(黄宗羲,1986:1339)就是说读书要反复琢磨,防止妄加揣测,方能有意想不到的体悟。根据我自己的读书经验,此时要注意不可有如下状况。

其一,读书不是为了寻个"结论"。哪个人好哪个人坏,或哪种知识有用,哪种知识无用,则谬矣。读书重在思辨的过程,不断更新和完善思维方式和提高思想境界的过程。

其二,尽信书则不如无书。书是人写的,必然各有各自的看法和立场及局限。故读书不可断章取义,不可割断时代与思想的联系,正视书所代表的个体生命和时代性。

其三,读书尤其要警惕我是人非的二元对立,尤其要抛开个人毁誉。智者乐其道,重在无执无待的开阔乐观心态。

为了真正读懂文字中的理趣妙义,必须要有质疑精神,用批判性思维去读书。刘宗周在《会语》中指出:"今人读书,只为句句明白,所以无法可处。若有不明白处,好商量也。然徐而叩之,其实字字不明白。"(黄宗羲,1986:1545)朱熹也说:"读书,始读未知有疑,其次则渐渐有疑,中则节节是疑。过了这一番后,疑渐渐解,以至融会贯通,都无所疑,方始是学。"(黄宗羲、全祖望,1986:1549)

读书唯有带着疑问去读,才能有精深意义的领会。所以初学者读书宜少而精深,不宜泛而广博。久之积累融会贯通,然后自然到那博大的境界。读书精深与博大的关系相辅相成,博大才能精深,精深又是博大的基础。比如掘井,挖到一定深度难以为继时,就要开拓范围,而开拓范围后,更有利于深挖。须持之以恒,终有挖及地下活水之时。

不过读经典之书也要注意,一次读书的时间不要太久。凡读经典之书,每次阅读量不在多而贵精熟。贪多的话人会觉得疲劳,读书效率也会下降。假如有能力一次能读 10 页,则只可读 5 页。要让自己自觉精神充沛,无厌倦之心,这样才能保持良好的求知状态。阅读经典之书,务令专心致志,遇到难晓之处,可以反复诵读,久之其义自显,而领悟必自深入。

对于具体读书方法,朱熹有指示说:"大凡看文字:少看熟读,一也;不要钻研立说,但要反复体验,二也;埋头理会,不要求效,三也。三者,学者当守此。"(朱熹,1988:165)并引用荀子四句读书法云:"诵数以贯之,思索以通之。为其人以处之,除其害以持养之。"(朱熹,1988:169)然后进一步归结道:"读书放宽心,道理自会出来。若忧愁迫切,道理终无缘得出来。"(朱熹,1988:164)

如果读书过久,就要出去走走,活动一下筋骨,静观自然,劳逸结合。要真正做到劳逸结合,最应遵循精神的"无事内守,有事外用"之原则。所谓精神无事内守,寂然不动是也;所谓精神有事外用,感而遂通是也。读书劳逸结合能如此,就能事半功倍。

张载指出:"读书少,则无由考校得义精。盖书以维持此心,一时放下,则一时德性有懈。读书则此心常在,不读书则终看义理不见。书须成诵,精思多在夜中,或静坐得之。不记则思不起,但通贯得大原后,书亦记。所以观书者释己之疑,明己之未达,每见每知新益,则学进矣。于不疑处有疑,方是进矣。"(黄宗羲、全祖望,1986:758)这也不失是一种有效的读书之法。

(三)乐易读书境界

当然,对于读书,特别是对于我们乐易读书活动,光讲方法还不够,我们还需要来讲一讲读书的境界。读书的目的是学以致用,如果读了书后却没什么用处,那读了等于白读,关键是要把所读的东西落实到生活中去。通常而言,对于真正的读书人而言,读书有如下三种境界。

第一种是要博览群书。尽量多读书,不同的流派、内容、领域、思想都可以涉猎,但是仅仅这样还不够。须知博览群书不是随便乱读,要有人指导,这就是明师的作用。在博览群书的过程中,乐易读书活动就会有一些框架和规范,比如前面强调的圣学与科学之书,就已经有所指导了。进一步,先读什么书,后读什么书,什么书跟什么书一起读,都有要求,这些在乐易读书活动中都有明确规定。

第二种境界是要融会贯通。当然,博览群书后,还须融会贯通,形成一条主线。意思是要把所读之书的内容经过整理变成自己的思想,建立一个自己的思想体系,将来为己所用。如果人们读了很多书,不能融会贯通,不能成为自己的思想,那就等于白读。北宋理学家程颐说:"凡看文字,先须晓其文义,然后可求其意。……凡观书不可以相类泥其义,不尔,则字字相梗。"(朱熹,2000:54)真正的读书要融会贯通,要把书本内化变成读者自己的思想。更重要的是要把所有读书获得的思想内容串成一条线,形成一个整体性的思想体系。这个境界的达成比较难,不要着急,借以时日,读书积累到了一定时候,就会融会贯通了。

第三种境界是要隐于无形。读书读到第二种境界还不是最高境界,读书的最高境界就是胸中不留一字,把那串起来的思想主线隐于无形。第二种境界意思是说,读了很多书形成了自己的一套思想体系,但是只要有一套思想体系的制约,行为就会被其所限制。这是因为只要内心有所牵制,就会有碍、有滞,这样就不得自在。思想有所束缚,从而限制行为的施展。此时进一步提高,不被故纸堆里的文字所牵绊,要做的事情就是忘记,把所有学到思想观念统统忘记,古人所说的"读破万卷书,心中无一字"就是这个意思。到了这种境界,一切都从自己胸襟中流出,以后不论遇到什么事情、发生什么状况,都会通达无碍、头头是道、有条不紊地俟机而作,这样才达到了最高境界。

当然,这最后的最高境界绝非轻易能够达到,这会有一个漫长而艰辛的过程。在通向最高境界的努力过程中,一定会遇到许多意想不到的困难。在读书过程中,如果发现有些书中所说的义理,怎么也弄不明白,却又绕不过去,那怎么办?如果实在遇到读不明白之处,那就需要向明师请益,或与同道讨论。

但需要明白,作为真正的明师,是不会替代人去读书的,只是引导人去读书,书中的道理要靠读者自己去体悟。孟子说:"君子深造之以道,欲其自得之也。自得之,则居之安;居之安,则资之深;资之深,则取之左右逢其原。"(赵岐,1999:220)书要自己去读,义理要自己去体会,如此才能资之深,才能左右逢源。宋儒胡宏在《与彪德美》书信中说:"读书一切事,须自有见处方可。不然,汩没终身,永无超越之期,不自知觉,可怜可怜!"

(黄宗羲、全祖望,1986:1381)读书这件事,全靠自己努力,没有人能够替代你。

人生在世无非"知""行"两事:行是生活,行万里路;知便是读书,读万卷书。行之要贵在心明,而心明贵在读书。明儒刘宗周指出:"知行自有次第,但知先而行即从之,无间可截,故云一。后儒喜以觉言性,谓一觉无余事,即知即行,其要归于无知。知既不立,一亦难言。"(黄宗羲,1986:1513)须知光"读书"是不可能读懂书中字里行间的言下之意,必须要有人生的体验、人生的感悟,再去读书,才会有深刻的领悟。光"行路"也不够,因为光行路,不读书,个人的经验是很有限的。要想充分借鉴古人、前人的经验,那就要通过"读书"来获得。

读书与行路,两者要兼顾。那么何为行透万里路,读通万卷书呢?行路者,历九州四海、遍名山大川,而仍归本处,忘尽途中影子,是真到家矣。广学者,穷尽二酉、搜尽四库、穿贯天录石渠之藏,而胸中不留一字,是谓博通矣。使足未离跬步,而眼空四海,毁天下之行远者;目未涉经史,而空腹高心,呵天下之读书者。虽三尺童子,知其悖谬矣。

不管是知与行,读书都是人生不可或缺的途径。就像服药是为了治疗身疾一样,读书则可以疗愈心病。明儒薛瑄在《读书录》中指出:"读书以防检此心,犹服药以消磨此病。病虽未除,常使药力胜,则病自衰;心虽未定,常得书味深,则心自熟。久则衰者尽,而熟者化矣。"(黄宗羲,1986:117)读书可以维持此心,用英文讲就是:Without reading, the mind will stop.

当然,读书的更高成就则是要达到心性自在的境界,所谓"涣然冰释"。陆九渊在《与刘深父书》中说:"大抵为学,但当孜孜进德修业,使此心于日用间戕贼日少,光润日著。则圣贤垂训,向以为盘根错节未可遽解者,将涣然冰释,怡然理顺,有不加思而得之者矣。"(陆九渊,1980:34)

即使一时做不到上述那种"涣然冰释"的效果,起码也可以如宋儒杨万里所言:"读书者,非言语之谓也。将以灌吾道德之本根,荣吾道德之枝叶。"(黄宗羲、全祖望,1986:1430)所以经常读书才能存养自己的心性,保持良好的精神面貌。读书常不间断,自可抵御物欲之心,使之收敛,而道心自安。唯有如此,然后才能在生活中行得正,这便是乐易读书活动的落脚处。

二、乐易治心方案

乐易治心方案是我们创立的一种心性修养途径。乐易治心方案主要是将易道洗心方法与传统有效生活修养方法、圣学思想精华相互融合,针对当代社会现状,来为民众提供一种获得幸福生活的可能途径。乐易治心方案通过先天八卦轮替环节的日常生活修行积累,来不断提高自身的心理品质,对治不良心态,消解负面情绪,从而赢得健康幸福生活。通过乐易治心方案的存养修习,让民众能够消除生活烦恼,获得健康心态,达成任运自在的人生美好境界。

(一)乐易治心途径

《周易·系辞》说:"八卦成列,象在其中矣。因而重之,爻在其中矣。刚柔相推,变在其中矣。系辞焉而命之,动在其中矣。"《周易·说卦》进一步展开说:"雷以动之,风以散之。雨以润之,日以烜之。艮以止之,兑以说之。乾以君之,坤以藏之。"乐易治心整个存养方案,据此微言大义,按照如图 B-1 给出的《先天两仪阴阳图》(潘雨廷,2009:508)的逆序开展修习活动。

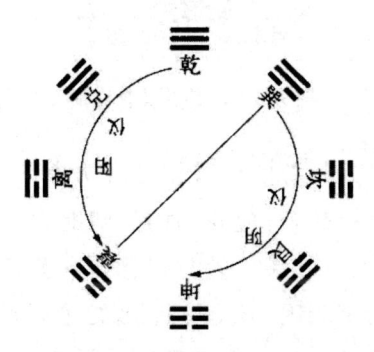

图 B-1 先天☯两仪阴阳图

乐易治心从心性不明(●)状态开始,按照易道洗心原则,通过先天八卦逆序实施八个卦象对应的存养环节,来达成心性明了(○)状态。乐易治心存养的总体修习途径就是:从坤至巽,修习显诸仁,恢复仁性,厚德载物;从震至乾,修习藏诸用,培养智性,自强不息。所要达到的最终境界就是不将不迎、物来顺应、廓然大公。在日常生活中,遵循"积极进取,随遇而安"之准则,当以德化而不以力争,无为而为。务必注意,无为就是不为事所累者,并不是不作为,而是做事不带情绪,事过不留于心,始终超脱利害之心,用内心的仁爱去淑世爱人。

当然,从存心养性的践行角度看,圣道治心均主张日用修习途径。因此圣道治心的具体修习方法丰富多样,有礼乐涵养、学而时习、迁善改过、主静中正,持敬主一、识仁定性、静养端倪、体认天理等等。我们制订的乐易治心方案,以易道洗心为宗旨,按照八卦轮替逆序,将圣道治心存养环节归纳为八个,分别为培养仁心、静心、信心、爱心、敬心、诚心、悦心和智心,如图 B-2 所示。我们不拘门派之见,以实际效验为准,将灵活多变的修习途径加以引入,以满足民众在日常生活中存心养性的实际需要。

图 B-2 八卦轮替存养图

最后统而论之,八卦轮替的修习核心有两个,一个是仁爱,对应我们的情感能力;另一个是智慧,对应我们的认知能力。毫无疑问,心性是智慧与仁爱的纠缠性叠加。如果仁爱与智慧平衡被打破,知为情所困必生情欲爱恨之心,或爱为谋所困必生淫巧机谋之心,皆不能致中和。人心偏离了中道就会失和,从而产生心理问题。乐易治心就是要人们获得应对复杂社会环境的能力,获得生生不息之易的仁智力量,进入任运自在之极地。如此方能道行圆成,一切复归于自然,随处体认天理,任运自在,达到优裕宽平之境界。

（二）坤顺含章培养仁心（☷）

坤顺阴柔，坤德性善。坤卦《象传》说："君子以厚德载物。"《周易·说卦》说："坤以藏之。"坤象之所藏即是仁性，所以《周易·系辞》说"安土敦乎仁，故能爱"。善性人人具足，只因长期引蔽习染，才蒙蔽了本性。因此，乐易治心存养的第一环节就是要除去习染，还原善性。具体途径就是通过敦土安仁方法来训练培养"仁心"。

所谓仁心，就是善性，是人人本来就拥有的天性。孟子认为人性之善是人人内在固有的，并在《孟子·告子》中解释说："人性之善也，犹水之就下也。人无有不善，水无有不下。今夫水，搏而跃之，可使过颡（额头）；激而行之，可使在山。是岂水之性哉？其势则然也。人之可使为不善，其性亦犹是也。"（赵岐，1999：295）因此，人性本善只是受环境形势的影响，才造成了不善的行为。

清代学者颜元指出："惟因有邪色引动，障蔽其明，然后有淫视而恶始名焉。"（颜元，2000：38）并用衣服日久外染来比喻人心不善造成的原因："然则恶何以生也？则如衣之著尘触污，人见其失本色而厌观也，命之曰污衣，其实乃外染所成。"（颜元，2000：40）那么，又应该如何恢复本善之性呢？明儒聂豹指出："学问之道无他，求其放心而已矣。动而不失其本然之静，心之正也。"（黄宗羲，1986：379）所谓求其放心，就是要降伏其放任的不善之心，而守于仁心而已。因此心性存养者要做真实功夫，不但全体功夫要在求其放心上，更重要的是要恢复本善仁性。

明末思想家刘宗周在《改过说》中说："可见人心只是一团灵明，而不能不受暗于过。"（黄宗羲，1986：1583）因此，要想恢复善性仁心，首先要剥去可欲，以纠正长期"引蔽习染"之过，以安仁宅。宋儒程颢说："养心莫善于寡欲。所欲不必沉溺，只有所向，便是欲。"（黄宗羲、全祖望，1986：618）类似的，明儒王艮在《与俞纯夫》书信中也说："只心有所向，便是欲。有所见，便是妄。既无所向，又无所见，便是无极而太极。"（黄宗羲，1986：717）因此，关键是要克尽那些不能释然的所向私欲，自然就能恢复本有的善性。

总之，修养坤德的宗旨就是"含章可贞，以时发也"，从而承天广生。

除恶扬善,恢复善性,是立本之道。明儒吕怀在《心统图说》中说:"圣人之道在心,心之道在天地,天地之道见于阴阳,阴阳之道著于《易》。……太极者,天地之心,阴阳所始,实无始也;阴阳所终,实无终也。"(黄宗羲,1986:920)心性如太极,心动如阴阳。存心养性需要的是无终无始、生生不息之善性,然后才能显诸仁。

(三)艮止静虑培养静心(☶)

艮,止也,止其所也。艮卦《象传》说:"君子以思不出其位。"《周易·说卦》说"艮以止之",是因"终万物始万物者,莫盛乎艮"。存心养性自然离不开以静观心,需要有"静中养出端倪"的功夫。因此乐易治心存养的第二环节就是要开展艮止静观修行,明彻心性。具体途径是通过"艮背,行庭"方法来训练培养"静心"。

宋儒邵雍说:"心为太极,人心当如止水则定,定则静,静则明。"(邵雍,1990:425)是指太极之心原本寂然不动,故欲复见太极之心,也要通过静定来显明。明儒魏校论学书说:"天文左右前后皆动也,惟北辰不动。人身背亦如之。故说天根之学,本《易》艮背之旨。"(黄宗羲,1986:61)明儒李材在《答李汝潜》书信中则说:"六经无口诀,每谓只有艮其背一句,其实即是知止。但《大学》说止善,似止无定方;《易》说艮背,似止有定所。"(黄宗羲,1986:670)人们之所以难以去蔽欲而显天性就是因为不识艮背之旨,故治心欲者,反其道而行,艮止其欲,复归于静,则百乱不生。

明儒高攀龙指出:"夫静坐之法,入门者藉以涵养,初学者藉以入门。彼夫初入之心,妄念胶结,何从而见平常之体乎?平常则散漫去矣。故必收敛身心,以主于一,一即平常之体也。主则有意存焉,此意亦非著意,盖心中无事之谓,一著意则非一也。不著意而谓之意者,但从衣冠瞻视间,整齐严肃,则心自一,渐久渐熟平常矣。故主一之学,成始成终者也。"(黄宗羲,1996:1409)发挥艮背静坐之法,便是成始成终者。

关于动静关系,明儒罗侨在《潜心语录》中说的最为全面:"所得多在静中,动时所得,皆受用乎静中也,而动静一矣。所行多出所知,行处有得,皆受用乎所知也,而知行一矣。当知动中有静,静中有动,动静互见,不可截然分先后。未发是静,已发是动,然静已涵动之机,到已发,必以静为之根。所存主处,便是静;所发见处,便是动。动中有静也。"(黄宗羲,1986:1107)动中有静,静中有动,动静无间,方是心性明了之时。

湛若水《静观堂记》说:"夫谓静观者,以言乎定静之时而观也,静坐之时而观也。静坐而定焉,心中无事之时而观也。心之轇轕,其何观矣?斯其静也,非动静之静,对动而言之者也。夫谓寂即观矣,何以静?何以观?静则不观,观则非静矣。夫谓观,即动矣。易说:'复其见天地之心。'夫复也者,一阳初动之时也。非动则天地之心不可得而见,而万物之情不可得而观矣。夫复者,动而未形,有无之间,动而非动,静而非静。夫是之谓神,夫是之谓几,天地万物之至妙至妙者也。"(湛若水,2014:999-1001)见几至妙,便是动静相须之道。

总之,艮止静虑当"时止则止,时行则行",只有"动静不失其时",才会"其道光明"。正如明儒陈龙正所说:"止者心之常,艮背亦止,行庭亦止;静者太极之常,生阴亦静,生阳亦静。主静者,艮止之义乎?心合于艮之谓太极矣!"(黄宗羲,1986:1501)艮止静虑,虽然只是一种方便法门,要入其门也须掌握其中要领,否则必走火入魔,适得其反。存心养性需要按照前面所讲要领,努力修行艮止静虑之法。但不要操之过急,要循序渐进,以期实效。

(四)坎陷励志培养信心(☵)

习坎,重险也,有孚,维心亨。坎卦《象传》说:"君子以常德行习教事。"《周易·说卦》说"雨以润之",是因"润万物者,莫润乎水"。"水流而不盈,行险而不失其信,维心亨,乃以刚中也",所以习坎虽险,唯心刚中而诚信之君子能不畏险阻,亨通成事。存心养性不易,平时习染顽固,会遇到种种坎坷险难,就需要信心,方能"行有尚"。因此,乐易治心存养的第三环节就是要开展磨炼心志的修习活动,滋润心性。具体途径是通过习坎克难方法来训练培养"信心"。

在《伊川学案》附录中记录有程颐说的话:"静坐独处不难,居广居、应天下为难。"(黄宗羲、全祖望,1986:647)而当尹彦明问:"如何是道?"程颐说:"行处是。"(黄宗羲、全祖望,1986:647)因为"学有所得,不必在谈经论道间,当于行事动容周旋中礼者得之。"(黄宗羲、全祖望,1986:633)可见力行是圣道存心养性着重强调的环节。要之,学道在于身体力行,当内生信心,不可有刻意伪作之心。

与习静刚好互补,习坎便是习动。清代理学家颜习斋指出:"宋元来儒者皆习静,今日正可言习动。……养身莫善于习动。……人心动物也,习于事则有所寄而不妄动。故吾儒时习力行,皆所以治心。"(颜元,1987:646)至于"习"字的解释,颜习斋认为有两种含义,一是改良习惯,二是练习实务,而前者又以后者为本。习动方法的目的在于:"提竦精神,使心常灵活。"(颜元,1987:670-671)

宋儒陆九龄在《与李德远》书信中说:"古之君子,往往多出于羁艰困厄愁忧之中,而其学日进。"(黄宗羲、全祖望,1986:1870)也就是说,生活磨炼是最好的修行,困顿处境恰是历练心志的机遇,能够从忧患顿挫中走过,方能见得真切功夫。明儒孙奇逢在《岁寒集》中说:"(做人)饥饿穷愁困不倒,声色货利侵不倒,死生患难考不倒,而人之事毕矣。"(黄宗羲,1986:1372)当然,遭遇困苦患难,要能够从容应对,体现内在自信心。

宋儒程颐说:"学者须要自信,既自信,怎生夺亦不得。"(程颢、程颐,2000:236)所谓自信,就是不再依附一切外在的事物,包括去除名利、物欲和法执之心。内心自信就是无待之境,也是仁心善性的显发。人们只有在排除了一切焦虑心理之后才可能达到的自信状态,而能够战胜焦虑心理的莫过于勇气了。反过来讲,仁心善性也是个人开拓自身智慧与洞见的钥匙,是信心和勇气的来源。这一切都需要到生活磨难的冒险中去磨炼、去培育、去开拓来获得。

总之,习坎难免就会遭遇险阻,意志薄弱者往往难以承受其困苦,而常常半途而废。要免陷困境,唯有树立信心。所谓"行险而不失其信",才能够"行有尚",然后"往有功也"。所谓习坎要想亨通,唯心有孚,就是要有自信心。存心养性需要努力,有针对性地开展磨炼意志、培养勇气、增进信心的活动。只有坎险励志,常修德行,自然信心自来。

(五)巽入行善培养爱心(☴)

巽,入也,利有攸往,利见大人。巽卦《象传》说:"君子以申命行事。"《周易·说卦》说"风以散之",是因"挠万物者,莫疾乎风"。复性行善,自利利他,是修行的第一要务。因此,乐易治心存养的第四环节就是要开展仁者爱人的修习活动,坚固善性。具体途径是通过风行仁爱方法来训练培养爱心。

大凡存心养性,必当落实到行善集义之上,方为了彻。存心养性不可将那高明之性,悬空于无着落处。明儒杨应诏说:"今之学者,不能实意以积义为事,乃欲悬空去做一个勿忘勿助;不能实意致中和,戒惧乎不睹不闻,乃欲悬空去看一个未发气象;不能实意学孔、颜之学,乃欲悬空去寻孔、颜之乐处。外面求讨个滋味快乐来受用,何异却行而求前者乎?兹所谓舛也。"(黄宗羲,1986:156)当为存养修习者警醒!

既然是巽入行善,就要把握社会关系的准则,对他人的了解、关心、信赖、互动、信任和承诺,都是最基本的要求。善于爱人的人,既要具备工具性(拥有能力),又要具备表达性(善于关怀)。一阴一阳之谓道,两者的有机统一方能够真正做到自利利他。因此,与人为善,必劳民相助。君子之慰劳于民也,则劝其交相为养焉,故养而不穷矣。此时君子必申明其命,笃行其事,乃可以感万民,故曰君子之德风。

进一步须要注意,要以本善之性去行善,不可以利欲去劝善。诸如好人好报、以其无私耶故能成其私之类,皆出自私心,非真善之性所致,必当会越劝越恶。宋儒邹浩说:"以爱己之心爱人,则仁不可胜用。以恶人之心恶己,则义不可胜用矣。"(黄宗羲、全祖望,1986:1219)行善便是不求回报的爱,期待回报便入私意。

总之,"巽乎中正而志行"。孔子在《论语·述而》中指出:"仁远乎哉?我欲仁,斯仁至矣。"(注云:"仁道不远,行之即是。")(何晏,1999:95)修行的关键在行,而行之关键在行善,这样才有助于仁心的显发,以期存心养性。所谓笃行君子,必当闲邪存诚。存心养性需要按照前面所讲要领,努力修行巽行利人之法,有针对性开展"风行以爱人"的活动来培育爱心。

(六)震动修省培养敬心(䷲)

震,动也,后有则也。震卦《象传》说:"君子以恐惧修省。"《周易·说卦》说"雷以动之",是因"动万物者,莫疾乎雷"。恐惧修省,非动之以雷鸣不可。人们唯有震雷动其心,则敬畏之心生。敬畏之心生,则觉心复性,心性豁然明了。所以修行训练培养敬心当以震动为主。乐易治心存养的第五环节就是要开展恐惧修省的修习活动,具体途径是通过敬事克己方法来训练培养"敬心"。

那么如何培养敬心呢?从体仁到启智轮替之后,必有观心复性应现,重振默识之智为来复,故复卦《象传》说:"复,其见天地之心乎。"宋儒程颐在《二程集》"论学篇"中指出:"识道以智为先,入道以敬为本。夫人测其心者,茫茫然也,将治心而不知其方者,寇贼然也。天下无一物非吾度内者,故敬为学之大要。"(程颢、程颐,1981:1183-1184)见"天地之心"是用智,体"天地之心"当用敬,所以说"入道以敬为本"。

圣道治心,首先强调以敬为主的存养方法。对此,朱熹强调指出:"敬即是此心自做主宰处。"(黄宗羲、全祖望,1986:1546)那么,什么是敬呢?明儒罗侨说:"用心专一便是敬。"(黄宗羲,1986:1106)所以要敬,关键在于专一,故持敬也在敬一功夫上。"一"则纷乱之念息,行事便无心烦之时。所以敬与静不同之处,便在于敬是事上做的功夫,所谓"执事敬"。通过"敬以直内"来到达"敬事养正"的目的。对此,明儒胡居仁强调指出:"有事时专一,无事时亦专一,此敬之所以贯乎动静,为操存之要法也。"(黄宗羲,1986:32)但观一念之心,唯须敬事克己以省观修身。

所以操存第一要反观自心、戒谨己行。世间遭遇的一切烦恼都是源自于自心,心有过则种种魔生。所以君子当求诸己,思过改过,然后心地坦荡平和,是非烦恼一时都消尽。明儒刘墉在《证记》中说:"平平看来,世间何人处不得?何地去不得?只因我自风波,便惹动世间风波,莫错埋怨世间。"(黄宗羲,1986:874)因此,唤起良知,无过于时时省察,提高自己理性反思觉知能力,才能够克除忿欲之心,扫清妄念之虑。

正因为这样,修省敬事成为内心养正的入门手段。《礼记·曲礼》所讲:"毋不敬,俨若思,安定辞。""道德仁义,非礼不成。"(郑玄,1999:6-13)以及宋儒程颐讲:"入道莫如敬,未有能致知而不在敬者。"(黄宗羲、全祖望,1986:601)无非就是要突出内省反思、敬事养正的重要性。应该说,内省反思意识正是一种内心的觉知力量,借助于这种力量,人们不但可以克服内心的不良情绪,而且可以建立起良好的社会秩序,有利于社会和谐发展。

总之,"君子以恐惧修省"而达"无妄"之境,然后也必"时育万物",自利利他。此乃震动省己、敬事克己的要旨。只有通过"震动省己""敬事克己"之后,才能"内文明而外柔顺",以期诚明自得。存心养性需要按照前面所讲要领,努力修行震动修省之法,开展"修省敬事"活动来切实培育敬心。

（七）离丽见性培养诚心（☲）

离,丽也,火也,照也,"重明以丽乎正,乃化成天下"。离卦《象传》说:"大人以继明照于四方。"《周易·说卦》说"日以烜之",是因"燥万物者,莫熯乎火"。震动修省而后敬,敬而后诚,诚而后明,心明可以见性。故离丽见性,至诚尽性,当以烛火慧照为主。革心顿悟之法,其要旨如此。因此,乐易治心存养的第六环节就是离火照其心,则自明之心生;自明之心生,则心性自能显。所谓诚心复性,具体途径就是通过智慧开启方法来训练培养"诚心"。

或有人说,内心有诚则言行必有敬,这自然不错。但是修行则要一步步来,当尚未内有诚心常在时,却需要从敬事做起。所以《二程遗书》说:"诚然后能敬,未及诚时,却须敬而后能诚。"(程颢、程颐,2000:141)因为相对于敬而言,诚更为根本,是道体份上的事,所以程颢说:"诚者合内外之道,不诚无物。"(程颢、程颐,2000:60)

敬何以达诚呢？须主一守中,敬而不失。程颐说:"敬,只是主一也。主一,则既不之东,又不之西,如是则只是中;既不之此,又不之彼,如是则只是内。存此,则自然天理明白。学者须是将'敬以直内'涵养此意。直内是本。"(黄宗羲、全祖望,1986:624)这里的"主一",便是"敬而无失",所以程颐又说:"万物无一物失所,便是天理谓中也。"(黄宗羲、全祖望,1986:634)

初学者,将以勤勉为训,专心致志,心不二用,久之自然有洒脱究竟之时。宋儒李侗指出:"为学之初,且当常存此心,勿为他事所胜。凡遇一事,即当且就此事反复推寻,以究其理。待此一事融释脱落,然后循序少进,而别穷一事。如此既久,积累之多,胸中自当有洒然处,非文字言语之所及也。"(黄宗羲、全祖望,1986:1288)欲想悟彻,先要积累,世上没有不先积累而有悟彻之功者。

至于悟彻,则需要退藏于密的功夫。所谓"密",王夫之在《船山思问录》中的解释是:"无所不用其极之谓密。密者,圣人之藏,异端窃之以为诡秘。"(王夫之,2000:49)这便是秘密认知能力。对此,宋儒李侗也说得分明:"思索义理,到纷乱室塞处,须是一切扫去,放教胸中空荡荡地了,却举起一看,便自觉得有下落处。"(黄宗羲、全祖望,1986:1288)

因此"退藏于密"关键是要默而识之。正如《周易·系辞》所言:"默而成之,不言而信,存乎德行。"明儒许孚远在《答沈实卿》书信中说:"所谓天则超绝声臭,不涉思虑安排,然只在日用动静之间默识。可见此心一违天则,便有不安,加之于人,便有不合。惟其当作而作,当止而止,当语而语,当默而默,一不违于天则,而后协乎人心之同然。知此,则性之面目可得而言矣。"(黄宗羲,1986:980)大凡修习圣道,止于闻见难以有真得。真正有得者,唯有通过默识心通而达。

《周易·系辞》说:"知几,其神乎。"由默识其几而达诚明,即所谓周敦颐所言:"诚、神、几,曰圣人。"(周敦颐,2000:33)如果用现代意识科学的话讲,诚之体为空寂,纯意识状态者;诚之用为易道,生生不息之道。阴阳不测之谓神,阴阳之波动起居,意识变化之法则;神之应变为几,变化之测量征兆,不可预测者也。所以唯有退藏于密可以默而识之。

当然,诚立性明的达成,都是自力自成的结果。《礼记·中庸》说:"诚者自成也,而道自道也。诚者物之终始,不诚无物。是故君子诚之为贵。诚者,非自成己而已也,所以成物也。成己,仁也。成物,知也。性之德也,合外内之道也。"(郑玄,1999:1450)因为天道即为人道,人道也为天道,"诚者"乃"合外内之道"。就是说诚者合天人之道而有万物,所以只需自诚,便可合道。得"合外内之道",自然也就达到"至诚无息"之境界。

总之,离也者,明也,圣人南面而听天,向明而治,盖取诸离明之法。从"向晦而明",到"同证圣道",正所谓"重明以丽乎正,乃化成天下",然后便有"大人以继明照于四方"之功。到此,至诚尽性、存心养性,始能至诚化道而入兑说之境。存心养性需要按照前面所讲要领,努力修行离丽见性之法,开展"诚明尽性"活动来培育诚心。

（八）兑说化道培养悦心（☱）

兑，说也，悦也。兑卦《象传》说："君子以朋友讲习。"《周易·说卦》说"兑以说之"，是因"说万物者，莫说乎泽"。成道保任之功，非泽之以兑说不可。此时，但能舍异入同，则自得兑悦。兑泽则悦其心，则无论贫富贵贱，安心化道无不乐也。因此，乐易治心存养的第七环节就是要开展舍异入同的修习活动，具体途径是通过真造实履方法来训练培养"悦心"。

我们真正获得快乐自在一定不是因为控制，而是放下控制。我们总习惯性地想要身边的人能够成为我们心里期待的那个样子，我们总是期望能够把控一切，包括自然，其实这就是一种控制欲！然而只有物来顺应、无有将迎，才能成为自己的主人。所谓率性而为，快乐便在其中。

乐悦则心活而无累，心活无累则自在。程颢说："心活则周流无穷，而不滞于一隅。"（程颢、程颐，1981：1262）因此，乐悦心活也是中孚之征兆。孚者，感应契合之谓；中者，感应契合之源也。所以中孚者，必致中和心态。《礼记·中庸》说："喜、怒、哀、乐之未发，谓之中。发而皆中节，谓之和。中也者，天下之大本也。和也者，天下之达道也。"（郑玄，1999：1422）因此，乐悦心活必然源于中和心态。

那么，如何才能保任中和心态呢？古代先贤向来认为乐从和，正心中和应以音乐动之。司马迁在《史记·乐书》中说："故音乐者，所以动荡血脉、流通精神而和正心也。"（司马迁，1985：161）精神（心性）的作用显现，在音乐审美体验中得到了最完整的体现。《礼记·乐记》中说："夫乐者，乐也，人情之所不能免也。"（郑玄，1999：1143）因此，要让心灵达到至诚之和，就必须用心倾听音乐、默识内心体验之源，最终顿悟自性，得到精神彻底的自由。

圣乐境界就是"常处心悦"之境。对于这种"常处心悦"状态，在《荀子集解》中引用孔子的话是："君子其未得也，则乐其意；既已得之，又乐其治。是以有终身之乐，无一日之忧。小人者，其未得也，则忧其不得；既已得之，又恐失之。是以有终身之忧，无一日之乐也。"（王先谦，1988：533）而"常处心悦"的最高境界，即《论语注疏·述而》所谓"子之燕居，申申如也，夭夭如也"（何晏，1999：85）。

真正的欢悦是源自于人们自身力量的一种情感。幸福的生活建立在欢悦之上,因为欢悦永远与自性的显现结伴而来。欢悦基于个人自我充实的体验。此时无论从事什么工作、无论开展什么活动、无论处于什么样的生活境遇之中,都可以从容任运、愉悦自在、充满朝气,所谓心下常无不足,目前触事有余。对人则宽容为怀,做事则从容不迫,为人则虚怀若谷,遇事则荣辱不惊。总之,是积极进取,做入世的事,以天下为己任;随遇而安,以一颗出世心,逍遥于自得。

总之,兑说化道,"君子以朋友讲习";存心养性,当以泽悦为其终,是因"说以利贞,是以顺乎天而应乎人"。天人合一,则何时而不乐哉!存心养性需要按照前面所讲要领,努力修行兑说化道之法,开展"积极入世"活动来培育悦心。

(九)乾健运照培养智心(☰)

乾健阳刚,乾德性智。乾卦《象传》说:"君子以自强不息。"《周易·说卦》说:"乾以君之。"乾象之所君之者,便是"继之者善,成之者性"。存心养性终于乾象,就是要运照所君之知性,以助智慧自在之心达成,使之能够任运万物,所谓"乐天知命,故不忧"。一旦顿悟心性,智慧刚健,元亨利贞,可以行道。因此,乐易治心存养的第八环节就是要开展自强不息的修习活动,具体途径是通过无为而为方法来训练培养"智心"。

宋儒杨庭显在《慈湖先训》中说:"学有进时,如龙换骨,如鸟脱毛。身与心皆轻,安享福无已。"(黄宗羲、全祖望,1986:1926)从某种角度上讲,修行就是修智慧。有意思的是,世俗只讲聪明,不讲智慧。以心了心是智慧,缘境所得为聪明。只有拥有智慧(道慧)的人,才是真正的智者。通过兑说化道而履,当有此智慧方能化道以行。

宋儒邹浩在《双寂庵记》中说:"无所往而不寂者,道也。"(黄宗羲、全祖望,1986:1219)而明儒潘士藻则说:"喜怒哀乐,纯是天机流行。不着己,不着人,便是达天德。"(黄宗羲,1986:837)这种境界,就是明儒聂豹所讲的:"鸢飞鱼跃,浑是率性,全无一毫意必。"(黄宗羲,1986:382)天机流行,妄念私意自然消融。存养之功做得彻底,人要转物而不要被物转,方能胜物而不伤。邵雍说:"不我物,则能物物。圣人利物而无我。"(邵雍,

1990:428)又说:"以物而喜物,以物而悲物,此发而中节者也。"(邵雍,1990:426)其中关键是要去除应物有我之私心,方能自在达成中和之境。

因此,达知天命就是要让心性成就无将迎、无内外、无得失之境界,所谓临危不惧、处困不变、受辱不怒。《二程集》说:"人莫不知命之不可迁也,临患难而能不惧,处贫贱而能不变,视富贵而能不慕者,吾未见其人也。"(程颢、程颐,1981:1256)心性达此境界,方为之至命,可见知天至命之难!故明儒薛敬之说:"千古圣贤,非是天生底,只是明得此心分晓。"(黄宗羲,1986:133)所分晓的便是那顺知天命之则。

至此,德化普施无碍,方能真正获得了智慧刚健,元亨利贞四德皆备,此既为天行乾德之象。然后便可遵循乾道践行君子之德。乾德之要在行,当然要无为而行,不可见有任何勉强。《荀子·解蔽》说:"故仁者之行道也,无为也;圣人之行道也,无强也。仁者之思也恭,圣者之思也乐。此治心之道也。"(王先谦,1988:403-404)因此孟子说:"古之人得志,泽加于民;不得志,修身见于世。穷则独善其身,达则兼济天下。"(赵岐,1999:355)这样就可以任运自在。所谓乾卦《象传》所言:"天行健,君子以自强不息。"自强不息,道济天下。

总之,乾德为君德,元亨利贞。心者,形之君也。乾道龙行天下,恪守中道,任运自在,是君德。存心养性需要按照前面所讲要领,努力修行乾健运照之法,开展"无为而行"活动来培育智心。如此君子自强不息,可以行道,自在无碍,当以优良的心理品质践行美好的幸福生活。

三、乐易养生方法

易医相通,有关养生古老的训诫,在中国古代的医书《黄帝内经》中,已经做了非常精辟的总结。在《黄帝内经·素问》中指出:"上古之人,其知道者,法于阴阳,和于术数,饮食有节,起居有常,不妄作劳。故能形与神俱,而尽终其天年,度百岁乃去。"(田代华,2005:1)用通俗的话讲,要想健康长寿,就要遵循天道阴阳法则,在日常生活落实"饮食有节"、"起居有常"、"不妄作劳"三个具体措施,保持"形与神俱"的常态,便可以"尽终其天年,度百岁乃去"。下面我们就依据科学原理来加以具体展开论述。

（一）道法阴阳

养生首先要道法阴阳。那么什么叫"道法阴阳"呢？用《周易·系辞》中的话讲，就是"一阴一阳之谓道，继之者善也，成之者性也"。中国古代先哲认为天地万物的变化之道，不过就是一阴一阳相互作用的结果，其中包括相互依存互根、相互消长转化、相互对立交感的作用机制。所以《黄帝内经·阴阳应象大论篇》说："阴阳者，天地之道也，万物之纲纪，变化之父母，生杀之本始，神明之府也。治病必求于本。"（太古真人，1995：7）

道法阴阳学说认为人体和宇宙世界万物都具有阴或阳的不同性质和"对立统一"的阴阳关系。中医学说对人体整体性认识的强调，包括形与神的统一、组织与功能的统一、脏腑与经络的统一、人体与环境的统一等等。

其实，即使从现代科学的角度来讲，这样的认识也没有问题。比如就整个宇宙而言，就是一个能量场，其中不过就是正负能量这一对阴阳相互作用的动态表现。对于心理而言，是认知与情感相互作用的动态表现。而对于养生而言，则是心神与身形这一对阴阳的相互作用的动态表现。

我们知道，每个人都有心有身，这心（神）与身（形）自然是相互依存、相互作用和相辅相成的一体两面关系，构成了我们统一的生命体。现代科学也已经证实，意念与躯体之间存在着密切的联系，身体健康状况随心念的改变而改变。实际上，我们的生命体拥有非常强大的自我修复能力、自我疗愈能力和自我适应能力，而这些又深深依赖于我们的心理状态。心身关系主要通过神经系统、内分泌系统和免疫系统相互作用来建立有效沟通，因此维护良好心态、树立坚定信念、保持坚强意志，都可以成为克服负面情绪、提高免疫能力、塑造健康机体的重要途径。

心身相互作用可以指"整体神经活动体现的心"与"局部神经活动控制的身"之间所发生的相互作用，而心物相互作用可以指"心身一体"与"客观环境"之间的相互影响。在心身相互作用中，"心"对"身"的反作用也像"心"对"行为"的反作用一样，是普遍存在的。实际上，人处于愤怒、焦虑、紧张等不良情绪状态时会释放出大量肾上腺素、去甲肾上腺素，可引起疾病产生，这已为科学实验所证实。中国古代有一句老话，叫作"百病从心生",其实早就认识到心身相互关系的这种重要作用了。美国女医学记者史密斯专门著书讨论了心对身的种种反作用,指出"心"能影响病"身"的恶化或痊愈(史密斯,1998)。此外,美国生物学家托马斯在"说疣子"一文中也举出类似的事例(托马斯,1996:59-63)。

就拿患病之因来看,人们之所以疾病缠身,不是外感风寒,就是七情内伤。七情内伤,自然与心神正邪有关。而真正能够有效抵御外感风寒,要靠内在强大的人体免疫能力,其依然与心神正邪密切相关。所谓"心随境转,身随心转",古人治病养生无不归结到保养心神之上。

因此对于养生而言,就是要确保"形与神俱",始终保持阴阳和合中正,所谓"致中和"的状态,方可"天地位焉,万物育焉"。如此则形神兼备,内外相和,机体达到"阴平阳秘"的状态,从而增进免疫力,以保持旺盛的生命力。

前面《黄帝内经》说能"尽终其天年",那么何为"天年"呢?根据巴丰寿命系数的估算,哺乳动物寿命约为其生长期的5~7倍,人类的生长期大约为20~25年。因此,我们人类的预期寿命约为100~175年。

随着科学技术的不断进步,带来了医疗水平的提高和医疗条件的改善,人类平均寿命不断提高,从19世纪人类平均寿命40多岁,提高到目前的80岁至90岁。但离我们的预期寿命还有不小差距。那么如何才能够颐养天年,"度百岁乃去"呢?颐卦的《象传》说:"君子以慎言语,节饮食。"养生即颐养之道:慎言语养其德,节饮食养其体。

(二)饮食有节

显然,笼统地明白道法阴阳还不够,想要真正保持良好的免疫能力、健康长寿,还要在生活中落实具体的措施。这第一项措施就是"饮食有节"养其体。在生活中,不管是工作、学习还是日常起居,凡活动首先需要有良好的饮食保证。因此社会上流行的所谓休粮辟谷之类的旁门左道,并不可取。实际上,根据热力学第三定律,生命作为一个自组织系统,要维持其有序性而免遭解体,与外界交换能量是不可或缺的前提。这就是为什么"廉颇老矣,尚能饭否",成为检验一个人生命力旺盛与否的衡量原则。因此,对于养生而言,问题不在于是否需要饮食(需卦《象传》说"君子以饮食宴乐"），而是日常生活中如何规范饮食，才能够有利于健康长寿。

进一步说，安身之本必资于食。食物不但是健康的基础，也是营养素的重要来源。甚至还可以通过饮食来进行治病，即所谓的食疗之法，没有任何不良的副作用。因此，合理的饮食还可以作为一种适应范围较广泛、安全的治病疗法。特别是针对大多数健康与亚健康人群，食疗之法可以作为针砭药物或其他防治措施的辅助手段。

那么，如何饮食方能有助于健康长寿呢？我们这里强调的是合理均衡饮食的原则，除了五味调配，补充生命必需的微量元素，如钠、钾、镁、硫、氮等之外，日常均衡饮食，需要注意如下三项基本原则。

第一条，黄种人的饮食当以五谷杂粮为主。我们知道，为了适应环境气候，人类种群在漫长的演化过程中，形成了不同的人种。以肤色为标记，典型的人种分为白种人、黄种人和黑种人等。

白种人从寒带地区进化而来，其肤色体征更加适应于寒冷气候环境，其饮食也偏重于高能量食物，以提供更多能量来抵御寒冷。黑种人则相反，是从热带地区进化而来，其肤色体征更加适应于炎热气候环境，其饮食则偏重于低能量食物，无须过多的能量来维持生存。

我们黄种人则是从温带地区进化而来，其肤色介乎于黑白之间，饮食能量的需要也处于两者中间。我们的祖先已经得出结论，以五谷杂粮为善。因此，只要是属于黄种人，无论国籍，建议饮食以五谷杂粮为主。俗话说得好："吃饭不要偏，五谷杂粮保平安。"

第二条，在日常饮食中要多吃蔬菜水果，原则是少糖多果。在日常饮食中，除了五谷杂粮，其次就是要食用各种各样的植物性食物，如蔬菜、水果和坚果，可以降低患病风险并延长寿命。因为植物性食品含有特定营养成分和抗氧化剂，包括多酚、类胡萝卜素、叶酸和维生素 C 等。食用蔬菜水果的原则是五菜为充，五果为助。记住，由于水果往往富含糖分，所以千万不能当饭吃。

为了遵守少糖多果的原则，建议多吃坚果。坚果富含蛋白质、纤维、抗氧化剂等，还有多种维生素和矿物质，如铜、镁、钾、叶酸、烟酸和维生素 B6、维生素 E 等。科学研究表明，坚果对于心脏病、高血压、糖尿病、代谢病、腹部脂肪堆积以及某些癌症，具有积极预防作用。每天坚持食用一份坚果,有利于降低过早死亡的风险。

有条件的情况下,建议人们经常注意适当摄入姜黄。补充姜黄是抗衰老的有效措施,因为科学研究表明,姜黄含有的姜黄素是一种生物活性化合物,具有抗氧化和抗炎症的特性。因此,摄入姜黄有助于维持大脑、心脏和肺部的功能,防止这些重要器官的衰老。

第三条,每天尽量补充少许的动物蛋白。健康饮食的一项原则就是多吃蔬菜少吃肉,但不等于不吃肉。我们认为极端的素食主义并不可取,节卦上六《象传》说:"'苦节,贞凶',其道穷也。"因为人类虽然不是食肉动物,但也不是食草动物,而是灵长类动物。灵长类动物基本上都是杂食性的动物,特别是像人类这样高级的灵长类动物,需要补充摄入一定的动物蛋白。须知动物蛋白可以保障我们发达大脑的正常运作,从而调节内分泌系统,提高免疫能力。

那么,从科学角度来看,应该补充什么样的动物蛋白呢?我的观点是尽量补充低等动物的动物蛋白。原因有两种:一是两种物种的基因越接近,它们的共同疾病的传播可能性就越大,为了避免感染动物传播的疾病,尽量食用与人类基因越远离、越低级的动物;二是尽量不要食用哺乳动物,因为哺乳动物均有情感,当它们被宰杀时必定处于愤怒状态,释放出的有害激素会残留在体内,食用它们的肉类,会间接食用这些有害激素,不利于身体健康的维护。

因此,所谓"五畜为益",应该尽量食用鱼类(包括虾蟹之类)、禽类(包括蛋类)、虫类(指可以安全食用的昆虫类)。不过哺乳动物的乳汁,推荐食用,因为哺乳动物在分泌乳汁时处于愉悦状态,分泌的催乳素,其有利于心身健康。动物蛋白主要营养成分是蛋白质、脂肪。但需注意,动物内脏胆固醇含量较高,对胃肠、心血管负担偏大,要注意戒食。

当然,不管食用什么食材,饮食都要有节。在日常生活中务必注意,要戒烟、戒酒,避免暴食暴饮。民间的一些饮食谚语值得遵守,比如"欲得长生,肠中常清"、"欲得不死,肠中无滓",以及"早饭淡而好,午饭厚而饱,晚饭须要少,若能常如此,无病直到老",都跟饮食有节有关。

现代科学研究表明,卡路里摄入与寿命之间有着密切的关联,减少10%至50%的正常卡路里摄入量有助于延长寿命。所以古代养生之道强调饮食七分饱,也还是比较科学的。特别是自助餐时,尤其要克己贪欲,不可过量。饮食也要遵循中庸之道,无过无不及。这便是饮食有节之寓意所在。

(三)起居有常

日常养生的第二项措施是起居有常。人的生命活动都遵循着一定周期或节律而展开,休息、劳作、饮食、睡眠,皆有规律,所谓"起居随时,适其宜也"。恒卦《象传》言:"君子以立不易方。"唯有持之以恒地保证起居有常,才能增进健康,尽终其天年。

其实古人遵循"日出而作,日入而息"这种比较严格的节律,是有科学依据的。人类的生物钟是与太阳周期保持一致的,所以古代春夏秋冬四季,起居时间也有稍微调整:春夏宜晚睡早起,秋季宜早睡早起,冬季宜早睡晚起。如此以合四时生、长、化、收、藏规律。

根据上面的作息原则,第一条,要保证早起(生物钟高潮,阳气升)早睡(生物钟低潮,阴气升),也就是早上5、6点钟起床,晚上21、22点入睡。早上醒来后,须先赖床5分钟,然后起床。起床后喝半杯温开水,再进行洗漱活动。如果通晓心法,建议早上持敬行走半小时(经行之法),然后用早餐。

晚上入睡,通常都会经历浅睡期、深睡期和眼动期各个不同阶段。浅睡期,属于没有睡着,迷迷糊糊阶段,主要功能是放松四肢、缓解松弛肌肉等。深睡期才是真正恢复体力精力的阶段,每天必须保证四小时以上的深度睡眠,以便完全恢复能量补充、合成消耗的蛋白质、再生凋谢的体细胞等。最后,眼动期也称快速眼动期,属于大脑系统整理白天接收到刺激信息的阶段,整理过程杂乱无章,涉及众多脑区。

注意,如果在快速眼动期醒来,就会觉知到梦境。其实每个人每天都经历有快速眼动期,只是看是不是在此时段醒来。在此快速眼动时段醒来,就会有梦境觉知,否则便没有梦境觉知。建议适当调整睡眠时间,并采取右侧弓状睡姿,争取不要在快速眼动时段醒觉。如此这样就不会做梦了,到达所谓"真人无梦"之境。

保障睡眠是养生极为重要的一个环节。因此,作息时间第二条要点,也是保障心身健康的第一原则,就是千万不可熬夜。我们知道,睡眠的作用主要有:(1)消除疲劳,(2)保护大脑,(3)增强免疫,(4)促进发育,(5)利于美容。如果经常熬夜,睡眠得不到保障,那么就会导致免疫力下降。长期以往,轻者进入亚健康状态,重者身患各种慢性疾病。

根据脑科学研究发现,在深度睡眠时段,大脑进入全面的清洗过程,血液大量流出,脑脊液流入以清除代谢废物。这样让人一觉醒来便可拥有一个清爽的大脑。所以尽量保证睡眠,不要熬夜,否则不但没法保证心身健康,而且也会影响人脑的聪明才智的正常发挥。

作息时间的第三个要点就是要合理用脑。随着社会信息化程度的不断提高,大多数人都成为脑力工作者,因此合理用脑就成为一个普遍关注的问题。从大的方面讲,人类的大脑由外脑和内脑两个部分构成。内脑种系发生比较古老(旧皮层),由继承爬行动物之脑和古哺乳动物之脑延续而来。内脑主要与我们本能和情欲有关,可以称之为情欲脑,主要包括:边缘系统、丘脑、脑干系统和垂体等组织。外脑种系发生比较新近(新皮层),属于灵长类动物新近进化而来。外脑主要与我们理智和反思有关,可以称之为理智脑,主要包括:大脑皮层,特别是前额叶、颞叶等新皮层等组织。

合理用脑的原则,应该尽量保持内外脑平衡,犹如阴阳关系一样,情欲与理智互根、互惠、互助,才能发挥最佳功效。值得注意的是,在日常生活中,我们经常饮用的茶水、酒水、咖啡等,对人脑均有抑制或兴奋作用。比如茶碱抑制情欲脑、酒精抑制理智脑,所以都要有所节制。即使对于大脑有一定益处的绿茶或咖啡,也要适度,摄入过多的咖啡因也会引起焦虑和失眠,不利于身心健康。

最后强调指出,人脑任何一部分的功能都不是固定不变的,它们均相互依赖于其他部分的功能实现。人脑学习适应的基本原则就是:终生可塑,用进废退,不可逆转。所以需要晚上保证睡眠,白天工作时间则充分利用大脑的可塑机制来不断完善自己,养成良好的行为规范。记住终生学习有助于益寿延年,特别是专注学习新事物可以有效激活神经干细胞,起到缓减大脑衰退的速度,有助于塑造健康大脑。

(四)不妄作劳

当然,除了饮食起居之外,更重要的还要做到心身日用不可过劳。所以日常养生的第三项具体措施则是"不妄作劳"。除了八小时工作与学习外,就心身两个方面的养生而言,不妄作劳包括适度运动、调养心神和社交娱乐三个条目要求。

第一条就是适度运动。生命在于运动,保持身体活跃对健康有益,但运动不可过度。每天保持15分钟以上的运动可以降低过早死亡的风险。因此建议采用非竞技性的适度运动方式进行身体锻炼。注意运动养生不以获奖炫耀为目的,而是以活动筋骨,调节气息,静心宁神来疏通经络、畅达气血、和调脏腑,以达到增强体质,益寿延年的目的。运动养生的基本守则包括:(1)以祖国医学理论指导健身运动;(2)注重意守、调息和动形的协调统一;(3)融入导引、气功、武术等有助于健身的诸种途径。

"闲则无聊,忙则快乐。"运动养生的原则就是以运动促长寿,其要点是"四勤"、"四要"和"四如"的三个"四"。(1)四勤是勤动手、勤动脚、常用脑、常动嘴,能够满足这四个勤且又是日用常见运动,那就是做家务,所以要多做家务活;(2)四要是掌握要领、强度适中、持之以恒、心身平衡。对此,最好的选择就是每天坚持练习钟离权坐式八段锦功法;(3)四如是站如松、坐如钟、卧如弓、行如风,所谓行住坐卧无不持敬,则心身无时不和谐。切记要摸索一套符合自身特点和生活规律的运动方法,并落实到日常生活起居中。

第二条是调养心神。人累莫过于心累,因此,不妄作劳其关键在于养心于闲暇从容之境,如复卦《象传》所言:"复,其见天地之心乎。"《黄帝内经·素问》指出:"恬淡虚无,真气从之,精神内守,病安从来。"(田代华,2005:1)要遵循积极快乐的原则,驱除悲观心态。须知只有遵循"恬淡虚无,精神内守"之则,才能够达成心理平衡之效。切记保持平和心态,是健康的第一保障。

养心调神属于精神养生,要在易道洗心原则的指导下,通过怡养心神、疏肝解郁,调摄情志等方法,保护和提高心理品质,避免内伤七情,达到形神高度统一、提高健康水平。也可以通过娱乐养生途径来怡养心神,琴棋书画、花木鸟鱼、旅游观光、艺术欣赏等皆属之。通过轻松愉快、活泼多样的活动,在美好的生活气氛和高雅的情趣之中,使人们舒畅情志、怡养心神,寓养生于娱乐之中,从而达到养神健形,益寿延年的目的。调养心神的养生原则包括如下三个方面。

(1)少私寡欲,乐于助人:少私,是指减少私心杂念;寡欲,是降低对名利和物质的嗜欲(损卦《象传》说:君子以惩忿窒欲);助人,就是关爱他人,多做好事,心存善念(井卦《象传》说:君子以劳民劝相)。都可以给自身健康带来益处。现代科学指出,乐于助人可以降低压力水平、提高免疫能力和延长寿命,所谓"仁者寿"。

(2)敛思正念,疏解烦恼:敛思,即专心致志、排除杂念、驱逐烦恼;正念,勿忘勿助,保养心神(艮卦《象传》说:君子以思不出其位)。科学研究表明长期压力焦虑可以引起体内皮质醇水平的提高,从而损害免疫系统,久之导致慢性疾病的高发。通过敛思正念则可以缓解压力、疏解烦恼、治愈抑郁。

(3)娱乐闲情,观光旅游:可以开展一些多种多样的闲情雅致娱乐活动,如听相声、观小品、听音乐、聊天、看戏、下棋、散步、观景、钓鱼、赋诗作画、打太极拳等。旅游观光或登高远眺则可使人心旷神怡,一切忧郁、惆怅等不良情绪顿然消散,是调解精神的良剂。

第三条是社会交往(兑卦《象传》说:君子以朋友讲习)。我们的社交直觉能力涉及社会脑系统,包括神经递质(催产素、多巴胺、加压素)、大脑结构(眶额皮层、杏仁核、脑岛、扣带回、镜像神经元、梭形细胞)、中枢神经系统(迷走神经)。在这个社会脑系统中,社交直觉则由梭状回和杏仁核的激活水平来衡量,高梭状回激活与低的杏仁核激活,代表社交直觉敏锐。催产素也是增加社交直觉能力的重要因素。科学研究表明,维持一定程度的社交圈可以帮助人们延长寿命。健康的社交网络与心脏、大脑、激素和免疫功能的积极变化相关联,可以降低慢性病发生的风险。建立良好人际关系要点包括:相互尊重、待人宽容、礼尚往来、交往真诚、赞美他人。

培养社交直觉能力的根本就是要学会战胜自己,迎难而上,用实际行动来克服害怕心理。正如我们一再强调,用进废退是神经系统的基本原理和策略,因此生活中要努力强化好习惯,摒弃坏习惯。程颐云:"不远而复者,君子所以修其身之道也。学问之道无他也,唯其知不善则速改以从善而已。"(梁韦弦,2003:164-165)如是就可以不断完善自己的行为规范自觉性和提高自己的心理品质,养成良好个性(综合精神面貌):善良、正直、乐观、进取、顺生、心安。

总之,只有心无所住,人能转物而不被物转,才能够心无所累。心无所累如明镜,方能达成闲暇从容之境,从根本上做到不妄作劳。能够长久保持不妄作劳之状态,方能延年益寿,度百岁乃去。如此便可以长生久视,享受健康幸福人生。

(五)形与神俱

最后我们总结一下,所谓养生之道就是"养身在于动,养心在于静"。归纳起来说,心神为阳,应以静守之,故养心当以坤卦为主,厚德载物;身形为阴,应以动制之,故养身当以乾卦为主,自强不息。《周易·系辞》指出:"乾,阳物也;坤,阴物也。阴阳合德而刚柔有体,以体天地之撰,以通神明之德。"信乎哉?以通神明之德!

生命体的发展变化,始终处在一个动静相对平衡的自身更新状态中。通过静定心神,在保持良好的心理状态的基础上,适度运动形体,促进全身气血流畅,协调脏腑功能,保证精气血津液的充盈,使之达到形神合一。这里的所谓"形",即形态、形体,是指人们的身体或生理功能;所谓"神",即神态、神智,是指人们的心神或心理活动。在中医理论中,一向强调形与神的统一,认为生理功能与心理活动是一阴一阳关系,两者相互依存、相互作用,是不可分割的一个整体。

比如《黄帝内经》指出:"五脏所藏,心藏神,肺藏魄,肝藏魂,脾藏意,肾藏志,是谓五脏所藏。"(太古真人,1995:37)其中"五脏"可以看作是形的部分,而五脏所藏就是神的部分,强调个人作为一个整体都是形与神不可分离的。通常古人视形神是体用关系:形为神之体,神为形之用,两者相辅相成,不可分离。

这种形神相通的观点,在古代医学中进一步归结为精、气、神三宝的相辅相成。秦伯未在《中医入门》中指出:"精、气、神三者有着连锁性的关系。气生于精,精化为气,精气充盛,神自活跃。反之,神不充旺,定然精气不足。"(秦伯未,2006:33)这里"气"的运行是"志意通达",可以"内连骨髓"的途径。这样就不但可以维持身形之"五脏"充盛,而且"五脏"充盛又可以使其所藏"神志"充旺。于是通过气的交感,便可达成形神互藏互通、相辅相成。

其实,在中国古代哲学思想中,强调形神相辅相成而不可分离的观点十分普遍。比较典型的就有南朝范缜在《神灭论》中的论述,他指出:"神即形也,形即神也。是以形存则神存,形谢则神灭也。……形者,神之质;神者,形之用。是则形称其质,神言其用,形之于神,不得相异。"(僧祐,1991:56)这里,"不得相异"就是保持步调一致,不能分离的意思。

因此,养生保年、益寿延年就是要做到形神相须,形不离神,神不离形。否则形神分离,就会神败形亡。灵机精神之心为阳;形体血脉之身为阴,两者皆为人体周遍性体系的代表。阴阳相合,则形神足。所以《黄帝内经·生气通天论篇》中有论述:"凡阴阳之要,阳密乃固。两者不和,若春无秋,若冬无夏,因而和之,是谓圣度。故阳强不解密,阴气乃绝;阴平阳秘,精神乃治;阴阳离决,精气乃绝。"(太古真人,1995:4-5)讲的就是阴阳离决导致精气乃绝。所以维护形神相须就成为养生长寿的关键。

那么如何才能够维持形神相须的机制呢?按照中医理论,沟通神与形之间的关键就是所谓"气"。从现代科学看,可以把"气"看作是能量之运行。比如《淮南鸿烈集解》一书中说:"形者,生之舍也;气者,生之充也;神者,生之制也。一失位则三者伤矣。"(刘文典,1989:39)就可以把这里的"形"看作是生命的物质基础,"神"看作是生命的精神主宰,而"气"看作是生命的能量运行。注意,其中对于气的所谓"生之充",可以看作是充斥形神合一生命体之间的意思,维护着形神相须机制。

我们知道,根据生命有机体自组织原理,维持生命运行离不开能量交换,小到细胞,大到生态系统,无不如此。所以养生最为重要的就是养气,也就成为显然之理了。养气可以兼顾形神,得养生之要诀。应该说,养气不但是身形荣灭的关键,所谓"气者,生之充也"。而且也是心神保养的关键,所谓"神者,生之制也"。

就具体养气方法而言,必须清楚气有形气与神气之分,形气主动,神气主静。因此,所谓养生之道就是"养身在于动,养心在于静"。王夫之在《张子正蒙·诚明篇》中有"动静合一存乎神",注云:"圣能存神,则动而不离乎静之存,静而皆备其动之理。敦诚不息,则化不可测。"(张载,2000:130)所以长寿养生无他,不过形动神静之道而已。

身形为阴,形气主动,故养身应以动制之。所以养身之形,当适度运动形体,以促进全身气血流畅,协调脏腑功能,保证精气血津液的充盈,使之达到形神合一。但须注意过犹不及,不可以激烈方式开展形体运动,而当以散步行走和操持家务为限。

心神为阳,养神主静,故养心应以静守之。所以养心之神,当通过静定心神,在保持良好心理状态的基础上,存心养性,去除"忿懥"、"恐惧"、"好乐"和"忧患"四种不正之心,精神不妄用。最终要做到程颢在《定性书》所言:"动亦定,静亦定,无内外,无将迎。"从而达成"物来顺应,廓然大公"的境界(黄宗羲、全祖望,1986:546)。

总之,对于形神相须的养生原则,归纳起来说,生命体的发展变化要始终保持在一个动静相对平衡的自身更新状态之中。《黄帝内经·阴阳应象大论篇》指出:"清阳上天,浊阴归地,是故天地之动静,神明为之纲纪。故能以生长收藏,终而复始。"(太古真人,1995:9)由此可见,用生命体的动静对立统一观点去认识并指导养生实践,无疑十分正确。只有做到形与神俱,方能健康长寿,度百岁乃去。

参考文献

[英]艾尔-哈利利、麦克法登,2016,《神秘的量子生命——量子生物学时代的到来》,侯新智、祝锦杰译,杭州:浙江人民出版社。

[澳]埃克尔斯,2007,《脑的进化:自我意识的创生》,潘泓译,上海:上海科技教育出版社。

[英]巴罗,1995,《宇宙的起源》,卞毓麟译,上海:上海科学技术出版社。

[汉]班固,1985,《汉书》,载《二十五史》,上海:上海古籍出版社、上海书店。

[美]贝格尔,1991,《神圣的帷幕:宗教社会学理论之要素》,高师宁译,上海:上海人民出版社。

[美]本民抵科,1987,《文化模式》,何锡章、黄欢译,北京:华夏出版社。

[荷]皮尔森,1992,《文化战略》,刘礼圭等译,北京:中国社会科学出版社。

[美]伯恩斯,1990,《当代世界政治理论》,曾炳钧译,北京:商务印书馆。

[美]玻姆,1982,《量子理论》,侯德彭译,北京:商务印书馆。

[美]玻姆,2004,《整体性与隐缠序》,洪定国等译,上海:上海科技教育出版社。

[英]波普尔,1999,《开放的宇宙——赞成非决定论的论证》,李本正译,杭州:中国美术学院出版社。

[澳]布莱尔、麦克纳玛拉,1999,《宇宙之海的涟漪——引力波探测》,

王月瑞译,南昌:江西教育出版社。

[英]布莱克摩尔,2001,《谜米机器——文化之社会传递过程的"基因学"》,高申春、吴友军、许波译,长春:吉林人民出版社。

[美]布里格斯、[英]皮特,2001,《混沌七鉴:来自易学的永恒智慧》,陈忠等译,上海:上海科技教育出版社。

曹天元,2011,《上帝掷骰子吗？量子物理史话》,沈阳:辽宁教育出版社出版。

[明]陈献章,1987,《陈献章集》,孙通海点校,北京:中华书局。

[宋]程颢、程颐,1981,《二程集》,王孝鱼点校,北京:中华书局。

[宋]程颢、程颐,2000,《二程遗书》,潘富恩导读,上海:上海古籍出版社。

[英]戴维斯,1992,《上帝与新物理学》,徐培译,长沙:湖南科学技术出版社。

[英]道金斯,1998,《自私的基因》,卢允中等译,长春:吉林人民出版社。

[美]弗莱彻,1989,《境遇伦理学》,程立显译,北京:中国社会科学出版社。

[美]弗里德曼,2003,《文化认同与全球化过程》,郭建如译,北京:商务印书馆。

[美]盖尔曼,1997,《夸克与美洲豹:简单性和复杂性的奇遇》,杨建邺等译,长沙:湖南科学技术出版社。

[英]甘布尔,2003,《政治与命运》,胡晓进、罗珊珍等译,南京:江苏人民出版社。

高亨,1983,《周易大传今注》附录一,济南:齐鲁书社。

[英]格拉顿、斯科特,2018,《百岁人生:长寿时代的生活和工作》,吴奕俊译,北京:中信出版集团。

[美]格莱克,1990,《混沌:开创新科学》,张淑誉译,上海:上海译文出版社。

[德]格雷席克,2001,《混沌及其秩序——走进复杂体系》,胡凯译,上海:上海百家出版社。

[英]格里宾,2000,《大爆炸探秘——量子物理与宇宙学》,卢炬甫译,上海:上海科技教育出版社。

[英]格里宾,2001,《寻找薛定谔的猫——量子物理和真实性》,海口:海南出版社。

[美]格里芬,1995,《后现代科学:科学魅力的再现》,马季方译,北京:中央编译出版社。

郭沫若,1996,《十批判书》,北京:东方出版社。

[清]郭庆藩,1981,《庄子集释》,王孝鱼点校,北京:中华书局。

[美]哈定等,1987,《文化与进化》,韩建军、商戈令译,杭州:浙江人民出版社。

[美]哈迪斯蒂,2002,《生态人类学》,郭凡、邹和译,北京:文物出版社。

[美]哈里斯,1992,《文化·人·自然——普通人类学导引》,顾建光、高云霞译,杭州:浙江人民出版社。

[美]汉密尔顿、杰伊、麦迪逊,1980,《联邦党人文集》,程逢如、在汉、舒逊译,北京:商务印书馆。

韩中民,1998,《帛书〈系辞〉浅说》,《孔子研究》1998年第4期。

[英]赫尔德等,2001,《全球大变革:全球化时代的政治、经济与文化》,杨雪冬等译,北京:社会科学文献出版社。

[魏]何晏注、[宋]邢昺疏,1999,《论语注疏》,北京:北京大学出版社。

[英]黑、[英]沃尔特斯,2005,《新量子世界》,雷奕安译,长沙:湖南科学技术出版社。

[美]怀特,1988,《文化科学——人和文明的研究》,曹锦清等译,杭州:浙江人民出版社。

[清]黄宗羲,1986,《明儒学案》,沈芝盈点校,北京:中华书局。

[清]黄宗羲、全祖望,1986,《宋元学案》,陈金生、梁运华点校,北京:中华书局。

[英]吉福夫斯、[美]布朗,2014,《神经科学、心理学与宗教:人性的迷幻与现实》,刘昌、张小将译,北京:教育科学出版社。

[美]卡洛尔,2007,《西方文化的衰落——人文主义复探》,叶安宁译,

北京:新星出版社。

[英]凯勒,2014,《上天之触》(毁灭与创生,宇宙怎样影响我们),林清译,上海:上海教育出版社。

康有为,2009,《大同书》,上海:上海古籍出版社。

[美]考夫曼,2003,《宇宙为家》,李绍明、徐彬译,长沙:湖南科学技术出版社。

[美]考夫曼,2004,《科学新领域的探索》,池丽平、蔡勖译,长沙:湖南科学技术出版社。

[美]克拉默,2000,《混沌与秩序:生物系统的复杂结构》,柯志阳、吴彤译,上海:上海科技教育出版社。

[美]克罗宁,2000,《蚂蚁与孔雀》(耀眼羽毛背后的性选择之争),杨玉龄译,上海:上海科学技术出版社。

[美]科赛,1989,《社会冲突的功能》,孙立平等译,北京:华夏出版社。

[英]科廷汉,2007,《生活有意义吗》,王楠译,桂林:广西师范大学出版社。

[汉]孔安国传、[唐]孔颖达疏,1999,《尚书正义》,廖名春、陈明整理,北京:北京大学出版社。

[美]库比特,2004,《生活 生活:一种正在来临的生活宗教》,王志成、朱彩虹译,北京:宗教文化出版社。

[法]拉普拉斯,2012,《宇宙体系论》,李珩译,北京:商务印书馆。

[英]莱格特,2017,《物理大爆炸》,王顺译,上海:上海交通大学出版社。

[美]赖克,1994,《国家的作用——21世纪的资本主义前景》,上海市政协编译组、东方编译所编译,上海:上海译文出版社。

[法]勒鲁,1988,《论平等》,王允道译,北京:商务印书馆。

[清]李道平,1994,《周易集解纂疏》,李鼎祚原著、潘雨廷点校,北京:中华书局。

[英]里德利,2004,《孟德尔妖:基因的公正与生命的复杂》,何荫阳、林爱兵译,北京:北京理工大学出版社。

李少军,2014,《国际政治学概论》(第四版),上海:上海人民出版社。

[美]里斯,2001,《六个数:塑造宇宙的深层力》,石云里译,上海:上海科学技术出版社。

李学勤,1992,《周易经传溯源:从考古学、文献学看〈周易〉》,长春:长春出版社。

[英]李约瑟,1990,《中国科学技术史》第二卷"科学思想史",北京:科学出版社,上海:上海古籍出版社。

梁启超,2006,《中国近三百年学术史》,北京:团结出版社。

梁漱溟,1987,《中国文化要义》,北京:学林出版社。

梁韦弦,2003,《程氏易传导读》,济南:齐鲁书社。

廖名春,1994,《马王堆帛书周易经传释文》,1994年12月手抄本。

林忠军,2002,《易纬导读》,济南:齐鲁书社。

刘刚、李冬君,2014,《中国政治思想通史·近代卷》,北京:中国人民大学出版社。

刘文典,1989,《淮南鸿烈集解》,北京:中华书局。

[美]刘易斯·兰龙,2020,《爱的起源:从达尔文到现代脑科学》,黎雪清、杨小虎译,重庆:重庆大学出版社。

[汉]刘向,1985,《说苑疏证》,赵善诒疏证,上海:华东师范大学出版社。

[春秋]左丘明,1988,《国语》,上海:上海古籍出版社。

[美]洛伦兹,1997,《混沌的本质》,刘式达等译,北京:气象出版社。

[宋]陆九渊,1980,《陆九渊集》,钟哲点校,北京:中华书局。

[宋]陆九渊、[明]王守仁,2000,《象山语录 阳明传习录》,杨国荣导读,上海:上海古籍出版社。

[美]罗,1998,《再看西方》,林泽铨、刘景联译,上海:上海译文出版社。

[美]罗蒂,1987,《哲学和自然之镜》,李幼蒸译,北京:生活·读书·新知三联书店。

[美]马隆,2019,《超级思维:人类与计算机一起思考的惊人力量》,任烨译,北京:中信出版集团。

[美]曼德布罗特,1998,《大自然的分形几何学》,陈守吉、凌复华译,

上海：上海远东出版社。

［法］孟德斯鸠，1961，《论法的精神》（上册），张雁深译，北京：商务印书馆。

［汉］毛亨传、［汉］郑玄笺、［唐］孔颖达疏，1999，《毛诗正义》，北京：北京大学出版社。

［美］梅多、卡霍，1990，《宗教心理学：个人生活中的宗教》，陈麟书等译，成都：四川人民出版社。

［英］密尔，1959，《论自由》，许宝骙译，北京：商务印书馆。

［澳］米尔本，2002，《神奇的量子世界》，郭光灿译，北京：新华出版社。

［美］奈、唐纳胡主编，2003，《全球化世界的治理》，王勇等译，北京：世界知识出版社。

［俄］诺维科夫，2000，《黑洞与宇宙》，黄天衣、陶金河译，南京：江苏人民出版社。

［美］尼斯、威廉斯，1998，《我们为什么生病：达尔文医学的新科学》，易凡、禹宽译，长沙：湖南科学技术出版社。

潘雨廷，2009，《周易虞氏易象释易则》，张文江整理，上海：上海古籍出版社。

［美］平克，2016，《心智探奇：人类心智的起源与进化》，郝耀伟译，杭州：浙江人民出版社。

［比］普里戈金、［法］斯唐热，2005，《从混沌到有序：人与自然的新对话》，曾庆宏、沈小峰译，上海：上海译文出版社。

钱穆，1994，《中国文化导论》，北京：商务印书馆。

秦伯未，2006，《中医入门》，北京：人民卫生出版社。

［美］赛诺，2006，《捆绑的世界：生活在全球化时代》，江立华等译，广州：广东人民出版社。

［美］塞维斯，1991，《文化进化论》，黄宝玮等译，北京：华夏出版社。

［宋］邵雍，1990，《皇极经世书》，郑州：中州古籍出版社。

［梁］僧祐，1991，《弘明集》，上海：上海古籍出版社。

商宏宽，2016，《〈周易〉的科学理念》，深圳：海天出版社。

［美］史密斯，1998，《心身的交融》，陈胜秀译，北京：中国青年出版社。

[英]史密斯,2002,《全球化时代的民族与民族主义》,龚维斌、良警宇译,北京:中央编译出版社。

[德]施瓦布、万哈姆,2021,《利益相关者》,思齐、李艳译,北京:中信出版集团。

[汉]司马迁,1985,《史记》,载《二十五史》,上海:上海古籍出版社、上海书店。

[加]斯坦诺维奇,2015,《机器人叛乱:在达尔文时代找到意义》,吴宝沛译,北京:机械工业出版社。

[美]斯滕伯格,2018,《神经的逻辑:谜样的人类行为和解谜的人脑机制》,高天羽译,桂林:广西师范大学出版社。

太古真人,1995,《黄帝内经》,敖清田等译,成都:四川科学技术出版社。

[美]泰勒,2004,《自然规律中蕴蓄的统一性》,暴永宁译,北京:北京理工大学出版社。

[美]梯利,1987,《伦理学概况》,何意译,北京:中国人民大学出版社。

田代华(整理),2005,《黄帝内经·素问》,北京:人民卫生出版社。

[法]托克维尔,1991,《论美国民主》,董果良译,北京:商务印书馆。

[美]托马斯,1996,《水母与蜗牛》,李绍明译,长沙:湖南科学技术出版社。

[法]托姆,1992,《结构稳定性与形态发生学》,赵松年等译,成都:四川教育出版社。

[美]沃尔德罗普,1997,《复杂:诞生于秩序与混沌边缘的科学》,陈玲译,北京:生活·读书·新知三联书店。

[美]沃斯特,1999,《自然的经济体系:生态思想史》,侯文蕙译,北京:商务印书馆。

[魏]王弼注、[唐]孔颖达,1999,《周易正义》,北京:北京大学出版社。

[魏]王弼、[晋]韩康伯注、[唐]孔颖达,2009,《周易正义》,北京:中国致公出版社。

王锷,2007,《〈礼记〉成书考》,北京:中华书局。

[清]王夫之,2000,《船山思问录》,上海:上海古籍出版社。

[明]王守仁,1996,《王阳明全集》,北京:红旗出版社。

[清]王先谦,1988,《荀子集解》,北京:中华书局。

[美]韦伯,1987,《新教伦理与资本主义精神》,于晓、陈维纲等译,北京:生活·读书·新知三联书店。

[美]威尔逊,2003,《生命的多样性》,王芷等译,长沙:湖南科学技术出版社。

萧汉明,2003,《周易本义导读》,济南:齐鲁书社。

许抗生等编,1993,《道家文化研究》第三辑,上海:上海古籍出版社。(刊登有陈松长、张政烺整理的帛书《系辞》释文,陈松长、廖名春整理的帛书《二三子》、《衷》、《要》三篇释文)

[清]颜元,1987,《颜元集》,王星贤等点校,北京:中华书局。

[清]颜元,2000,《习斋四存编》,陈居渊导读,上海:上海古籍出版社。

[以]雅默,2014,《量子力学的哲学》,秦克诚译,北京:商务印书馆。

[宋]叶适,1977,《习学记言序目》,北京:中华书局。

[美]詹姆士,2002,《宗教经验之种种:人性之研究》,唐钺译,北京:商务印书馆。

[美]詹奇,1992,《自组织的宇宙观》,曾国屏等译,北京:中国社会科学出版社。

[明]湛若水,2014,《湛若水先生文集》,桂林:广西师范大学出版社。

詹石窗,2001,《易学与道教思想关系研究》,厦门:厦门大学出版社。

[宋]张载,2000,《张子正蒙》,上海:上海古籍出版社。

[汉]赵岐注、[宋]孙奭疏,1999,《孟子注疏》,北京:北京大学出版社。

[汉]郑玄注、[唐]贾公彦疏,1999,《周礼注疏》,北京:北京大学出版社。

[汉]郑玄注、[唐]孔颖达疏,1999,《礼记正义》,北京:北京大学出版社。

周昌乐,2006,《禅悟的实证:禅宗思想的科学发凡》,北京:东方出版社。

周昌乐,2015,《博学切问》,厦门:厦门大学出版社。

周昌乐,2016,《明道显性:沟通文理讲记》,厦门:厦门大学出版社。

周昌乐,2018,《通智达仁:传授心法述要》,厦门:厦门大学出版社。

周昌乐,2023,《智能科学技术导论》(第二版),北京:机械工业出版社。

周昌乐,2023,《机锋运用的认知解析》,北京:中国广播影视出版社。

[宋]周敦颐,2000,《周子通书》,徐洪兴导读,上海:上海古籍出版社。

朱伯崑,2005,《易学哲学史》(共四卷),北京:昆仑出版社。

[明]朱舜水,1981,《朱舜水集》,朱谦之整理,北京:中华书局。

[宋]朱熹,1988,《朱子语类》,[宋]黎靖德编、王星贤点校,北京:中华书局。

[宋]朱熹,2002,《朱子全书》,朱杰人、严左之、刘永翔主编,上海:上海古籍出版社,合肥:安徽教育出版社。

[宋]朱熹、吕祖谦,2000,《朱子近思录》,上海:上海古籍出版社。

后 记

学问研究方向也会因"动微之几"而发生根本性的改变。这部《含弘光大：易道科学诠释》之所以能够面世，纯粹是源自生活中一只"蝴蝶翅膀"的扰动。故事要从2012年9月我女儿就读厦门外国语学校这只小小"翅膀"的扇动说起。

我家住在厦门大学思明校区校园里，女儿要去就读的这所学校在厦门筼筜湖畔。为了避免接送上学起早贪黑，我们决定在这所学校附近的振兴新村租住，方便女儿上学。事有巧合，附近有一家筼筜书院，书院教务主管戴美玲女士是厦门大学校友，邀请我参加筼筜书院的讲学活动。从此开启了我在社会上化导民众的历程，并确定了"乐易"两字为名号。到了2013年3月，便正式创办了筼筜书院周末竹林读书会。从2014年起，陆续又先后在厦门、杭州、深圳、成都、上海、福州和北京等地举办乐易读书会。

在此之前，由于早年有参禅悟道的经历，我已经在禅学研究方面有所著述。但是此次蝴蝶效应，却彻底改变了我对国学研究的走向。应该说，我入国学研究之门，始于禅而终于易，可以说是从此次契机开始。从此以后，便拳拳服膺圣学之道，力求站在当代科学思想成就之上，振兴中华传统文化。我在国故新知的当代阐发研究过程中已经意识到，若无易道圣学的当代昌明，便无中华圣学文化复兴。所以易道圣学实属中华圣学文化之根基，离此则唯有浅薄之儒学的轮回。

于是我的学术重心也因此彻底改变，开始将大量精力从原来的智能科学研究转移到了易道圣学发明之上，并正式成为厦门大学哲学系国学专业博士生导师。我主要是从当代人类文明的视角，特别是当代科学思想、方法和成就的基础上,通过去其糟粕、存其精华,然后加以发扬光大的途径,来重塑和弘扬中华传统文化精神。

一方面我努力耕耘,撰写了相关的学术著作;另一方面殷勤化导民众,用科学与圣学相结合的方式,在各地举办乐易读书活动。由于参加读书会的学员越来越多,为了帮助学员更好地摆脱生活烦恼,提高心理品质,健康幸福生活,从2014年开始,年年都会举办乐易心法公益培训班。经过十年来理论和实践的凝练总结,摆在读者面前的这部《含弘光大》就这样奇迹般地出版了。

每当回想这段转变学术取向的经历常常令人唏嘘不已。2019年9月1日,时隔6年,当我再次应邀到筼筜书院做公益讲座时,面对熟悉的院落场所,不禁触景生情。于是便填写了一首《扬州慢》,可以看作是对当初在筼筜书院首开读书会活动的怀念。词作题为《扬州慢·重入筼筜书院讲学》,全词如下:

> 鹭岛琴都,筼筜深处,竹林读书初呈。
> 讲乐易十书,尽天道心性。
> 自外埠书会远赴,仍恋嘉竹,犹梦湖滨。
> 渐远去,倩影依稀,清虚孔静。
>
> 讲学邀请,竟然能重游不惊。
> 纵侃侃演绎,图文并好,难胜旧情。
> 讲台桌椅原在,人事非、光影无声。
> 念院落翠竹,年年恰为谁生?

当然,作为理科出身的学者,研究中华传统文化思想虽不及纯文科学者的治学功底,但我也有自身特有的优势:(1)了解西方科学,可以从文理比较和沟通的视角去重新审视原本属于人文关注的问题;(2)有心法实参经历,证悟心性的经验,是解读易道圣学妙旨基础和关键;(3)我对人文学科的探索纯出于热爱,无功利目的,因此没有任何考核压力,可以自由徜徉其中。

我进入国故新知开展研究工作,虽然有许多偶然的机缘促成,但也跟我从小打下的国学基础,以及后来经历的种种人生阅历有着非常密切的关系。也正因为这样,自从进入了国学研究这一神圣的殿堂就再也没有停下这探索的步伐。反倒因为有理科出身的背景,可以充分利用科学技术方法,广泛开展有关国故新知的研究工作。

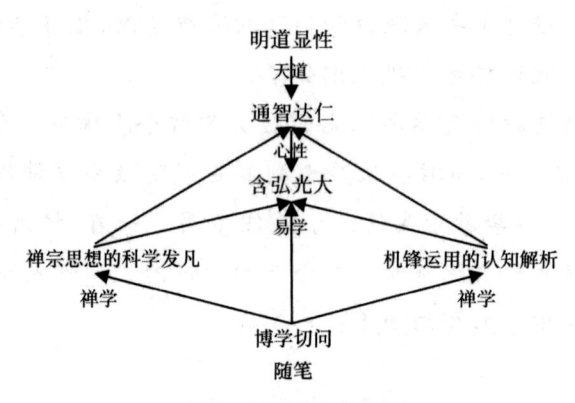

明道显性
天道
通智达仁
心性
含弘光大
易学
禅宗思想的科学发凡　　机锋运用的认知解析
禅学　　　　　　　　　禅学
博学切问
随笔

国故新知著述系列图

应该说,自从我开始了国故新知阐释之旅,从科学角度重新阐述传统文化精华可谓不遗余力。国故新知著述系列图是我开展国故新知所著述的核心书籍,不过天道心性而已,都可以归结为易学的延展。有《国故新知著书记》之诗为证,诗曰:

> 禅宗发凡明根本,机锋解析辨空尘。
> 众生烦恼难炼精,博学切问宜怡神。
> 明道显性藏几微,通智达仁体道深。
> 道济天下恺悌梦,含弘光大情怀真。

是的,"道济天下恺悌梦,含弘光大情怀真"是我最后学问研究的落脚处。

不过,由于本质上属于长期处在象牙塔研究学问的书生,我不可

后 记

避免地染上了看轻"艺成而下"实用功夫的毛病。所以在我所撰写的著述里,往往偏于学问而忽视实用,难以通俗地为普通民众所明晓。好在作为这部《含弘光大》图书的补充,除了本书附录之外,我另外还撰写了一部《穷理尽性》的书,不仅指明了国故新知的思想精神归宿,而且也给出了具体实用的日用践行途径,弥补了我看轻"艺成而下"的不足。

《含弘光大》原本是我打算在步入古稀之年才要撰写的总结性学术著述。但2020年全球不幸遭遇新冠肺炎疫情,我在新西兰探亲被困,有大量富裕的时间而无事可做,于是就决定提前撰写了初步书稿。起初撰写的初稿比较庞大,共有45万字左右,但后来考虑到现在是快餐文化时代,遑论之作无人问津。所以后来做了大量删减,变成了目前的规模。

我喜欢被人称为杂家或者高级一点叫"跨界思想家"。在我的心目中,"思想家"就是专事"胡思乱想"的劳作者,这比较符合我这一生的所作所为。所以阅读我的著述,大抵也可以将其当作"胡思乱想"之书来对待,不必过于认真计较。如果读者发现其中有所荒谬或错误之处,但予一笑了之可矣。

当然,如果读了之后有所启发,那也纯属是四美五合之巧合。对于思想灵感的产生,我比较赞同接受美学的观点:美感,或美妙思想的产生,在于主体与作品互动之中。读者因为读了我的书而有所感发,主要应该归因于读者自己。因为没有人读的书,是死物,不可能自发产生任何思想灵感,唯要有人去读了,才有产生思想灵感的可能。但愿我的这部读物会有人去读,读后会有思想的碰撞,碰撞后能够产生读者自己的灵感,那么我也就心满意足了!

周昌乐

2022年8月31日